GERTRUD VON LE FORT

DER PAPST AUS DEM GHETTO

Gertrud von le Fort

Der Papst aus dem Ghetto

Die Legende des Geschlechtes
Pier Leone

Ehrenwirth

CIP-Titelaufnahme der Deutschen Bibliothek

LeFort, Gertrud von:
Der Papst aus dem Ghetto : die Legende des Geschlechtes Pier Leone / Gertrud von le Fort. – 8. Aufl. –
München : Ehrenwirth, 1990
ISBN 3-431-00557-8

ISBN 3-431-00557-8

Einband: Walter Rupprecht-Freigang
Gesamtherstellung: Hieronymus Mühlberger GmbH, Gersthofen
Printed in Germany 1990 g

DIESE Geschichte liegt zerschollen auf vielen großen und kleinen Scherben der goldenen Stadt Roma: wo man noch lesen kann, fügt man sie zusammen, und wo man nicht mehr lesen kann, schreibt die Nacht dazwischen.

Petrus Leonis stammt ab von Baruch Leonis; Baruch Leonis aber stammt von Chanoch ben Esra, den das Volk fälschlich Benediktus Christianus nennt.

Es wird berichtet: Chanoch ben Esra lebte in den Jahren der vielen großen Erdbeben. Damals kamen in Roma mehrere Juden gewaltsam zu Tode, weil man glaubte, sie hätten durch ihre Zauberkünste die Mächte der Unterwelt beschworen, um die Stadt zu verderben, durch die einst Jerusalem bezwungen wurde. (Denn es ist bekannt, daß eine Prophezeiung des heiligen Benedikt geht, Roma könne nur durch die Gewalten der Elemente fallen, und dieses ist auch der Grund, weshalb sich die Römer bei einem einzigen Erdstoß wilder und unsinniger gebärden als beim Anblick ganzer Heere von Barbaren.)

Man trug damals wie vor sechshundert Jahren, als man die große Pest stillte, das Christusbild aus der Palastkapelle des Heiligen Vaters (jenes noch von den Händen des heiligen Lukas gemalte) drei Tage lang in feierlicher Prozession durch alle Straßen der Stadt. Als nun die Spitze des

Zuges mit ihrem goldenen Kreuz aus dem Schatten der engen Gassen hervor auf die weiße Tiberbrücke zog, die man Pons Senatorum nennt, erhob sich plötzlich wieder die Erde mit solcher Gewalt, daß die Brücke vor den Augen der Prozession, die sie eben betreten wollte, in den Fluß hinabsank. In der Prozession entstand eine furchtbare Verwirrung: einige fielen vor Schrecken wie tot nieder, andere riefen die Heiligen an, noch andere erinnerten sich wieder der Juden. »Auf«, schrien sie, »laßt sie uns mit ihrem eigenen Werk strafen!« Die Träger stießen hastig die Schäfte ihrer Kreuze und Banner in die Erde; man riß Steine aus den zerschmetterten Brückenpfeilern und stürmte damit in die nahen Straßen der Ebräer. (Denn der Pons Senatorum ist, wie man weiß, die nächste Brücke oberhalb des Pons Judaeorum, bei welchem auf beiden Seiten des Flusses viele Juden wohnen.)
Es geriet damals unter anderen in die Hände der Wütenden eben jener Chanoch ben Esra, ein ehrwürdiger Greis, der, von dem Erdstoß erschreckt, aus seinem Haus geeilt war. Er riß sich von ihnen los und floh mit zerfetztem Gewand, blutend und schrecklich anzusehen, an den Reihen der Prozession hin, die weiter zurück noch von den Mahnrufen der Priester zusammengehalten wurde. Dort, wo wie in einem Wall von Gold und Schnee das Bild des Christkönigs nahte, wurde auch noch gebetet, als der Jude, immer gehetzt durch die Steinwürfe seiner Verfolger, heranstob.
Plötzlich ertönte, zuerst mehr Schmerz als Zorn, der Ruf: »Sakrilegium! Sakrilegium!« Chanoch ben Esra, mehr von Todesnot als von seinen alten Füßen getragen, hatte die weißen und goldenen Wälle der priesterlichen Dal-

matiken durchbrochen und sank blutüberströmt zu den Füßen des Papstes nieder.

Dieser, das Christusbild in den Händen, in Andacht versunken und vom Gold seiner Kronen und Mäntel fast erdrückt, selbst wie ein Bild und ganz dem Dienst des heiligen Bildes hingegeben, trat unwillkürlich einen Schritt zurück: der alte Mann aber in seiner Verzweiflung drängte mit den zitternden Knien nach und verbarg den Kopf unter dem Purpurmantel des Heiligen Vaters.

Man hat später wissen wollen, der Papst habe in einer plötzlichen Erleuchtung durch seinen Mantel hindurch in dem verhüllten Antlitz dieses alten Juden das Urbild erkannt, nach dessen Zügen der Schöpfer einst auch das Antlitz des heiligen Petrus formte, und dieses sei der Grund gewesen, weshalb er den elenden Juden beschützt habe. Es war aber umgekehrt: der Jude und das römische Volk sollten in dieser Stunde zum ersten Mal seit langer Zeit wieder im Antlitz ihres Papstes die apostolische Majestät des heiligen Petrus erblicken.

Es war damals noch nicht lange her, seit die wilde Familie der Tusculaner ihre frevelhafte Herrschaft über den Heiligen Stuhl ausgeübt hatte, und dieser Papst war einer der ersten, der aus der großen Kirchenreform von Cluny hervorging. Er sah keine Vision, aber er dachte an das Gebot der christlichen Barmherzigkeit und an die Bestimmungen seiner heiligen Vorgänger aus früheren Zeiten, welche strenge verordnet hatten, Leib und Leben des Judenvolkes für unantastbar zu halten, damit es sich bekehren oder, wenn nicht, auf seine Weise auch Zeugnis ablegen möchte für den Kreuzestod Christi.

Sie wagten zuerst nicht, die heiligen Gewänder zu berühren, aber sie riefen dem Papst zu, er möge den Mantel zurückschlagen und ihnen den Übeltäter preisgeben, damit das Erdbeben aufhöre. Schon erhoben sich im Hintergrunde wüstere Stimmen, welche schrien, ob etwa die Hände derer verdorrt seien, die sich einst gegen Benedikt IX. erhoben hätten!

Der Heilige Vater fühlte sein Herz beben, denn er war auch ein Mensch, und das Volk war wild. Es hatte in den vorigen Zeiten mehr als einen Papst von rohen Laienhänden bedrängt, ja gewaltsam sterben sehen. Auch waren ihm viele gram, weil er die Käuflichkeit der kirchlichen Ämter nicht dulden wollte. Allein er trug das Bild dessen in den Händen, der auch für die Juden starb, gewillt seinerseits, wenn es nötig sei, auch für diesen Juden zu sterben. Kein Wort erwidernd, den Blick unverwandt auf das heilige Bild in seinen Händen gerichtet, hob er dieses nur ein wenig höher empor, so daß es, über der Menge erscheinend, sein eigenes Antlitz verbarg. Und so standen sie beide, der Papst in seiner Krone und der jüdische Greis zu seinen Füßen gleichsam wurzelhaft verbunden, der tobenden Welt gegenüber.

Die Menge verharrte unschlüssig: den Papst hätte sie angegriffen, aber das heilige Bild in seinen Händen flößte ihr Furcht ein. Dennoch wich sie nicht zurück, sondern sie blieb drohend stehen, einer Mauer gleich von Schweigen und Leibern, die jeden Augenblick todbringend einstürzen kann.

Plötzlich die Stimme des Juden unter dem Mantel des Heiligen Vaters hervor wie ein Aufschrei um Barmherzigkeit: »Ich glaube an Gott den Vater, den Allmächtigen, den Schöpfer Himmels und der Erde!«

Darauf der Papst fortfahrend, ruhig und wiederum nur das heilige Bildnis in seinen Händen verkündend (es war aber, als verflösse seine Stimme in die zu seinen Füßen): »Und an Jesum Christum, seinen eingeborenen Sohn, unsren Herrn, der empfangen ist vom Heiligen Geist –«
Einen Augenblick lang stand das Schweigen ringsum so atemlos, daß man es gleichsam hörte; dann löste sich aus ihm ein Ruf: »Der Jude betet das Kredo! Der Jude hat sich bekehrt! Ein Wunder zu Füßen des Heiligen Vaters!«
Die Mauer wankte: das Volk brach in die Knie. Indem schafften einige Kleriker den ohnmächtigen Juden beiseite.

Als der Abend herabsank, wollte man in ganz Rom wissen, das Erdbeben werde sich nicht wiederholen, weil einer der Juden, durch die es verursacht sei, sich in plötzlicher wunderbarer Erleuchtung zu Christus bekehrt habe. Es wurde auch gesagt, Chanoch ben Esra sei noch am gleichen Tag auf den Namen Benediktus getauft worden, und die Römer, die am Morgen den Juden hatten steinigen wollen, stürmten jetzt die Pforten der Klöster, wo sie den Begnadeten vermuteten, um ihm die Hände zu küssen, weil er, wie sie glaubten, nun ihre Stadt von der Plage des Erdbebens errettet hatte. Sie fanden aber überall nur die päpstlichen Wachen, welche jede Auskunft verweigerten.

Dieses war das Gespräch Chanochs ben Esra mit dem Heiligen Vater:
Es fand einige Jahre später statt, damals als die Römer, aufgewiegelt durch die Habsucht ihrer Capitane, den Heiligen Vater aus ihrer Stadt zu stoßen drohten, wenn er

fortfahre, die Käuflichkeit der kirchlichen Ämter zu befehden. (Denn die Söhne des Adels waren es ja, denen die Erträge jener simonistischen Pest immer wieder zugute kamen.) Es wurden damals von ihren Anhängern große Summen unter das goldgläubige Volk gestreut; der Heilige Vater aber saß mit leeren Taschen in der Leonina, nur noch beschützt durch das verräterische Schwert des Cencius Frangipane, der bereits mit dem Feind um den Preis eben jenes Schwertes handelte.

Dieses war Cencius Frangipane, den das Volk Herkules nannte, nach der unbändigen Kraft seines großen, blonden Körpers, denn es floß Lombardenblut in seinen Adern.

Cencius hatte schon mehrmals seinen Vorteil beim Heiligen Stuhl gesucht, genau wie die anderen Geschlechter den ihren bei den Simonisten, denn er glaubte noch (wie man früher geglaubt hatte), daß, wenn man einen Papst beschütze, man ihn auch in seine Macht bekomme. Da er nun also nicht aus Gehorsam und Treue oder aus Einsicht in die göttliche Sendung der heiligen Kirche handelte, fiel er in den Zeiten der Not immer wieder schnell ab. Der Heilige Vater wußte dies wohl, indessen der, welcher zum irdischen Beschützer der Kirche Christi gesalbt und berufen ist, der Kaiser mit seinem heiligen Schwert, ruhte im Dom zu Speyer, und während das Reich die Mündigkeit seines Sohnes erharrte, mußte sich die Braut des Herrn mit dem Schild eines niederen Vasallen begnügen. — —

Als der Jude eintrat, fiel er zuvor auf sein Antlitz. Darnach legte er zwei schwere Beutel mit Gold vor dem

Heiligen Vater nieder und bat um die Erlaubnis, aufstehen und hinausgehen zu dürfen, um den Rest zu holen, den sein Diener draußen verwahre, da er ihn nicht mehr habe tragen können.

Der feine, junge Papst mit dem klugen Mönchsgesicht fragte erstaunt, weshalb ihm dieses Geld gebracht werde, da doch nicht die Zeit sei, in der die Juden ihren Tribut zu entrichten pflegten.

Chanoch ben Esra erwiderte: »Aber es ist die Zeit, da Euer Heiligkeit in Not ist.«

»Und was geht das dich an, Jude?« fragte der Papst, immer geneigt, beim bloßen Anblick von Geld abweisend zu werden, so verbittert war er durch den Kampf mit den schändlichen Simonisten.

Der Jude erwiderte: »Ich bin Chanoch ben Esra, den Euer Heiligkeit einst unter ihrem Mantel vor dem wütenden Volk schützte.«

»Nicht ich, mein Sohn, nicht ich«, erwiderte der Papst schnell, »sondern Christus, an dessen Stelle ich stehe.«

Der Jude schwieg verstockt, und man sah, wie sein Leib sich krümmte, denn er wollte von der inkarnierten Gottheit am Kreuz nichts wissen, sondern seine Dankbarkeit galt nur der Gerechtigkeit, die ihm der Heilige Vater als Mensch erzeigt hatte.

Der Papst nahm seine Gedanken mit Betrübnis wahr, aber er erkannte zugleich auch seinerseits die edle Menschlichkeit des Juden. »Chanoch«, sagte er, »du hast eine dankbare Seele, und dies ist selten auf Erden. So wahr mir Gott in meinem schweren Amt gnädig beistehen möge, es wäre mir lieber gewesen, du hättest mir deine Seele gebracht als diesen Beutel!«

»Der Beutel ist ja eben seine Seele«, flüsterte Cencius Frangipane, der den Papst begleitete.
Darauf der Papst schnell und unwillig: »Nein, dieser Beutel ist seine Treue!«
Der Jude aber, wohl erkennend, daß der Heilige Vater ihm wohlgeneigt sei, und ganz erfüllt von dem Wunsch, seiner Dankbarkeit Genüge zu tun, fuhr indessen eifrig und demütig fort:
»Es ist wahr, Heiliger Vater, daß wir Juden, wie jener Herr sagt, das Geld allzu lieb haben; indessen Eure Römer lieben es noch viel mehr als wir.«
»Ob sie es mehr lieben als ihr, weiß ich nicht«, erwiderte der Papst seufzend, »indessen sie lieben es. Ja, sie lieben es so sehr, daß, wenn Roma hoffen dürfte, einen Käufer zu finden, sie sicherlich sich selbst feilbieten würden.«
»Kauft sie, Heiliger Vater«, sagte der Jude schlicht, »kauft sie! Denn wenn Ihr sie nicht kauft, werden sie Euch vom Thron stoßen und einen Papst erheben, der wieder die kirchlichen Ämter verkaufen läßt.«
Der junge Papst sah den Juden nachdenklich und schwermütig an. »Wie demütig muß hienieden der werden, den Christus zu seinem Statthalter berief!« sagte er. Der Frangipane aber, wohl gewahrend, daß sich das Zünglein der Waage für den Rat des Juden neigte, und um seinen eigenen Verräterlohn bebend, schrie zornig:
»Elender Jude, willst du dich unterfangen, die edle Stadt der Römer zu verkaufen wie euer verfluchter Judas unsren Herrn Christus?«
Darauf der Papst zum zweiten Mal voll Unwillen scharf, aber fein: »Man weise mir eine der Münzen vor, die der Jude gebracht hat!« Es geschah. »Wessen ist das Bild

darauf, Cencius Frangipane?« fragte der Papst. »Ist es das Bildnis des Juden?«
Der Frangipane, rot vor Zorn: »Es ist das Monogramm der Stadt Roma.«
Der Papst: »So gebe man der Stadt Roma, was der Stadt Roma ist, damit Gott gegeben werde, was Gottes ist.«
Und so wurde nach der Fügung des Allmächtigen durch die Dankbarkeit eines elenden Juden der Heilige Vater in seinem großen Kampfe um die Freiheit der Kirche Christi aus den Händen der verräterischen Römer errettet.

Es wird berichtet:
Und Gott segnete die Treue des Chanoch ben Esra. Er wurde so reich, wie weder vor ihm noch nach ihm ein Jude oder irgendein andrer Mensch in der Stadt Roma gewesen ist. Ja, es war, als ob alles Gold, mit dem er damals dem Heiligen Vater zu Hilfe gekommen war, sich verhundertfachen wollte, obwohl er doch dafür nur den üblichen und erlaubten Zins genommen hatte (denn den Juden ist es nicht, wie den Christgläubigen, durch die heilige Kirche verboten, Zins zu nehmen).
Man sagt, daß dieser Segen den Sohn Baruchs, das war Baruch ben Baruch, den das Volk Baruch Leonis nennt (nach seinem neuen herrlichen Hause an der Porta Leone), bestimmt habe, seine Dienste ebenfalls der heiligen Kirche zur Verfügung zu stellen, wiewohl nicht, gleich seinem Vater, aus Dankbarkeit, sondern von Baruch Leonis weiß man, daß er ein Wucherer war, welcher nichts unternahm, ohne daß es ihm Vorteil brachte.
Dieses war Baruch Leonis: Ebenso wie er mit der bloßen

Hand sicherer und feiner als die feinste Goldwaage das richtige oder falsche Gewicht einer Münze zu unterscheiden vermochte, so unterschied sein Geist auch die große Münze des Weltgeschehens und die Gewichte der Kräfte, die auf Erden spielen. Baruch Leonis nämlich war klug und erkannte wohl, daß die Zeiten der allmächtigen Capitane in Roma vorüber waren und daß man daselbst künftig nur noch blühen könne, wenn man sich für den Heiligen Vater entscheide.

Es wird berichtet:
Eines Tages kamen die großen Capitane der Stadt klirrend und gestiefelt in das teppichbelegte Haus des reichen Baruch Leonis und erbaten von ihm ein sehr hohes Darlehen. Sie rüsteten nämlich damals wieder im geheimen zu einer Erhebung gegen den Heiligen Vater, denn sie hatten jetzt nicht nur, wie ehedem, wegen ihrer simonistischen Sündengelder Angst, sondern auch wegen der Pataria (das ist jenes ›Lumpenpack‹ aus dem Mailänder Armenviertel, das die Häuser der simonistischen Priester erstürmte und die Capitane, die jene beschützten, zu erschlagen drohte).
Baruch Leonis (er war eben damit beschäftigt, Geld zu zählen; es floß durch seine großen, harten Hände wie ein silberner Bach über Kieselsteine): Wenn die Capitane dieses Geld zum Schutz des Papstes brauchten, so sei er bereit, es ihnen vorzustrecken, denn alsdann wisse er, daß es einer Sache vertraut werde, für welche sich die christliche Welt allenthalben einer Woge gleich erhoben habe.
Die Capitane waren über diese Antwort des Baruch Leonis höchlich erstaunt, denn sie selbst glaubten noch immer, man brauche der großen Reform der heiligen Kirche

nur von außen den rechten Stoß zu versetzen, damit sie, die doch so offenbar gegen den natürlichen Lauf und Brauch der Welt ankämpfe, in sich selbst versänke und alles wieder werde, wie es vordem gewesen war.
Von diesem Tag an, so wird berichtet, fiel Johannes Frangipane (das war der Sohn jenes Cencius, der ehedem den Heiligen Vater hatte verraten wollen) nicht mehr so oft von diesem ab, und die heilige Kirche konnte sich eine Weile wirklich auf seinen Schutz verlassen.

Es wird berichtet:
Und Baruch Leonis wurde ebenso mächtig, wie sein Vater reich geworden war. Wenn er durch die Straßen der Stadt ritt, so grüßten ihn alle Bettler und Gaukler am Wege als ›erlauchten Konsul und Senator der Römer‹, denn er konnte es an gewappneten Dienern und geschmückten Sklaven, die ihm folgten, den ersten Capitanen der Stadt gleichtun, ja sie übertreffen. (Er hörte aber solchen Zuruf gerne.) Johannes Frangipane ging denn auch bei ihm aus und ein, als wäre er einer seinesgleichen. Man vernahm von ihm beständig die Rede: Baruch Leonis billigt, oder Baruch Leonis mißbilligt, oder Baruch Leonis gibt diesen oder jenen Rat. Das hieß aber immer soviel wie: Baruch Leonis gibt Geld zu einem Vorhaben, oder er gibt kein Geld dazu. Baruch Leonis aber gab immer Geld, wenn sich der Frangipane zum Papst hielt.

Damals erinnerte man sich in Roma plötzlich wieder an die Fabel von jenem Benediktus Christianus: einige wollten wissen, der Sohn habe ehedem mit dem Vater zugleich die Taufe angenommen und heiße in Wirklichkeit gar nicht mehr Baruch, sondern Leo (nach dem Heiligen Vater Leo IX.), andere meinten, er stehe erst kurz vor der Taufe. Der Frangipane aber war es, der solche Gerüchte verbreitet hatte. Er stellte sich auch selbst immer so, als ob er wirklich an seine Rede glaube, denn er fürchtete, der Heilige Vater, bei dem er nun doch ernstlich sein Glück machen wollte, könne ihn tadeln, weil er sich allzu eifrig mit dem ungetauften Juden beriet. Die Römer aber sprachen ihm willig nach, denn es ging ihnen zwar ein, daß ein Jude reich und gelehrt sein, daß er aber auch ein mächtiger Capitan ihrer Stadt werden könne, wollten sie nicht für möglich halten.

Dieses waren die Juden von Roma.
Sie hatten zwar damals nicht mehr zu leiden als während des großen Erdbebens, denn die Römer, wofern sie nicht gänzlich von Sinnen kommen wie in jenen unheilvollen Tagen, halten noch immer dafür, daß ihre Stadt der Sitz des Erdkreises sei und sie allen Völkern der Welt darinnen das Bürgerrecht erteilen können. In diesem Gedanken erschwelgen sie noch einmal den vergangenen Glanz ihres großen Trümmerhaufens. Auch hielt jeder Heilige Vater der großen Reform seine Hand schützend über der kleinen Stadt der Juden am Tiberufer. Man sah ihre Bewohner ungekränkt darinnen aus und ein gehen, wie es ihnen gefiel, Männer und Frauen schwarzhaarig und dunkeläugig gleich den anderen Männern und Frauen (denn zu Roma sind nur die Capitane blond). Dennoch erschienen sie fremd unter jenen, und so, als kämen sie noch immer von weither. Sie waren aber alle schon vor tausend Jahren gekommen, nämlich ihre gefangenen Väter und Mütter, als man

den Tempelschatz Jerusalems im Triumph des Titus trug. Zuweilen scherzten sie unter sich, daß sie wohl die ältesten Bürger Romas sein möchten (denn von allen Geschlechtern, die bei ihrer Ankunft geblüht hatten, sah man keines mehr). Es war aber ein Trauriges in ihren Scherzen, weil kein einziger von ihnen vor den Toren Romas auf eigener Scholle ging, sondern das Korn in ihren Kammern war gekauftes Korn, und der Wein in ihren Kellern war gekaufter Wein, und die Blumen in den Haaren ihrer jungen Töchter waren gekaufte Blumen. Nur das Geld in ihren Beuteln war ihr eigenes Geld.

Es wird berichtet:
Der Vorsteher der jüdischen Gemeinde, dem die laufenden Gerüchte nicht unbekannt blieben, sah sich schließlich veranlaßt, Baruch Leonis wegen seines ständigen Umgangs mit den Christen zur Rede zu stellen.
Baruch Leonis erwiderte: »Unsre Brüder in Andalusien und Cordova verwalten die Kronen der Könige und die Zepter der Kalifen, und jene danken es ihnen. Warum soll Israel nicht in Roma blühen können, wie es in Spanien erblühte?«
Darauf der Vorsteher, ein demütiger und frommer Mann: »Mein Sohn, es ist gefährlich für Israel, wenn es blüht.«
Baruch Leonis: »Soll etwa das Volk des Herrn – er sei gelobt – in dieser Welt immer nur abseits stehen?«
Der Vorsteher: »Wie mag ein Sohn Israels nur also sprechen? Weißt du nicht, Baruch, daß unsre Meister lehren: Der Heilige – er sei gelobt – verschmähte alle hohen Berge und offenbarte sich auf dem niedrigen Sinai?«
Baruch Leonis: »Aber unsre Meister lehren auch: Es ist

besser der Schweif des Löwen sein als das Haupt der Füchse.«

Wiederum der Vorsteher: »Mein Sohn, deine Brüder und Schwestern hoffen auf den Gott ihrer Väter – er sei gelobt – und du willst auf die Kinder Edoms hoffen?«

Baruch Leonis (mit Lächeln): »Nein, sondern sie sollen auf mich hoffen.«

Als aber der Vorsteher darauf erschrocken fragte, ob das etwa heiße, daß Baruch, wie das Gerücht melde, die Taufe annehmen wolle, da schrie Baruch auf wie ein verwundeter Stier. Hernach kam der Vorsteher mit den beiden Zeugen, die ihn begleitet hatten, aus dem Gemach, bleich wie Leinentücher vor Schrecken über solchen Zorn und Schmerz, und es ist nie wieder vernommen worden, daß die Synagoge es für nötig erachtet habe, Baruch Leonis zu vermahnen, obwohl doch die Fangipani und das Volk fortfuhren, von seiner Taufe zu fabeln.

Es wird berichtet:

Die Märchen über Baruch Leonis verstummten erst, als der große Archidiakon Hildebrand zum Papstthron emporgestiegen war, denn ihm gelang es endlich, für eine Weile die verworrene Welt zu ordnen und gebieterisch aus der Macht Christi jedermann die Stelle anzuweisen, die ihm vor Gott und den Menschen zukommt: die simonistischen Priester aus den Kirchen, die heiligmäßigen auf die Stühle der Bischöfe, die Christen, Fürsten wie Volk, in den Gehorsam ihrer Hirten, und die Juden, ungekränkt, aber streng, in ihre eigene Gemeinschaft. Es wurde damals Baruch Leonis verboten, christliche Diener und Sklaven zu halten, denn, so sagte der Heilige Vater, der Ungetaufte soll nicht über den Getauften stehen; dem Frangipane aber gab man zu bedenken, daß es ihm als Ritter der heiligen Kirche zukomme, etwas mehr auf den Schutz Christi zu vertrauen als auf den Rat und den Reichtum des Baruch Leonis. Johannes Frangipane zog sich damals wirklich aus Furcht vor der Strenge des Heiligen Vaters ganz von seinem jüdischen Freund zurück, und man hörte eine Weile nichts mehr von dessen Einfluß, bis man eines Tages erfuhr, Baruch Leonis sei gestorben und sein Sohn habe die Geschäfte seines Vaters und dessen unermeßlichen Reichtum übernommen.

Der Sohn des Baruch Leonis.
Dieser war kein Wucherer wie sein Vater, sondern ein vornehmer Mann, würdig in Haltung und Gebärden, welcher alsbald den Wucher seines Vaters rückerstattete. In der Gemeinde kannte man ihn als einen untadeligen Diener des Gesetzes in allen Stücken. Indessen weiß man, daß sich die Synagoge auch um ihn sehr bald Sorge machte, obwohl sie doch von ihm nicht sagen konnte, er mische sich in die Angelegenheiten der Christen. Aber es scheint, daß sie gerade sein Zurückstehen zum Anlaß ihrer Sorge um ihn nahm (denn der Sohn des Baruch, so sagte man nämlich, war noch viel klüger als sein Vater). Doch ließ die Synagoge ihn nicht, wie ehedem jenen, befragen oder vermahnen, sondern sie ließ ihn vermählen, nämlich mit Mirjam, der Tochter des Rabbi Nathan ben Jechiel, den man ›den Strengen‹ nennt. Mirjam aber war damals noch nicht streng, sondern sie war schön.

Es wird berichtet:
Der Heilige Vater Gregor VII. wollte zuerst nicht einwilligen, daß man den Sohn des Baruch Leonis unter die Katechumenen einreihe, und als der Diakon, welchem die Sorge für jene oblag, voll Freude über die große und wichtige Bekehrung zu ihm kam, wies er ihn kurzerhand ab. Aber am anderen Morgen sah man ihn bei der heiligen Messe heftiger als sonst weinen – dieser Papst brachte das heilige Opfer nie ohne Tränen dar –, so daß die Gräfin von Tuscien, welche damals in Roma weilte, an die Tage denken mußte, als der deutsche Königsjüngling Heinrich IV. auf ihrer Burg Kanossa um die Absolution geheuchelt hatte. (Denn es begann eben damals offenbar zu werden, daß der Salier zu Kanossa nicht wahrhaftig in sich gegangen war, sondern daß er sich nur die schwankende Krone durch den Losspruch hatte ertrotzen wollen, der Freiheit der heiligen Kirche widerstehend, gleich den elenden Capitanen Romas, obwohl er doch die Salbung des Kaisers begehrte.) Auf der Burg Kanossa hatte der Heilige Vater auch morgens bei der Messe so heftig geweint, und diese Tränen hatten der Gräfin damals den Mut gegeben, für den Gebannten zu bitten. Man war aber auch heute um ihre Fürsprache eingekommen, denn sie hatte nicht nur alle ihre Länder und Besitztümer, sondern auch alle Kräfte ihrer Seele dem heiligen Petrus zu eigen gegeben, und sein Nachfolger besaß auf Erden kein größeres Vertrauen als zu ihr. Es meinten aber damals sogar einige unter den Kardinälen, der Heilige Vater fürchte vielleicht die Macht der immer gefährlichen und unbeständigen Capitane zu stärken, wenn der unermeßlich reiche Sohn des Baruch Leonis sich künftig mit ihnen

verschwägern könne, und dieses sei der geheime Grund, weshalb er jener Taufe widerstrebe. –

Der Heilige Vater Gregor VII. und die Gräfin von Tuscien.

Dieser Papst war klein und nichtig von Gestalt: als man ihn gekrönt hatte, waren die weiten Gewänder seiner Vorgänger schlaff, gleich lahmen Flügeln über seine schmalen Schultern herabgefallen, aber in seinen großen Augen saß ein Herrscher nicht von dieser Erde, und wenn er den Namen Christi aussprach, so war es, als werde eine Glocke bis ans Ende der Welt vernommen.

Der Heilige Vater zur Gräfin: »Tochter, denkt Ihr noch an die Tage von Kanossa?«

Die Gräfin (ihr Antlitz war zart, aber mutig wie das eines Jünglings; es stand Freude darinnen, weil sie den Gedanken des Heiligen Vaters schon zuvor begegnet war, denn ihr Eifer hätte ihn gern in allen Stücken erraten und verstanden): »Heiliger Vater, Ihr weintet heute am Altar wie damals.«

Der Heilige Vater: »Aber wißt Ihr auch, weshalb Wir weinten, Tochter?« Dann in seinen großen Augen entflammend: »Sie sagen, der Salier habe zu Kanossa den Politiker in Uns mit dem Priester überwunden, aber Christus ist Unser Zeuge: nicht der Politiker in Uns hat damals zuerst widerstrebt, sondern gerade der Priester widerstrebte!«

Die Gräfin (den klaren Blick jetzt traurig emporgefragt, sehr demütig, denn sie hatte bisher geglaubt, was alle glauben): »Heiliger Vater, Eure Tochter ist nicht mächtig Eurer Tiefen.«

Er sah sie mild an, denn es war keiner seiner Tiefen mächtig. Dann veränderte sich sein Antlitz, als hebe man ein Geschleier vom Kelch seiner Seele.
Die Gräfin, plötzlich flüsternd vor Ehrfucht: »Es ging in Kanossa um die Heiligkeit des Bußsakraments.«
Der Heilige Vater: »Es ging um die Heiligkeit des Bußsakraments – es geht immer um die Heiligkeit der Sakramente. Auch wenn es um die Politik geht, geht es um die Ehre des Sakraments, denn die Ordination Unsrer Bischöfe ist sakramental, und auch die Salbung des Kaisers ist heilig. Immer geht es um Christus allein! Und doch konnten Wir in Kanossa das Sakrament nicht schützen, denn die Vorschrift, die Uns zur Spende der Absolution gegeben ist, war erfüllt, wenngleich Unser Herz wußte – – – So will denn Christus unter der Sünde dieser Welt leiden bis ans Ende ihrer Tage!«
Am nächsten Morgen empfing der Diakon, den der Heilige Vater zuvor abgewiesen hatte, den Befehl: »Man reihe den Sohn des Baruch Leonis unter die Katechumenen ein, aber man gebe ihm Zeit zur Bewährung.«

Dieses war die Bewährung des nachmaligen Petrus Leonis. (Sie fiel aber anders aus, als es der Heilige Vater im Sinne gehabt hatte.)
Es leben noch immer einige Feinde unsrer heiligen Kirche, welche behaupten, der große Heilige Vater Gregor VII. sei ein Zauberer gewesen (wie man es auch gesagt hat von dem Papst Silvester II.), kundig der schwarzen Magie, die man lehrt auf der Hohen Schule der Ungläubigen zu Cordova. Diese Rede geht zurück auf die Tage, da der deutsche König Heinrich IV. aufgebrochen war, damit er

dem Heiligen Vater die Investitur der geistlichen Fürsten und die Kaiserkrone mit dem Schwerte abgewönne. Damals sah man in unsrer Stadt aus manchem Capitan, der ehedem ein Anhänger der Simonisten gewesen, einen eifrigen Reformer werden und aus manchem Hasser der Pataria einen Bruder des armen Volkes. Denn also scharte der Heilige Vater Gregor damals alle wunderbar zusammen, einzig mit seinen großen Augen und mit dem, wie er den Namen Christus unter uns aussprach. Dennoch ist die schändliche Rede von dem zaubernden Papst nicht aufgekommen wegen der wunderbaren Einmut, die nie zuvor in der Stadt Roma zu unsern Tagen erblickt wurde, sondern diese Rede ist aufgekommen durch die Kornspeicher, aus denen uns der Sohn des Baruch Leonis während der Belagerung ernährte, wie einst sein Ahnherr Joseph die hungernden Ägypter. Denn anders als durch Wunder der schwarzen Magie – so sagen jene, die von dem zaubernden Papst sprechen – sei es nicht zu begreifen gewesen, daß unsre Vorräte während sieben Monaten – so lange dauerte die Belagerung – kein Ende nahmen. Indessen sie nahmen ein Ende (wie ja auch unsre Einmut ein klägliches Ende nahm): Unser grimmiger Hunger und unsre elenden Schwächen erheben sich zum Zeugnis für unsren Heiligen Vater, wiewohl er keines Zeugnisses bedarf: es waren die letzten Brote, die man auswarf, um das Volk zu stillen, während man den Heiligen Vater in die Moles Hadriani flüchtete.

Jene Flucht geschah, wie wir alle noch wissen, in großer Hast und Bestürzung, denn als man auf dem linken Tiberufer schon die Sturmglocke zog, lagen unsere Capitane in der Leonina noch auf ihren Knien, den Heiligen Vater beschwörend, er möge dem Salier willfahren, damit das Verhängnis von der Stadt abgewandt werde. Aber der vierte Heinrich kannte unseren Heiligen Vater besser als jene (denn er kannte ihn ja nicht mit seinen schmalen, trotzigen Augen, sondern mit seinem bösen Gewissen, und dieses blickt scharf). Er ließ seine Sachsen und Thüringer in die Leonina springen, noch bevor ihm das Nein des Papstes überbracht wurde.

Man mußte den Heiligen Vater über sieben Stufen hinwegreißen, so hoch lagen im Portikus des heiligen Petrus die Leichen. Er stieg am Arm seiner fliegenden Retter ruhevollen Antlitzes über sie hinweg, mit lauter Stimme für die armen Seelen der Erschlagenen betend. Hinter ihm warf sich Johannes Frangipane mit den Seinen quer über die Straße und schnitt den Eingedrungenen den Weg ab. Aber er konnte das nur unternehmen und vollbringen, weil er wußte, daß auf der andren Seite des Tiber der Sohn des Baruch Leonis auf der Schwelle seines Hauses stand (in diesem gab es immer noch die Fülle), Brot unter die Römer werfend, die sich schon bereitscharten, dem Frangipane in den Rücken zu fallen, denn der Hunger hatte sie reißend gemacht wie die Tiere des Waldes. Als sie den Sohn des Baruch Leonis in der offenen Tür seines herrlichen Hauses erblickten, sprangen sie wie wilde Katzen nach seinen Händen; es fehlte nicht viel, so hätten sie ihm die Arme vom Leib gerissen.

Von diesem Tag an geht zu Roma das Sprichwort: Zusammenstehen wie das Schwert der Frangipani und der Beutel der Pier Leoni.

Es wird berichtet:
Als nun der Heilige Vater Gregor VII. zu Salerno im Sterben lag, und die Kardinäle, die ihm aus dem rauchenden Roma ins Exil gefolgt waren, ihn um seine letzten Ratschläge baten, befragten sie ihn unter andrem auch, ob er einwillige, daß man nunmehr von der strengen Vorsicht gegen den Sohn des Baruch Leonis abweiche und ihn taufe?
Der Heilige Vater Gregor, die sterbende Stimme noch immer wie aus Erz: »Wir haben jenen nicht strenger behandelt als Unsre eigenen Bischöfe: Unsre Sakramente sind nicht käuflich.«
Darauf erinnerte einer der Kardinäle daran, daß der Sohn des Baruch Leonis bei der Flucht des Heiligen Vaters sein Leben in die Schanze geschlagen habe.
Der Heilige Vater Gregor: »Zu Roma schlägt keiner sein Leben in die Schanze, der Brot oder Gold in seinen Händen trägt.«
Wiederum der Kardinal, der zuvor gesprochen hatte; es war ein Greis voller Milde: »Sein Leben nicht, Heiliger Vater, indessen seine Hände; auch diese sind dem Menschen wert!«
Darauf entschwieg der Heilige Vater lange Zeit. Dann endlich, nun schon mit zersprungenem Glockenlaut, aber nicht mit dem des Sterbenden, sondern mit jenem, der einst bei der Lossprechung König Heinrichs vernommen wurde: »So taufe man also den Sohn des Baruch Leonis, doch zuvor führe man ihn noch einmal durch den verbrannten Portikus des heiligen Petrus und vor den Palast, darinnen Unser Widersacher thront« (nämlich der schändliche Häresiarch Wibert, den der Salier eingesetzt hatte).

»Alsdann berichte man ihm, wie Wir gestorben sind, und verschweige ihm keines Unsrer letzten Worte.« Mit diesen meinte der Heilige Vater die Worte: ›Weil ich die Gerechtigkeit geliebt und das Unrecht gehaßt habe, darum sterbe ich in der Verbannung.‹ Er hätte aber auch sagen können: Darum trage ich die Dornenkrone meines Herrn. –
Als man diese Botschaft dem Sohn des Baruch Leonis ausrichtete – es konnte erst geschehen, nachdem man bereits begonnen hatte, den Portikus des heiligen Petrus wieder aufzurichten –, erwiderte er: »Es soll hinfort kein Papst mehr in der Verbannung sterben.« An diese Antwort haben sich später viele erinnert, als unser Heiliger Vater Innozenz II. vor dem Kardinal Pier Leone (das ist der schismatische Papst Anaklet II.) nach Frankreich flüchten mußte.

Dieses war Mirjam, die Mutter des schismatischen Papstes Anaklet II., die Tochter des Rabbi Nathan ben Jechiel, die man vermählt hatte dem Petrus Leonis (so heißt fortan der Sohn des Baruch).
Die Juden von Roma erzählen:
Man nannte sie in der Gemeinde Mirjam die Schöne; nach ihr ist gemacht das Steinbild ›Reine de Juda‹ am Dom von Chartres. Dorthin hatte sie ihren Gatten auf seinen Handelsreisen begleitet, denn sie liebte ihn so, daß sie sich niemals von ihm trennen wollte. Er aber liebte sie, daß er ihr nicht von seiner Taufe zu sprechen wagte, und sie glaubte an sein Schweigen wie an die heilige Thorarolle. Als es in der Judenstadt bekannt wurde, er sei unter die Katechumenen aufgenommen, verlangte ihr Vater von ihr, sie solle ihn verlassen. Aber Mirjam lächelte in die seidenen

Schleier hinein, die ihr Gatte ihr geschenkt hatte: »Ich glaube es nicht, und ich will es auch nicht glauben!«
Darauf der Rabbi: »Hast du denn deinen Gatten nie um seine Treue gegen Israel befragt?«
Mirjam, den Ring küssend, den sie von ihrem Gatten am Finger trug: »Ich habe ihn nicht gefragt, und ich will ihn auch nicht fragen!«
Wiederum der Rabbi: »Aber kannst du denn nicht sehen, was doch alle zu sehen glauben?«
Mirjam, die Augen schließend, als schlösse sie sie vor Glück: »Ich habe nichts gesehen, und ich will auch nichts sehen!«
Da verstummte der Rabbi, denn er vermochte nicht zu glauben, daß er sein Kind verlieren könne.
Von diesem Gespräch kommt es her, daß die Juden bis zuletzt auf den Sohn des Baruch Leonis gehofft haben. –

Die Juden von Roma erzählen:
Dieses war Mirjam die Schöne, wie sie wurde zu Mirjam, die genannt ist die Große; sie wird aber nicht so genannt, weil ihre Gestalt hoch und herrlich erschien, sondern ihre Seele war eine derer, von denen das Buch der Sprüche sagt: ›Wer wird ein starkes Weib finden, ihr Wert ist wie die Dinge, die weither kommen von den äußersten Grenzen?‹ An dem Tage nämlich, an dem Petrus Leonis mit seinen beiden jungen Söhnen erster Ehe in den Taufbrunnen von Sankt Johannes in fonte tauchte, zerriß Mirjam die Schleier ihres Frauentums, die auf ihrem Haupte lagen. Dann nahm sie das Brautkleid, in dem sie einst mit ihrem Gemahl unter dem Thronhimmel gestanden hatte, aus ihrer Truhe und legte es an. Es stieg hoch wie eine Woge an ihrem Leib empor, denn sie war seit vielen Monaten

gesegnet. Nur die Krone, die ihr schönes Haupt als Braut umstrahlt hatte, setzte sie nicht auf, sondern sie streute Asche über den Glanz ihres unbedeckten Scheitels. So ging sie, die Krone in den Händen, einer geschändeten Braut gleich, die nie vermählt gewesen, mit dem schweren Schritt der Schwangeren mitten durch die entsetzte Dienerschar ihres Gatten hindurch in das Haus ihres Vaters, des Rabbi Nathan ben Jechiel.

Als Hannah Naemi, die Schwester des Rabbi, sie erblickte, wußte sie sogleich, was geschehen war: wenn Mirjam mit Asche bestreut einherkam, so konnte dies nur eins bedeuten, denn sie war bis zu dem Tag, an dem dies geschah, keine Fromme gewesen, sondern eine große Königin der Pracht und Eitelkeit. Man hat noch nach vielen Jahren unter den Juden von den goldenen Schuhen der Senatrix Marozzia gesprochen, welche die Grafen von Tusculum in einer Stunde großer Bedrängnis an den Sohn des reichen Baruch Leonis verkauft hatten und um deretwillen Mirjam von den Frauen ihres Volkes viel verlästert worden war. Aber hernach sprach man nur noch deshalb von ihrer Hoffart, weil der Ruhm ihrer Entsagung dadurch noch größer wurde.

Hannah Naemi hatte indessen eine wilde Wehklage begonnen, wie die Juden zu klagen pflegen, wenn einer der ihren den Fallstricken Edoms erliegt. Und sogleich stürzten aus den umliegenden Häusern die Frauen des Volkes hervor und umringten Mirjam mit ihren Wehrufen. Nur Mirjam selbst rief nicht ›Wehe‹, denn sie konnte vor Schmerz nicht sprechen. Sie hatte einen Mund, geformt nach der Art der Töchter Zions, etwas groß, aber schön und dunkel wie das Blatt einer Rose. Diesen öffnete sie

zwar, aber es kam kein Laut daraus hervor, sondern sie sah aus, als erstarre der Schrei auf ihren Lippen und stehe unsichtbar über den Klagenden in der Luft. Und plötzlich wurden die Frauen wider Brauch und Pflicht in solchen Fällen lautlos still wie sie, denn es war ihnen, als ob ihre Schreie wie Pfeile in das Herz derer drängen, der sie doch durch ihre Klagen beistehen wollten.
Indessen hatte sich Nathan ben Jechiel auf den Zusammenstrom vor seinem Hause hin erhoben, und auch er wußte sogleich, was geschehen war. Als er aus der Tür trat, hielt er schon die Hände um sein Kleid gekrampft, um es zu zerreißen. Da fiel Mirjam mit ihrem schweren Körper vor ihm nieder wie ein dunkler, demütiger Stein. Und als der Rabbi sein Kind so in seinem zerstörten Brautstaat vor sich liegen sah, wie begraben in seinem Schmerz, wurde sein Gesicht plötzlich hell und wild vor Freude. Statt seine Kleider zu zerreißen, erhob er die Hände und rief mit lauter Stimme: »Gelobt sei der Gott unsrer Väter, der meines Kindes Herz bewahrt hat, und gesegnet sei das Herz meines Kindes, das sich den Glauben unsrer Väter bewahrt hat!« Nachdem er diese Worte gesprochen hatte, legte er die Hände über Mirjams Haupt, sie zu segnen; da gingen durch Mirjams Leib die ersten Schmerzen der nahenden Wehen und linderten die Qual ihrer Seele. — —
Als das Kind den ersten Schrei ausstieß, vernahm man bereits draußen den Ruf: »Im Namen des erlauchten Senators der Römer Petrus Leonis!« Da raffte Hannah Naemi den Knaben, der klein und zerdrückt noch im Blut seiner Mutter lag, zitternd an sich, damit man ihn in sein eigenes Blut tauche, bevor ihn die Häscher seines Vaters

zur Taufe schleppten. Aber es war zu spät, und Hannah Naemi, statt das Kind dem Rabbi zu reichen, daß er es töte, trug es bereits den Eindringenden entgegen.
Diese wurden geführt von Johannes Frangipane, der eben mit seinen großen, blonden Fäusten den kleinen schwarzen Judenprinzen Obicione aus der Taufe gehoben hatte, und sein Eifer für den goldenen Stern des neu aufgehenden Geschlechtes ging so weit, daß er die Amme seines eigenen Kindes mitgebracht hatte, damit sie den Sohn des Petrus Leonis an ihre Brust nehme.
Als die junge, blühende Amme unter dem prahlerisch ausgestreckten Schwert des Frangipane hindurchkriechend in das Gemach Mirjams trat, wohin Hannah Naemi mit dem Kind entsetzt zurückgeflohen war, stieß sie einen Freudenschrei aus, denn sie sah wohl, wie es um das junge Weib vor ihr stand. Sie wandte sich zu dem Frangipane zurück und rief lachend: Wenn man ein wenig Geduld habe, so könne man noch ein weiteres Judenkindlein in die Taufkapelle tragen. Aber als sie sich dann niedersetzte, um die Geburt von Mirjams zweitem Kind zu erwarten, da geschah es, daß die Wehen der Kreißenden plötzlich aufhörten. Und Mirjam lag auf der Folter ihres Leibes siebenmal sieben Stunden und verhielt das zweite Kind, das aus ihr ans Licht der Welt begehrte, in der Burg unter ihrem Herzen und schützte es mit der Gewalt ihrer Schmerzen und ihres Willens. Und während dieser siebenmal sieben Stunden wurde Mirjam die Schöne zu Mirjam der Großen, nämlich zu Mirjam der Greisen. Hannah Naemi sah, wie die Asche, die noch auf dem Scheitel ihrer Nichte lag, dunkler und dunkler erschien, weil das Haar darunter lichter und lichter wurde, so, als gingen in diesen

siebenmal sieben Stunden ebenso viele Jahre vorüber: sie sah es grau werden und sah es weiß werden wie Stoffe, wenn es zur letzten Glut kommt.
Darnach, als Mirjam uralt geworden war wie eine Erzmutter, schien sie zu sterben, und die Amme der Frangipani ließ sie für tot liegen.

Die Juden von Roma erzählen:
Was jetzt kommt, weiß man aus der Geschichte des spanischen Rabbi Ibn Mischal, den man den ›Leuchter Israels‹ nennt und der damals auf seiner Reise von Toledo nach Jerusalem in Roma weilte. Von ihm berichten seine Schüler mehrere Gesichte der Zukunft.
Als man den Rabbi in das Gemach Mirjams eintreten ließ, betete er zuvor auf der Schwelle. Dann sprach er, nicht besonders laut, sondern so, als liege jemand nur im leichten Schlummer vor ihm: »Mirjam, Tochter Nathan ben Jechiels, freue dich, denn dein Sohn, den dir Edom geraubt hat, wird das Reich Edoms, das sich Christenheit nennt, von oben bis unten zerreißen; also heimkehrend, von wo er ausging! So gib nun dein zweites Kind her, denn siehe, es ist bestimmt: die Schwache wird den Starken und die Blinde den Sehenden leiten, und die Schwester wird den Bruder zurückführen!«
Da gab Mirjam, die Greise, ihrem zweiten Kind das Leben, und dieses war jene Trophäa, von der nachmals so viel gesprochen worden ist. Trophäa aber bedeutet ›die Beute des Sieges‹. Doch ist dies kein wirklicher Name, sondern ein Beiname, den die Frauen der Judenstadt der Tochter Mirjams gaben, »denn«, so sagten sie, »dieses Kind ist zur Siegesbeute seiner Mutter geworden«.

DIE Juden von Roma erzählen:
Als der Rabbi Nathan ben Jechiel den großen Bann über Petrus Leonis aussprach, verlangte Mirjam mit in die Synagoge zu gehen. Hannah Naemi aber erhob Einspruch dagegen, denn sie trauerte noch als alte Frau um ihren Gatten, und Mirjam erschien ihr gleich einer Witwe. Als sie aber ihre Nichte befragte, ob ihr denn das Herz nicht brechen werde, erwiderte Mirjam mit klarer Stimme: »Nein, denn mein Herz ist schon gebrochen.«
Die Synagoge der Juden war in einen alten Tempel der Heiden gebaut; seine lichten Säulenreihen umstanden sie wie viele schlanke Kerzen. Die reichen Männer der Gemeinde hatten ihr Inneres mit Gold und blitzendem Steinwerk geschmückt; es brannten silberne Lampen vor der heiligen Lade. Dennoch war es fast finster im Raum, denn neben der Synagoge wohnte ein Christ, und dieser hatte darauf bestanden, daß man die Fenster nach jener Seite hin vermauerte. Mirjam hatte sich als Kind immer in der dunklen Synagoge gefürchtet, aber an diesem Tage fürchtete sie nur die Lichter, welche die Männer in ihren Händen trugen, um sie auszulöschen, wenn der Rabbi den großen Bann über Petrus Leonis sprechen würde. Mirjam schloß die Augen vor den Lichtern, und erst als man Truha blies und also das letzte Licht verflammte, schlug

sie den Blick auf, und es war dabei ein Glück in ihrer Seele, als habe man sie zum zweiten Mal vermählt, nämlich dem Schicksal Israels, ihres Volkes.

Die Juden von Roma erzählen:
Und Mirjam blieb in der Wohnung ihres Vaters Nathan ben Jechiel und stand Hannah Naemi im Hauswesen bei wie vor ihrer Vermählung. Als sie noch darniedergelegen, hatte der Rabbi geglaubt, er werde sie heimlich zu den Glaubensbrüdern einer anderen Stadt entführen müssen, um das Kind vor den Nachstellungen seines Vaters zu schützen. Aber nachdem Mirjam genesen war, hatte er sich beruhigt, denn niemand konnte vermuten, daß sie die Mutter eines kleinen Kindes sei und daß also das Kind Petrus Leonis gehören könne.
»Du hast einen gelehrten und berühmten Sohn, Frau«, sagten die fremden Juden, wenn sie auf ihrer Wallfahrt nach Jerusalem bei Nathan ben Jechiel einkehrten. Zu Nathan ben Jechiel aber sagten sie: »Deine Mutter, Rabbi, scheint gebrechlicher, als man nach deinen Jahren vermuten würde.«
Und Mirjam trauerte um den Verlust ihrer Jugend und Schönheit so wenig, wie man sie um ihren Gatten trauern sah. Wenn Hannah Naemi, die einst über ihre Eitelkeit viel geseufzt hatte, sie jetzt damit zu trösten suchte, der Adel ihrer Züge könne selbst durch Alter und Leiden nicht zerstört werden, so schwieg sie nur gleichmütig daran vorüber oder lächelte still auf das Kind an ihrer Brust nieder.

Mirjam und ihr Kind.
Wenn Mirjam ihr Kind zur Ruhe brachte, so sang sie ihm

die alten Lieder ihres Volkes vor, jene, in denen noch die Wasser Babylons rauschen. Sie hatte diese Lieder früher niemals hören mögen, weil sie so traurig klangen; aber jetzt waren sie ihr die liebsten von allen, die man singen konnte. Ihre Stimme war jung geblieben, und sie sang die traurigen Lieder wie Triumphgesänge, so, als sei aller Schmerz darinnen nur die Anwartschaft auf einen großen Sieg.
Dieses war das Lied Mirjams nach den Worten des Propheten:

»Ach, daß ich Wasser genug hätte
in meinem Haupte!
Ach, daß meine Augen Quellen wären!
Ich wollte Tag und Nacht beweinen
die verlorenen Söhne meines Volkes!
Um Zions willen darf ich nicht schweigen
und um Jerusalems willen
darf ich nicht innehalten.
Bis daß mir Gerechtigkeit aufgehe wie ein Glanz
und mein Heil entbrenne wie eine Fackel!«

Als das Kind älter wurde, versuchte es, seine kleine Stimme in die der Mutter zu mischen, zuerst nur wie ein Lallen und dann mit einzelnen, kindlich umgeformten Worten. Unsre alten Frauen sagen, Mirjams Kind habe eher den Namen Jerusalem aussprechen gelernt als den Namen seiner eigenen Mutter.

Mirjams Kind:
Die kleine Trophäa hatte feine, tastsame Händchen, und ihr Geist war lebendig wie die Beschwingung eines kleinen Vogels. Mirjam erkannte alle Bilder der Umwelt, von denen sie dem Kind sprach, alsbald in seinen Augen

wieder, zärtlich eingebettet wie in dunklen Samt. (Es waren aber immer nur die Bilder, die bei ihren Worten in seiner Seele erschimmerten.) Sie ging damals oft mit ihm zu jener Stelle des Tiberstrandes hinab, die genannt wird ›das Weiße Ufer‹, weil daselbst seit dem großen Erdbeben die Trümmer des Pons Senatorum liegen. Auch erblickt man von dort die Ausläufer eines großen, zersplitterten Marmorwaldes, der sich vom Berg Palatin ins Tal hinab senkt. Droben auf der Höhe war die Waldung noch ganz dicht; es standen dort reihenweise aufrecht viele große, alte Stämme. Andere lagen wie in einem Urwald übereinander geworfen und aneinander gelehnt und gelagert. Manche waren bereits ohne Laubwerk, aber auf den Kronen vieler lag es noch stolz wie Schnee. Wenn die nordischen Barbaren ihre Könige zur Kaiserkrönung nach Roma führten, erinnerten sie sich bei ihrem Anblick der winterlichen Wälder ihrer Heimat.
Die kleine Trophäa zärtlich nach der Richtung des marmornen Waldes: »Weiß! Weiß!« Dann (als könne sie wirklich erblicken, wovon die Mutter ihr gesprochen hatte): »Sind das Wälder von Jerusalem?«
Das Kind sprach beständig von Jerusalem, so tief hatten sich ihm die Lieder seiner Mutter eingeprägt. Um seine Neugier zu stillen, führte Mirjam es einmal an der Stadtmauer entlang zum Lateranischen Palast, wo, wie man sagt, in der Basilika (die Christen nennen sie die ›des Erlösers‹) zwei Säulen des Tempels bewahrt werden, die jedes Jahr an dem Tage, an dem die Heilige Stadt fiel, Schweiß und Tränen vergießen.
Mirjam mit scheuer Stimme: »Dort drinnen stehen noch Säulen unsres Tempels.«

Das Kind: »Ja, ich sehe sie! O wie schön sind unsere Säulen!«
Mirjam erstaunt: »Du siehst sie? Aber die Tore sind doch geschlossen!«
Das Kind unbefangen: »Aber soll man denn nicht durch geschlossene Tore blicken?«
Darauf wagte Mirjam nicht weiterzufragen. –

Die Juden von Roma erzählen:
Der spanische Rabbi Elchanan (das war ein Schüler Ibn Mischals) zog siebenmal von Toledo nach Jerusalem und von Jerusalem zurück nach Toledo, und auf jeder dieser Wallfahrten kehrte er bei Nathan ben Jechiel ein. Er führte mit sich einen Sack, der war leer, wenn er aus Toledo kam, aber wenn er von Jerusalem heimritt, beugte seine Schwere den Nacken des Maultieres.
»Sehet den feinen Spanier, der seinen Sack nicht loslassen mag!« spotteten die Römer, denn sie glaubten, der Rabbi sei so geizig, daß er seinen Schatz nicht einmal dem eigenen Diener, der hinter ihm ritt, vertrauen möge. Unter den Juden von Roma aber ging die Rede, Elchanan führe die Kleinodien der Königsgräber von Jerusalem nach Spanien; daselbst wolle man ein neues Reich Israels errichten. (Denn seit Baruch Leonis gesagt hatte, die spanischen Juden verwalteten die Zepter der Könige und Kalifen, glaubten dies viele der Unsren.)
Einmal nun, als Elchanan mit Nathan ben Jechiel speiste, und der Sack, von dem großen, weißen Reisemantel des Rabbi bedeckt, vor der Tür des Saales auf dem dunklen Gang stand, schlichen die jüdischen Männer und Frauen von der Straße herein, um ihn zu betasten. Er war steif und prall, als wolle die Schwere seines Inhaltes die Hülle

sprengen. An der einen Seite stach und schimmerte es spitz hervor wie der Glanz eines kleinen Steines.
Ein armer Mann mit hungriger Stimme: »Es sind wahrhaftig goldene Barren darinnen!«
Ein Weib, ehrfürchtig flüsternd: »Nein, es ist bereits die Krone – ich fühle ihre Zacken!«
Plötzlich aber trat der Rabbi aus der Tür.
Der Rabbi Elchanan:

Der Rabbi Elchanan hatte eine Nase scharf und gebogen wie eine Sarazenenklinge aus Damaskus. Als er aus der Tür trat, war sein schmales Antlitz so bleich, als spränge die Klinge aus einer elfenbeinernen Scheide. Der Rabbi Elchanan (denn er hatte alles, was die Leute sprachen, gehört): »Ich will euch die Schätze Israels und die Kronen eurer spanischen Brüder zeigen!« Damit öffnete er den Sack, und siehe, es stob heraus der feine, weiße Staub der Stadt Jerusalem, den hatte der Rabbi geholt, um ihn den Söhnen Israels unter das Haupt zu legen, wenn sie ins Grab sinken. (Denn also tun die spanischen Juden ihren Toten mitten in ihrem Glanz, damit die Lebenden nicht vergessen, daß es Galuthglanz ist.)
Da schwiegen die Umstehenden betroffen still, nur die kleine Trophäa klatschte fröhlich in ihre Hände, rufend: »Eia, ich sehe die Krone König Davids! Der hohe Rabbi Elchanan hat sie aus seinem Sack genommen!«
Als Hannah Naemi das Kind also jauchzen hörte, legte sie den Kopf gegen den Türpfosten und weinte bitterlich. Mirjam aber, die hinter ihr stand, lächelte.

Die Juden von Roma erzählen:
Hannah Naemi versuchte zuweilen zärtlich und vorsichtig mit Mirjam über die Augen ihres Kindes zu sprechen, denn sie und der Rabbi wußten längst, daß die kleine Trophäa blind war. Aber es schien, als könne Mirjam ihre Rede nicht fassen.
Hannah Naemi zu ihrem Bruder: »Sie hat keine Kraft mehr, diesen neuen Schlag zu empfangen; es ist zu viel über sie gekommen, sie ist wieder ein schwaches Weib geworden wie andere Weiber.«
Darauf der Rabbi: »Es ist nicht das Schlimmste, wenn sich ein Weib unter seine Schwachheit beugt.« (Das verstand Hannah Naemi nicht; später hat sie es verstanden.)
Doch Mirjam beugte sich nicht unter ihre Schwachheit, sondern es war mit ihr wie einst vor der Taufe ihres Gatten, als sie zu ihrem Vater gesagt hatte: Ich glaube es nicht, und will es auch nicht glauben. Denn Mirjam dachte Tag und Nacht an ihren Sohn, und alle Hoffnung ihres Lebens hing an ihrer Tochter, von der Ibn Mischal geweissagt hatte, sie werde ihn zurückführen. Aber in dieser Zeit verstummten auf ihren Lippen alle Lieder ihres Volkes, so, als liege ein Stein auf ihrer lichten Stimme.

Die Juden von Roma erzählen:
Hannah Naemi war gesund und kräftig in ihrem Alter, nur zuweilen stieg ihr das Blut wie eine Springflut zu Kopf, so daß es ihr dunkel vor dem Antlitz wurde. Einmal nun, als sie eben das Feuer von der Herdstätte genommen hatte, um die Sabbatkerzen im Saal zu entzünden, befiel sie wiederum der jähe Schwindel.

Hannah Naemi im dunklen Hausflur zwischen Küche und Saal: »Es komme doch jemand heraus, mich zu führen!«
Da sprang Mirjams Kind herzu und wollte ihre Hand ergreifen.
Hannah Naemi, der offenen Flamme wegen erschrocken: »Du nicht, Kind, du nicht! Rufe doch deine Mutter!«
Das Kind ahnungslos: »Warum nicht ich, gute Muhme? Kann ich etwa nicht sehen?«
Da kamen Hannah Naemi wiederum die heißen Tränen; sie befahl die Flamme in ihren Händen dem gnädigen Engel und ließ sich von dem Kind in den Saal führen. Dort stand schon der Tisch bereit, mit frischem Linnen überfaltet, besetzt mit den Speisen des Sabbatmahls und dem Leuchter für die heiligen Kerzen. Daneben standen in ihren Feierkleidern der Rabbi und Mirjam, andächtig harrend, daß Hannah Naemi die Lichter entzünde.
Hanna Naemi, Mirjam erblickend (denn sie war nun wieder ganz klar geworden), in ihrem Innern seufzend: ›O weh, du Arme, nachdem mich dein Kind hereinführt, wirst du dich erst recht gegen sein Geschick verschließen!‹ Aber als nun der Schein der Flamme über die Gesichter sprang, sah sie in Mirjams Blässe den Mund erzucken, als wolle sich eine Blume unter dem Schnee auftun. Und plötzlich ging Mirjam mit wankenden Knien auf ihr Kind zu, fiel bei ihm nieder und ergriff es mit den Händen an beiden Schultern.
Mirjam mit großer Kraft: »Kind, sage mir, kannst du mich erblicken oder nicht?«
Das Kind innig: »Ja, ich sehe meine liebe Mutter.«
Mirjam, das verfallene Antlitz an des Kindes Schläfe gepreßt: »Wie seh ich aus, liebstes Eigentum?«

Das Kind: »Meine Mutter ist jung und schön.«
Da brach Mirjam in die ersten Tränen aus, die sie seit dem Tauftag ihres Gatten weinte. Alle im Hause des Rabbi Nathan ben Jechiel hatten geglaubt, Mirjam könne nicht mehr weinen. Hannah Naemi umschlang sie mit sanften Armen, um sie zu trösten, doch Mirjam richtete sich an ihrer welken Brust auf und rief mit lauter Stimme: »So sei der Herr gelobt! So sei er gelobt! So sei er ewiglich gelobt!« Es war aber in diesem Rufen ein Jauchzen wie das einer Entzückten oder Berauschten, so daß es Hannah Naemi vor ihrer Nichte zu grausen begann.
Hannah Naemi (jetzt verstand sie ihren Bruder): »Neige dich doch, Mirjam, neige dich doch, damit dein Geist sich nicht verwirrt! Weine doch!«
Mirjam: »Warum sollte ich mich neigen? Der Herr selbst hat mich aufgerichtet! Warum sollte ich weinen? Der Herr selbst hat mich getröstet!«
Hannah Naemi (sie glaubte, der Geist ihrer Nichte habe sich bereits verwirrt): »O Mirjam, der Rat des Herrn ist unerforscht; neige dich doch, weine doch!«
Mirjam: »Nein, der Rat des Herrn ist offenbar! Oder glaubst du etwa, der die erste Verheißung seines Dieners erfüllte, der werde nicht auch alle anderen Verheißungen seines Dieners erfüllen?«
Da erinnerte sich auch Hannah Naemi, daß Ibn Mischal gesagt hatte: »Der Blinde wird den Sehenden führen.« Und sie staunte darüber, daß keiner von ihnen früher dieser Worte gedacht hatte.
Von diesem Tag an glaubte Mirjam unerschütterlich an die Weissagung Ibn Mischals.

Das Lied Mirjams, als sie wußte, daß ihr Kind blind war (nach den Worten des Propheten):

»Siehe, die Sonne soll dir nicht mehr scheinen,
und der Glanz des Mondes
soll dir nicht mehr leuchten,
Sondern der Herr wird dein ewiges Licht sein,
und die Tage deines Leidens
sollen ein Ende haben!«

Die Juden von Roma erzählen:
Und Mirjam erzog ihr Kind in der Hoffnung, die sie selbst aus seiner Blindheit schöpfte. Noch ehe die kleine Trophäa wußte, wer ihr Bruder war und wer sie selbst war, das heißt, ehe sie wußte, daß es Christen und Juden gab, wußte sie, daß sie ihren Bruder einst an die Hand nehmen und heimführen werde zur Mutter oder, wie die Mutter sagte, zum Glauben seiner Väter.
Es ging einmal eine Judenfrau am Hause des Petrus Leonis vorüber (dort, wo es wie ein hoher, zackiger Felsen gegen das ›Weiße Ufer‹ abfällt); da sah sie die kleine Trophäa vor dem steilen Gemäuer stehen und mit ihrem tastsamen Fingerchen ganz unten gegen die nackte Wand pochen.
Die Frau fragte sie, was sie denn da für ein sonderbares Spiel treibe.
Darauf das Kind: »Das Spiel heißt: Ich gehe ins Haus des Petrus Leonis.« –
Die Frau, der dies begegnet ist, hat später gesagt, das Kind habe an der Stelle geklopft, wo, wie man wisse, im Hause des Petrus Leonis die Kapelle liege.

Das Haus des Petrus Leonis.

Die Juden von Roma erzählen:

Petrus Leonis erbaute gleich nach seiner Taufe an seinem Hause eine Kapelle und außerdem drei mächtige Türme, um darzutun, daß er nun wirklich zu den großen Capitanen der Stadt gehöre. Die Türme stiegen dicht bei den Quartieren des Pons Judaeorum empor, so drohend, daß man hätte meinen können, sie wollten diese entweder bedrohen oder beschützen. Einer von ihnen, dessen gewaltige Wurzeln in das alte Theater des Marcellus gleichsam eingepflanzt waren, hatte einen kleinen Altan. Er hing wie ein steinernes Körbchen an dem massigen Leib des dicken Turmes herab. Wenn Mirjam mit ihrem spielenden Kind am ›Weißen Ufer‹ saß, so schaute sie immer nach diesem Altan, denn sie hoffte, dort ihren kleinen Sohn zu erblicken. »Sie wartet auf ihn wie auf den Messias«, sagten die Frauen der Juden – sie sagten es ehrfürchtig, ohne Mirjam je zu stören. Auch Hannah Naemi hätte sich lieber die alten Hände bei der Arbeit wundgerieben, als ihre Nichte zu rufen, wenn diese auf den fernen Anblick ihres Sohnes wartete. Der Knabe trat auch wirklich zuweilen mit seinen kleinen Geschwistern und seiner Stiefmutter auf den Altan heraus (denn Petrus Leonis hatte sich nach seiner Taufe wieder vermählt, nämlich mit Donna Bona aus dem Geschlecht der Bericisi; von ihr stammen die meisten Kinder ihres Gatten ab).

Donna Bona war groß und blond, aber ihre Kinder sahen alle aus wie ihre beiden Stiefsöhne Obicione und Guido und wie der kleine Sohn Mirjams. Denn das dunkle Blut Israels, wie alt es auch sein mag (dieses sagen wir Juden), ist stärker als jedes blonde Blut; so will es der Herr, damit sein Volk in der Zerstreuung bestehe. Mirjam erkannte ihren Sohn immer nur an der alten Rachel, die nicht von seiner Seite wich. Rachel aber wurde von Mirjam an der Melodie des Liedes erkannt, das sie selbst sang.

Dieses war Rachel, die einstige Amme Mirjams; man nennt sie ›die heimliche Tochter‹, nämlich des Gesetzes.
Die Juden von Roma erzählen:
Petrus Leonis, als er sich taufen ließ, hatte seinen Dienern und Dienerinnen nur die Wahl gelassen, sich zu entfernen oder sich ebenfalls taufen zu lassen, und Rachel ließ damals das heilige Wasser über sich ergießen, weil sie sich nicht von dem kleinen Sohn Mirjams trennen wollte, denn sie hatte jene mit der Zärtlichkeit einer Mutter geliebt.

Es wird berichtet:
Rachel hatte noch als alte Frau schöne, dichte Zähne; die waren fast so weiß wie das Taufkleid, das man ihr überstreifte. Als sie nun auf der Schwelle der Kapelle kniete, wo der Priester sie taufen sollte, und dieser sie fragte: »Was begehrst du von der heiligen Kirche?«, da vernahm er statt der Antwort ein leises, rauhes, bitterliches Geknirsch gleich einem Schluchzen mit Zähnen, und als er hinblickte, sah er, wie Rachel Schaum vor dem Munde hatte. Er glaubte, daß die Dämonen ihres Volkes sich ihrer noch einmal bemächtigen wollten, und befahl ihr, den steinernen Boden der Kirche zu küssen. Sie tat es mit solcher Heftigkeit, daß Blut aus ihren Lippen floß. Er nahm das für ein Zeichen ihrer Demut, und sie wurde darnach auch ruhiger, so daß sie ihm antworten konnte. Da taufte er sie zuversichtlich. Hernach aber, als man ihr vor

der Tür der Kapelle den kleinen Knaben, dessen Wärterin sie sein sollte, in die Arme legte und sie vor Freude lächelte, sah man, daß ihre Zähne abgebrochen waren, so, als habe sie die Steine der Kapelle nicht geküßt, sondern gebissen. Von Rachels Taufe kommt es her, daß unter den Juden hie und da die Meinung geblieben ist, auch Petrus Leonis habe sich nur zum Schein taufen lassen.

Es wird berichtet:
Als der kleine Knabe Petrus älter geworden und seiner Wärterin entwachsen war, erkannte ihn Mirjam nicht mehr an jener, sondern an seinem roten Röckchen, das nach einem besonderen Schnitt verfertigt war, wie die jungen Kleriker sich tragen. Denn Petrus Leonis hatte den Sohn Mirjams noch am offenen Taufbecken dem Dienst der heiligen Kirche gelobt, wie gesagt worden ist, aus Dankbarkeit und großer Freude darüber, daß man die Seele seines Kindes glücklich aus den Händen der Juden habe erretten können. Der Knabe war gleich seinem Vater auf den Namen des heiligen Petrus getauft worden, aber man nannte ihn im Palast immer nur den ›kleinen Kardinal‹. Doch war dieser Name und auch das rote Röckchen kein Einfall des Petrus Leonis, sondern er war ein solcher Donna Bonas, seiner Gemahlin. Petrus Leonis nämlich tat oder sprach damals nicht das geringste, das darauf hindeuten konnte, er hoffe, seinen Sohn dereinst zu hohen kirchlichen Ämtern erhoben zu sehen. Donna Bona aber trug sich offen mit dieser Hoffnung für ihren Stiefsohn, denn die jüdische Herkunft ihres Gatten war der heimliche Spott ihrer eigenen Sippe. Sie griff darum begierig nach allem, was geeignet war, sie vergessen zu lassen und

Macht und Ansehen der Person ihres Gatten vor aller Welt darzutun. (Denn um dieser willen hatte sie sich ihm vermählen lassen.)

Es wird berichtet:
Petrus Leonis war jetzt ein so mächtiger Capitan, wie man seit den Tagen der Tusculaner-Herrschaft keinen mehr in der Stadt Roma erblickt hatte. Doch ist dies nicht so zu verstehen, wie es einst von jenem fluchwürdigen Geschlecht gesagt worden war. Denn Petrus Leonis hätte sich niemals einfallen lassen, gleich den Tusculanern auf die geheiligten Bezirke der Kirche überzugreifen, sondern er ging eifrig und ruhig den großen Geschäften seines Hauses nach wie vor seiner Taufe, so, als käme es ihm an diesem Punkt gar nicht in den Sinn, daß er nun doch ein Ritter und kein Händler mehr sei. Wenn man bei den Crescentiern die Pferde sattelte und bei denen von Sankt Eustachius die Burgzinnen prüfte, wenn die Normanni ihre Leute zusammenriefen und die Bericisi in die Trompeten stießen, vernahm man in der Pier-Leoni-Burg nur das Rollen der goldenen Byzantiner und das leise Rauschen der Pergamentstreifen, darauf ihre Zahl und ihr Gewicht eingezeichnet standen. Die römischen Capitane spotteten, daß in den Tagen der Sedisvakanz die ›Chiesa Pierleoni‹ (damit meinten sie den großen Turm im Marcellustheater) diejenige Kirche der Stadt sei, in der am eifrigsten um die Ankunft des Heiligen Geistes gebetet werde. Denn Petrus Leonis öffnete alsdann zwar den Mund, aber nur, um laut und kühl zu verkünden, daß er ihn vor der Weisheit und Erleuchtung der heiligen Kirche zu schließen habe, und dieses war das erste Mal, daß man

eine solche Rede von einem römischen Capitan vernahm; alle anderen schrien immer nur nach einem Papst, der ihnen selbst genehm gewesen wäre.

Johannes Frangipane aber, wenn er von der ›Chiesa Pierleoni‹ sprechen hörte, warf sich prahlend in die breite Brust, denn er hatte sich jetzt nicht mehr wie früher im stillen, sondern im offenen Triumph mit Petrus Leonis vereinigt.

Johannes Frangipane zu denen, die von der ›Chiesa Pierleoni‹ sprachen: »Ja, jetzt können wir alle ungestört beten.« (Damit meinte er: Jetzt kann sich von euch niemand mehr gegen uns beide rühren.)

»Er hat den Übereifer des Neugetauften«, sagten die Capitane ingrimmig von Petrus Leonis. Das Volk aber sagte staunend: »Er hat die Frömmigkeit des wahrhaftig Bekehrten.« Einige aber sagten auch: »Er hat die Klugheit seiner alten jüdischen Herkunft, und es wird sich schon noch erweisen, daß er mit ihr weiter kommt als unsre Capitane mit ihren Schwertern.«

Die heilige Kirche selbst aber sagte weder das eine noch das andere, sondern sie fuhr fort, auch den getauften Petrus Leonis in der Stille zu prüfen, wie sie den ungetauften geprüft hatte, und wenn sie etwas mit den Capitanen der Stadt verhandeln mußte, so besprach sie sich nicht mit ihm, sondern mit Johannes Frangipane (doch wußte sie, daß sie im Grunde mit Petrus Leonis verhandelte). Es dauerte aber die Freundschaft des Frangipane mit jenem genau so lange, wie eben diese Prüfungszeit dauerte.

Aus den Büchern unsrer Stadt Roma, welche genannt wird ›die Goldene‹. (Diesen Namen wird noch ihr letzter Stein tragen.)
Wir sahen damals von der Porta Asinaria bis zur Kirche des heiligen Klemens und von der Porta Sassiae bis zur Moles Hadriani noch immer fast alle unsre Straßen wüste wegen des großen Normannenbrandes, der durch die Kämpfe mit dem Salier angezündet worden war. Der Heilige Vater konnte deshalb nicht in seinen eigenen Palästen wohnen (diese lagen wie hinter hohen Schanzen von Schutt), sondern er wohnte auf der Insel Lycaonia im Hause des Gratianus Frangipane (das war der Neffe des Johannes), dessen beide Türme wie die Masten eines Schiffes aus dem Tiberstrom aufsteigen, darinnen diese Insel gleichsam vor Anker liegt. Johannes Frangipane sagt, er habe den Heiligen Vater dem Schutz seines Neffen anvertraut; aber in Wirklichkeit hatte er ihn nicht wegen der beiden kleinen Türme des Gratianus dorthin geführt, sondern wegen der drei großen des Petrus Leonis, welche nahe bei der Insel Lycaonia stehen und also jene beschirmen. Johannes Frangipane nämlich traute sich damals nicht, den Heiligen Vater in seinem eigenen Hause bei Sankta Maria Nova zu beschützen, denn er erbaute dort eben mit dem Geld seines Freundes Petrus Leonis jene mächtigen Festungswerke, welche, wie man weiß, heute gleich den Fangarmen einer großen, steinernen Spinne bis zum Colisäus und zum Palast Septemsolia hinlaufen, so daß keiner, der kriegerisch über das Forum reitet, ihnen entrinnen kann. Damals lag wegen eben jenes Baues, zu dem man alle Mauern erst niederlegen mußte, das Haus des Johannes Frangipane offen; es gab aber von den vorigen Kampftagen her immer noch viel gefährliches

Gesindel in unsrer Stadt wegen des schändlichen Häresiarchen Wibert, den uns der Salier zurückgelassen hatte und nach dem unser Volk zu Roma jene Zeit genannt hat die Zeit des ›kleinen oder des falschen Schismas‹ oder auch die Zeit des ›vorhersagenden Schismas‹. Damit meinten wir, daß jenes kleine Schisma dem großen oder wirklichen Schisma gleichsam als eine Weissagung vorangehe, so wie die Schwingen der Sturmvögel den Schaum des trunkenen Meeres nur verkünden, obwohl sie ihm doch gleichen. Denn ebensowenig wie der Salier Heinrich IV. jemals der Kaiser gewesen ist (da er doch die Krone nicht durch den wirklichen Papst empfangen hat), ebensowenig ist das Schisma des Wibert von Ravenna, welches er befohlen hat, ein wirkliches Schisma gewesen, sondern es ist gewesen das lästerliche Spiel eines gottlosen Fürsten mit einem abtrünnigen Bischof. Das große abendländische Schisma nämlich wird nicht ausgehen von den Händen eines Königs oder Kaisers, noch von denen irgendeiner anderen weltlichen Gewalt (wiewohl einige dies glauben), sondern es wird ausgehen vom Geist, nämlich von dem des Antichrist. Diesen aber erwarten wir nicht aus Deutschland, von wo der Kaiser kommt, sondern es heißt, er solle dort geboren werden, von wo auch ausziehen wird, der ihn besiegt. Deshalb glauben wir, daß er zu Roma geboren werden soll, denn dort steht Christi Thron auf Erden.

Dies alles hat uns gesagt die Frau Susa, welche wir nennen die Heilige von Sankta Maria de Inferno.

Während des kleinen oder vorhersagenden Schismas.
Es wird berichtet:
Johannes Frangipane ging damals immer noch unter den Capitanen der Stadt umher (von diesen hätten nämlich einige gern zu Wibert von Ravenna gehalten), gleichsam mit der einen Hand sein Schwert, mit der anderen den Beutel seines Freundes Petrus Leonis auf den Tisch eines jeden Hauses werfend. Es konnte damals niemand mehr wagen, den Frangipane kaufen zu wollen, aber es konnte auch niemand mehr hoffen, daß der Frangipane wie früher ungekauft aus eigener Unbeständigkeit vom Heiligen Vater abfallen werde. Denn so groß und gewalttätig sich auch der Frangipane mit dem Beutel seines Freundes gebärdete, so klein und gleichsam gefangen war er doch durch eben jenen Beutel, ja er lag in Wirklichkeit an ihm wie an einer Kette, einer Dogge gleich, die um so lauter bellt, je fester sie angebunden ist. Es sahen dies auch alle zu Roma ganz deutlich ein, teils mit Lachen und teils mit Wut, nur der Frangipane selbst sah es nicht, sondern er glaubte wahrhaftig, daß er die ersten unsicheren Schritte eines Neugetauften großmütig lenke und betreue.

Johannes Frangipane und Petrus Leonis.
Es wird berichtet:
Wenn Johannes Frangipane seinen Freund Petrus Leonis besuchte, so liebte er es, dessen kleine Söhne Obicione und Guido, deren einen er aus der Taufe gehoben hatte, auf seine Arme zu nehmen. (Sie hingen in den Gewaltigen verflogen wie kleine, schwarze Fliegen.) Aber noch lieber als Obicione und Guido nahm Frangipane deren Schwesterchen Tullia auf den Arm. Diese hatte ein Kleid wie eine

Prinzessin von Byzanz, starrend, als wäre es aus Glas, den Saum besteckt mit goldenen und silbernen Glöckchen. Wenn der Frangipane die kleine Tullia aufhob, so klangen die Glocken hell wie das Hochzeitsgeläut bei einem Kinderspiel. Alsdann lachte dem Frangipane das Herz im Leibe, denn er hatte den Plan gefaßt, dieses Kind später einmal seinem eigenen Sohn zu vermählen. Am liebsten von allen Kindern des Hauses aber nahm der Frangipane den kleinen Sohn Mirjams auf den Arm. Tullia nämlich war fast ebenso schmal und blaß wie Obicione und Guido; von diesen glaubte der starke Frangipane nicht, daß sie überhaupt groß werden könnten. Von dem kleinen Petrus aber glaubte er es, denn er war kräftig und schön wie seine Mutter Mirjam, und das gefiel dem Frangipane. Er vergaß denn auch niemals zu fragen, ob man ihm denn nicht das rote Röckchen ausziehen und ihn an die Welt zurückgeben könne. Doch kam es nur selten dazu, daß Frangipane dieses fragen und das Kind auf seine Arme nehmen konnte, denn es lief davon, sobald es seinen Schritt oder seine Stimme vernahm. (Später hat man gesagt, es habe durch die alte Rachel erfahren, daß es die Arme des Frangipane gewesen, die es aus der Judenstadt getragen hatten.)

Die alte Rachel und der kleine Petrus.

Wir haben aber niemals genau erfahren können, was eigentlich die alte Rachel dem kleinen Petrus erzählt hat, sondern wir wissen nur dieses: Rachel hat ihm ein Lied vorgesungen, welches unter den Psalmen der Bibel verzeichnet stehet, welches aber die Christen nicht gerne singen. Dasselbe hebt also an:

»Herr Gott, des die Rache ist,
Gott, des die Rache ist: Erscheine!
Erhebe dich, du Richter der Welt,
und vergilt den Hoffärtigen,
wie sie es verdienen!«

Da nun der kleine Sohn des Petrus Leonis eines Tages dieses Lied mit seinem frohen Kinderstimmchen vor sich hinlallte – er schlug dabei mit beiden Fäustchen jauchzend auf den silbernen Tisch, davor er saß – fragte ihn einer der Diener des Palastes lachend, gegen wen er denn diese gewaltige Rache heraufrufe?

Das Kind unschuldigen Angesichts wie ein kleiner Vogel, den man gelehrt hat, nachzuplappern: »Gegen alle Verräter unsres Volkes Israel.«

Darauf rief der Diener einige andere Diener des Palastes herbei und fragte den Knaben abermals. Also erlustigten sie sich eine ganze Weile an seiner Antwort.

Der kleine Petrus Pier Leonis und die Diener des Palastes.

Die Diener des Palastes: »Wen liebst du denn von uns am meisten, kleiner Herr?«

Das Kind: »Rachel liebe ich am meisten.«

Sie: »Aber du bist doch so schmuck, kleiner Herr, und Rachel ist garstig anzusehen. Hast du denn keine Angst vor ihrer großen, krummen Nase?«

Das Kind: »Rachel ist nicht garstig anzusehen, und ihre Nase ist sehr schön, aber ihr seid häßlich.«

Darauf erlustigten sich die Diener abermals über ihn.

Die Diener des Palastes und der kleine Petrus Pier Leonis.

Die Diener des Palastes gingen jeden Tag um eine be-

stimmte Stunde aus dem Tor der Burg hervor, Körbe in ihren Händen tragend, daraus sie Brot an die Kinder des Petrus Leonis reichten, welches diese unter die Kinder der Armen verteilten, die vor dem Tor auf sie warteten. Es waren aber auch immer einige ihren Eltern entschlüpfte Kinder aus der nahen Judenstadt darunter, denn es gibt in dieser viele arme Leute, genau wie unter den Christen. Wenn nun die Reihe, Brot zu verteilen an den kleinen Petrus kam, so gab er immer zuerst den armen Judenkindern. Einer der Diener des Palastes zu seinen Gefährten: »Unser kleiner Herr fängt seinesgleichen aus der Menge auf wie man Fischlein mit einem Netz aus den Wogen hebt; es ist, als zöge es seine Händlein aus der Ferne zu ihnen hin, ohne daß er es weiß. Dieses kommt mir sehr verwunderlich vor, denn sein Vater will sein eigenes Blut nicht mehr erkennen.«
Darauf ein anderer nachdenklich: »Unser kleiner Herr gefällt mir besser denn unser großer Herr.«
Frau Bona aber, da sie einmal zugegen war, als der kleine Petrus die Judenkinder also vorzog, gebot, daß die Kinder ihres Gemahls künftig im Palast verbleiben sollten, wenn man Brot verteile.

Frau Bona und die Kinder ihres Gemahls.
Frau Bona erlaubte den Kindern ihres Gemahls nicht, auf dem offenen Platz vor der Burg oder am nahen Tiberufer zu spielen, denn sie fürchtete die Kinder ihrer Brüder Bericisi, die sich daselbst zu tummeln pflegten. Diese, große, blonde, ungestüme Knaben, liefen zuweilen dicht an die Pier-Leoni-Burg heran und verspotteten ihre kleinen, schwarzen Vettern, die ihrem Spiel vom Altan herab

sehnsüchtig zuschauten, mit der nahen Judenstadt. (Also hatten sie es von ihren Vätern daheim erlernt.)
Einmal nun, da sie sich eben wieder vor der Burg herumtrieben, vernahm man aus der Ferne des Weißen Ufers den Gesang Mirjams herüberschallen.
Der kleine Petrus Pier Leonis vom Altan herabgebogen: »Wer ist die Frau, die so schön singt?«
Darauf die kleinen Bericisi: »Das ist eine eurer Großmütter!« (Damit meinten sie: Das ist eine aus der Judenstadt wie ihr.) Gleich darnach aber liefen sie spornstreichs davon, denn sie hatten auf dem Altan die orientalisch-würdevolle Gestalt des Petrus Leonis erblickt. Sie hätten aber nicht nötig gehabt, so zu entlaufen, denn Petrus Leonis zeigte es niemals, wenn er solche spöttischen Äußerungen vernahm, sondern es war, als gingen sie ihn gar nichts an und er habe wirklich, wie die Diener des Palastes sprachen, seine eigene Abkunft völlig vergessen.

Es wird berichtet:
Um jene Zeit machte der Heilige Vater Urban II., der damals auf dem Stuhl des heiligen Petrus saß, seine Stimme zur Stimme des Heiligen Grabes zu Jerusalem, damit er die Christenheit ins Morgenland entflamme und eine christliche Ritterschaft erlöse vom Fluch des vergänglichen Waffenlohns. (Denn wer das Kreuz nimmt, der gewinnt mit seinem Schwert nicht die irdische, sondern die himmlische Stadt.) Aber der Teufel, wie es seine Gewohnheit ist, säete in die Saaten des Heiligen Vaters und äffte die Verführbaren mit seiner eigenen Kreuzzugspredigt. Es zogen damals nicht nur die Abgesandten von Roma durch die Lande, predigend, daß man sich bereite, das zeitliche

Leben darzubringen, um das ewige zu gewinnen, sondern auch jene der Venezianer und Genueser Handelsherren in ihren seidenen und brokatenen Mänteln, die getränkt sind mit allen Düften von Schiras und Arabien. Diese aber predigten nicht die Stadt der himmlischen Herrlichkeit, sondern sie predigten die Paläste der Kalifen und die köstlichen Teppiche der goldenen Moscheen und den großen Tempelschatz von Jerusalem, den später Graf Tankred erbeutete.

Die Venezianer und Genueser, ihre glitzernden Mäntel auseinanderfaltend, daß die Wirrnis der Düfte über den Lauschenden zusammenschlug: »So prangend kann jeder von euch werden, der sich bei uns einschreiben läßt zur Überfahrt ins Heilige Land!« Denn die Venezianer und Genuesen, welche die Kreuzfahrer auf ihre Schiffe zu laden hofften, lösten zwar deren Anker im Namen der heiligen Dreifaltigkeit, aber sie taten es erst, nachdem sie jedermann an Bord fast den letzten roten Pfennig abgenommen hatten.

Als nun der Heilige Vater Urban II. erkannte, daß jene aus seinem und der Christenheit heiligen Willen ein Geschäft machen wollten, ergrimmte er vor Schmerz und rief aus: »Ist es denn wirklich so, wie unser Heiland gesagt hat, daß eher ein Kamel durch ein Nadelöhr geht, als ein Reicher ins Gottesreich?«

Darauf erinnerte ihn einer der Kardinäle an Petrus Leonis, welcher an Reichtum alle Venezianer und Genuesen überträffe und von dem man wisse, daß er schon vor seiner Taufe den Wucher seines Vaters zurückerstattet habe. Er setzte aber hinzu, es werde ein großes und würdiges Zeugnis wahrhaftiger Bekehrung und zugleich der schönste

Lohn des ehemaligen Juden sein, der großen christlichen Heerfahrt nach Jerusalem dienen zu dürfen.
Darauf ließ der Heilige Vater Petrus Leonis zu sich entbieten.
Johannes Frangipane aber, als er hiervon hörte, sagte: »Warum hat der Heilige Vater nicht mich gerufen? Ich hätte seine Weisung dem Petrus Leonis trefflich ausgerichtet.«

Aus den Büchern unsrer Stadt, welche genannt wird ›Roma, die Goldene‹.
In jenen Tagen sahen wir zum ersten Mal einen unsrer eigenen Capitane (nämlich Petrus Leonis), geschmückt mit dem edlen Zeichen derer, welche ausziehen wollen für Christi Grab und Königreich im Heiligen Land zu streiten. Denn es war mit unsrer Stadt, wie es gewesen war, als man auch bei uns die Simonisten bekämpfen wollte: die ganze Christenheit erhob sich auf den Ruf des Heiligen Vaters, nur die Stadt des Heiligen Vaters selbst wollte sich nicht ermuntern.
Dieses war das Lied, welches die Wallenden aus Deutschland und Frankreich damals auf allen unsren Straßen sangen:

»In Gottes Namen fahren wir,
Sein Gnaden gehren wir,
Nun helfe uns die Gotteskraft und das Heilige Grab,
Da Gott selber innen lag:
Kyrieleis!«

Die es aber sangen, erzählten uns, drüben über den Alpen stehe mitten im braunen Herbst das Land lichterweiß von blühenden Bäumen an allen Straßen, auf denen die ›Passagien« vorbeizögen, gleichsam, als wolle auch die blinde Natur aus ihrem Grab hervorbrechen, freudig zu bezeugen Gottes Gnade an seinen Christenmenschen. Doch wir haben daran nicht geglaubt, denn bei uns zu Roma hat man kein Weiß erblickt als das Weiß des wilden, alten Marmors, darinnen die Nester unsrer verstockten Capitane hängen.

Die römischen Capitane untereinander: »Unsre Stadt ist heilig wie die Stadt Jerusalem; man heiße doch die Wallenden zu uns kommen! Warum sollen sie ihre kostbaren Opfergaben ins Morgenland tragen?« Zu den Wallenden selbst aber sprachen sie: »Ihr wollt das Heilige Grab erobern, aber wahrhaftig, es wird euer eigenes Grab werden. Bleibet doch hier!«

Darauf die Wallenden: »Wäre es nur so, wie ihr sagt, daß wir bei dieser Fahrt sterben könnten, damit wir dereinst selig auferstehen.«

Petrus Leonis mit dem Kreuz geschmückt:

Um dieses hatte er den Heiligen Vater gebeten, denn er hoffe, so sagte er, eines der Schiffe, die er den Venezianern und Genuesern abgekauft hatte, selber zu begleiten und drüben mit den Wallenden an Land zu gehen.

Es wird berichtet:

Petrus Leonis war nicht schön von Antlitz und Gestalt, aber sehr würdig anzuschauen wie ein Mann, welcher weiß, daß er klug und rechtschaffen handelt. Er trug sich feierlich, das Ritterschwert an der Seite, die hohe Mitra der Senatoren auf dem Kopf, beide ein wenig zu groß für seine Gestalt; das rote Kreuz auf seiner Schulter, einem Röslein gleich, das man von einem unsrer Wiesenbüsche gerissen und etwa an einem fremden Dattelbaum befestigt hat.

Johannes Frangipane zu den Capitanen (denn er war zornig, weil Petrus Leonis das Kreuz trug, so, als habe er ihm etwas beim Heiligen Vater zuvortun wollen): »Dieser wird uns unbeschädigt heimkehren, denn drüben im Morgenlande halten Sarazenen und Juden treulich zusammen, und sie werden ihn alle für ihresgleichen ansehen. Wenn ihm etwas zustößt, so muß er schon denen begegnen, welche die Mauern von Jerusalem am Rheinstrom erstürmen.« Mit diesen meinte aber der Frangipane jene wildernden Kreuzscharen, welche dem heiligen Heer zuchtlos voranstürzend, zu Worms und Speyer viele jüdische Männer und Frauen erwürgten, der Meinung unsres Heiligen Vaters bei dem großen Kreuzzug gleichsam mitten ins Herz stoßend.

Die Meinung des Heiligen Vaters.

Es hat gesagt die Frau Susa, welche wir nennen die Heilige von Sankta Maria de Inferno:

»Ich höre unsren Heiligen Vater jede Nacht in seinem Herzen beten, wie ich ihn beten hörte, als er auf dem großen Feld von Clarus Mons stand, wo die vielen Tausenden von seiner Predigt das Kreuz nahmen. Es hat aber damals niemand das Gebet unsres Heiligen Vaters verstanden, so stark ging das Rieseln der Kettenhemden zu seinen Füßen, denn wie weit der Himmel reichte, waren nichts als kniende Ritter, deren Ungestüm schlug unter den Kettenhemden, daß es war, als rolle ein eisernes Meer gegen das Gebet des Heiligen Vaters.«

Das Gebet des Heiligen Vaters.

Es hat gesagt die Frau Susa:

»Unser Heiliger Vater Urban, als er auf dem Felde zu Clarus Mons die große Litanei zu allen Heiligen betete an der Stelle, wo es heißt: ›Daß du die Feinde deiner heiligen Kirche demütigen wollest: wir bitten dich, erhöre uns!‹, wandte er das Antlitz gegen Osten, wo die Stadt Jerusalem liegt, und fuhr also fort:

›Daß du deinen christlichen Rittern im Morgenland ein siegreiches Schwert schenken mögest: wir bitten dich, erhöre uns!

Daß du deinen christlichen Rittern im Morgenland ein gnädiges Schwert schenken mögest: wir bitten dich, erhöre uns!

Daß du deinen christlichen Rittern im Morgenland die Seelen aller Ungetauften zur Taufe schenken mögest: wir bitten dich, erhöre uns!‹ «

Es wird berichtet:

Um jene Zeit nahm man im Palast des Petrus Leonis wahr, daß der kleine Sohn Mirjams noch viel schreckhafter wurde als früher, wenn er den Schritt des Frangipane vernommen hatte. Zuweilen lief er von Gemach zu Gemach, so daß Donna Bona in ihren langen seidenen Kleidern ihm kaum zu folgen vermochte, oder auch er versteckte sich stundenlang, in der Tiefe eines dunklen Ganges kauernd. Donna Bona glaubte, er wolle mit ihr scherzen; aber wenn sie ihn dann aus seinem Schlupfwinkel hervorzog, stieg sein Gesicht aus dem roten Röckchen so bleich hervor wie ein reifer Mohnkopf aus einem purpurnen Blütenfeld. Man erzählte dem Kind, daß die Türme seines Vaters die höchsten und stärksten in der ganzen Stadt seien, so daß selbst der Heilige Vater sich in ihrer Nähe beschützter fühle als an jedem anderen Ort; aber es war fast, als ob dies den Knaben nur noch mehr erschrecke oder als sitze seine Furcht an einer Stelle seines Gemütes, wo niemand Zutritt habe.

Es wird berichtet:
Eines Tages kam eine Magd im Hause des Petrus Leonis zu Donna Bona und erzählte ihr, sie beobachte seit einiger Zeit einen schwarzen, bärtigen Mann, der zuweilen während der Dämmerung in den Hof des Palastes schleiche, um mit der alten Rachel und mit dem kleinen Knaben Petrus zu reden. Sie habe einmal aus der Ferne zugelauscht; er spreche vom Rheinstrom, welcher rot und brausend sei vom Blut der deutschen Juden, die das Schwert der Kreuzfahrer dahingerafft habe. Sie erachte, daß dieses den kleinen Knaben Petrus so verschrecke, denn sie höre ihn bei den Erzählungen des Fremden bitterlich weinen.
Darauf Donna Bona erbleichend: »Aber der Knabe ist doch kein Jude!« Dann plötzlich, als werfe man ihr eine Handvoll Rosenblätter ins Antlitz: »Merke dir das!« Und sie schlug der Magd schallend auf die Wange. Es wohnte aber, als sich dieses begab, der Heilige Vater Urban II. bereits im Hause des Petrus Leonis.

Der Heilige Vater Urban II. und Petrus Leonis.
Dieser Papst, welcher das Kreuz gepredigt hatte, verstarb auch unter dem Kreuz, nämlich als Flüchtling wie der Heilige Vater Gregor VII., dem er in allen Stücken nachgeeifert hatte.

Als nämlich Johannes Frangipane inne wurde, daß der Heilige Vater fortgesetzt viel mit Petrus Leonis verhandelte wegen der Überfahrt der Wallenden ins Morgenland, steckte er sich hinter die anderen Capitane der Stadt und gab ihnen ein, er werde sich ruhig verhalten, wenn sie den Wibert von Ravenna für eine kleine Weile wieder zu Roma einsetzten, denn er dachte, jenen hernach aus der Stadt zu schlagen, um dadurch bei dem Heiligen Vater großen Dank zu gewinnen und Petrus Leonis zurückzudrängen. Die Capitane brachen denn auch alsbald auf, den Häresiarchen von Tibur, wo er sein Nest hatte, abzuholen, und richteten ihn auch wirklich im Sankt Peter ein.

Als nun ihr Getümmel bis an die Insel Lycaonia erscholl, öffnete Petrus Leonis die Tore seines nahen Hauses und zog mit großem Gefolge hinüber, den Heiligen Vater ehrfurchtsvoll bittend, bei ihm einzutreten, bis der Aufruhr gestillt worden sei. Darauf zog der Heilige Vater mit ihm.

Dieses, so sagt man, war der erste große Sieg des Petrus Leonis über Johannes Frangipane.

Der Heilige Vater Urban II. bei Petrus Leonis.

Petrus Leonis hatte einen Saal in seinem Hause, darinnen eine Ruhebank, herrlich wie das Bett des Königs Salomo, von dem die Lieder singen, von Säulen getragen, ausgestattet mit purpurnen Kissen, die Lade mit Gold und Elfenbein beschlagen gleich der Lade des Heiligen Bundes. Es hatte dort, seit Petrus Leonis mit Mirjam vermählt gewesen, niemand mehr zu ruhen gewagt.

Als nun der Heilige Vater bei Petrus Leonis einzog, führte ihn dieser zu jener Ruhebank, als zu der herrlichsten des ganzen Hauses, und bat ihn, sich darauf niederzulassen. Gott aber fügte es, daß der Heilige Vater an eben jener Stätte für immer von allen Schmerzen und Bedrängnissen seines Lebens ausruhen sollte.

Als nämlich Johannes Frangipane erfuhr, der Heilige Vater sei im Hause des Petrus Leonis, brach er wie ein wütender Sturm hervor und warf den Häresiarchen wieder aus der Stadt, meinend, er könne nun den hohen Gast seines Freundes im Triumph auf die Insel Lycaonia zurückführen. Aber es erfand sich, daß der Heilige Vater vor Schmerz erkrankt war und sich nicht mehr von seiner Ruhestätte zu erheben vermochte (denn er wußte wohl, wer ihm jenen schändlichen Aufstand angetan hatte).

Johannes Frangipane mit rauchendem Schwert vor den Heiligen Vater stürzend: »Heiliger Vater, der Weg ist frei; ich habe Euren Widersacher aus der Stadt geworfen.«

Der Heilige Vater: »Und wo sind die Seelen derer, die Euer Schwert dabei ohne Not erwürgen mußte?«

Der Frangipane (ungefaßten Eifers): »Herr, es sind die Seelen elender Wibertisten und nicht höher einzuschätzen als die Seelen ungläubiger Sarazenen, die das heilige Heer im Morgenland tötet.«

Darauf der Heilige Vater: »Johannes Frangipane, habt Ihr nie mit mir in der großen Litanei um ein gnädiges Schwert gebetet?«

Darauf schwieg der Frangipane, denn er wußte nicht, was der Heilige Vater meinte. Später, als er das Haus des Petrus Leonis verlassen hatte, zu Gratianus, seinem Neffen: »Ich erachte, daß unser Herr in Bälde versterben wird, denn er redet bereits irre!«

Das Sterben des Heiligen Vaters Urban II.

Es wird berichtet:

Als nun die letzte Stunde des Heiligen Vaters Urban II. herannahte, bat ihn Petrus Leonis, er möge doch die Seinen und ihn selbst segnen, insbesondere aber seinen kleinen Sohn Petrus, den er zum Diener der heiligen Kirche bestimmt habe, und der Heilige Vater wollte das auch tun.

Man sandte nach dem Knaben: er ging an der blonden Hand der seidenen Frau Bona herein, totenblaß unter seinen schwarzen Haaren, und als man ihm bedeutete, niederzuknien, war es, wie wenn kleine Stäbe unter ihm zerknickt würden. Darnach lag er in seinem roten Röckchen so schmerzlich und hilflos am Boden wie eine Blumenknospe, die man aus ihrem Erdreich gerissen hat.

Die Fenster im Saal standen offen: es stieg heiße, blaue Sommerluft herein, untermischt mit dem Murmeln betenden Volkes (denn die Leute des Palastes knieten unten im Hof und die ganze Treppe empor wegen der Todesnähe des hohen Gastes).

Inzwischen hatte man den Heiligen Vater in seinen Kissen aufgerichtet. Aber da er nun eben die zitternde Greisenhand über dem Haupt des Knaben erheben wollte, ihn zu segnen, vernahm man plötzlich von der Straße herauf den schmetternden Hufschlag eines Pferdes und gleich darauf den Ruf: »Allelujah! Allelujah!« Der Ruf sprang die Betenden empor über die Stufen der Treppe und schlug wie Palmenzweige gegen die Türe des Saales. Darauf ging Petrus Leonis hinaus, um den Ruf zu befragen.

Ein schweißbedeckter normannischer Reiter vor der Tür ins Knie gebrochen, atemlos: »Heiliger Vater, versterbt nicht, bevor Ihr mich vernommen habt! Die Stadt Jerusalem ist gefallen; dreitausend Sarazenen liegen in ihr erschlagen, und siebenhundert Juden hat man in ihrer eigenen Synagoge verbrannt! Nicht ein einziger Feind Christi ist dem Schwert des heiligen Heeres entronnen!«

Alsbald riefen auch im Saal alle Anwesenden »Allelujah!«

Nur der Heilige Vater rief nicht Allelujah, sondern er sah Petrus Leonis an.

Plötzlich eine Stimme (es war die des Frangipane): »Nicht der Heilige Vater, sondern Petrus Leonis ist sterbend.«

Darauf Petrus Leonis noch einmal, gleichsam mit totenblasser Stimme, ganz allein: »Allelujah!« (Es war, als breche der Aufschrei des fliehenden Kindes das Wort mitten entzwei.)

Indem sank der Heilige Vater zurück und verschied unversehens.

Zu Roma meinen sie, die Freude über den Fall Jerusalems habe ihn getötet.

Es wird berichtet:

Kurze Zeit darauf verbreitete sich im Palast des Petrus Leonis das Gerücht, die alte Rachel habe zu veranlassen gewußt, daß der kleine Knabe Petrus im geheimen beschnitten worden sei, und daher stamme auch seine große Furcht vor den Christen. Aber als man Rachel deswegen zur Rede stellte, wackelte sie mit dem Kopf, als könne sie nicht verstehen, was die Leute des Palastes meinten.

Die Leute des Palastes untereinander: »Sie ist nicht so närrisch, wie sie vorgibt, und wenn unser Herr sie peinlich befragte, könnte er sie leicht zum Geständnis bringen.«

Petrus Leonis aber, als man ihm das Gerücht überbrachte,

ließ Rachel nicht peinlich befragen, sondern schwieg und übergab seinen Sohn den Vätern von Sankt Alexius zur Erziehung. Danach verstummte das Gerücht wieder. Von den Vätern von Sankt Alexius aber wird gesagt, sie hätten das verängstigte Kind mit dem liebreichen Gruß empfangen: »Sei willkommen, kleiner Sohn der großen Propheten und Apostel!«

Es ist uns aber zugekommen, die frommen Väter hätten im Anfang viele Mühe mit der Furchtsamkeit des kleinen Petrus Leonis gehabt. Dieselbe sei so groß gewesen, daß sich das Kind sogar vor seinem eigenen Vater versteckt habe, wenn dieser seinen Knaben im Kloster besuchen wollte.

Die Väter von Sankt Alexius untereinander: »Wir wissen, daß Petrus Leonis nicht einmal mit seinem Gesinde rauh oder ungerecht umgehen mag, wie viel weniger mit seinem leiblichen Sohn. Und dennoch ist es, als fürchte sich dieser zu allermeist vor seinem Vater.«

Darauf wollten sie sich bei Petrus Leonis entschuldigen, weil das Kind zur Stunde nicht aufzufinden sei; Petrus Leonis aber ließ sie gar nicht ausreden, sondern es war, als strebe der allezeit Gemessene plötzlich so heftig von hinnen, daß er gar nicht mehr zuhörte. Darüber verwunderten sich die frommen Väter noch viel mehr als über den Knaben.

DIESES ist der Brunnen bei Sankt Johannes in fonte, daraus man das Taufwasser schöpft: er ist oben verziert mit neuem, weißem Marmor. Das Gesims wird getragen von kleinen Säulen, alle gewunden, ausgelegt mit steinernen Bändchen rot, schwarz und golden nach der Weise der Cosmaten. Im Innern aber, wo der Brunnen in seine Tiefe stürzt, ist er an den Seiten gepflastert mit einem alten, schwermütigen Stein. Wenn oben auf dem Rand die Sonne schlummert gleich einem großen, weißen Pfau im Mittagslicht, so schüttert und überpoltert es sich zuweilen in der Tiefe, als wolle der Brunnen einstürzen. Aber es gibt niemand darauf acht.

Die Juden von Roma erzählen:
Als die Gemeinde in diesem Jahr den 9. Av beging (das ist der Tag, da vor Zeiten der heilige Tempel zweimal zerstört worden ist, einmal durch den König Nebukadnezar und hernach durch Titus, den Römer), da erklangen in der ganzen Stadt noch immer alle Glocken wegen der großen Freude über den Heimfall Jerusalems an das heilige Heer, und alle Leute priesen laut die glorreiche Sterbestunde des Papstes Urban.
Da nun die Gemeinde der Juden unter diesem großen Geläut versammelt war in ihrer Synagoge (diese heute

fast schwarz, weil man am 9. Av nur ein einziges Licht brennen darf), da geschah es, während man die Klagelieder des Propheten Jeremias anstimmte, daß plötzlich das leise Schaukeln der Männer in ihren Knien anfing, schneller und heftiger zu werden, als es die Gewohnheit der Juden ist bei ihren Gebeten. Zuerst meinte jeder, es geschehe nur ihm allein also (denn im Dunkeln erkannte niemand seinen Nachbarn), aber dann war es, als springe ein haltloser Schmerz aus jedem Winkel des Raumes hervor und reiße gleichsam allen zugleich die Knie fort, so daß sie mit Brust und Kopf gegen Wand und Gestühl schlugen, – wer keine vor sich hatte, schlug nieder auf den Boden. Die Frauen, die oben hinter dem Geländer kauerten, hörten das herzzerreißende Aufschlagen ihrer Männer und die Wehelaute unten im Dunkeln und begannen vor Mitleid und Furcht zu weinen und zu schluchzen. Nur der Rabbi Nathan ben Jechiel schlug nicht mit dem Kopf auf, sondern man sah ihn vor der heiligen Lade im Schein der einzigen Kerze kauern, das Haupt steil wie diese aufgerichtet, und vernahm seine Stimme klar und fast nüchtern über die Weinenden und Wimmernden hinweg:

»Was murren denn die Leute also?
Ein jeglicher murre
wider seine Sünde!
Lasset uns forschen und suchen
unser Wesen
und uns zum Herrn bekehren!
Lasset uns unser Herz samt den Händen
aufheben zu Gott
im Himmel!

Wir, wir haben gesündigt und sind ungehorsam
darum hast du billig [gewesen,
nicht verschont!
Sondern du hast uns mit Zorn überschüttet
und ohne Barmherzigkeit
erwürgt!«

Indessen ging das Aufschlagen der Köpfe hinter dem Rabbi immer schneller und immer wilder, und das Klagen im Dunkeln wurde immer schmerzlicher und gleichsam blutiger und das Weinen und Schluchzen der Frauen immer verzweifelter. Und nach und nach vernahm man auch die Stimme des Rabbi nicht mehr, sondern sie wurde verschlungen von einer anderen Stimme, die war anfangs, als liefe einer im Dunkeln herum und schrie bald hier, bald dort, dann aber plötzlich, als schrie er mit hundert Kehlen zugleich:

»Jerusalem ist zum dritten Mal zerstört worden! Jerusalem ist zum dritten Mal zerstört worden!«

Ja, die Stimme schrie nicht mehr mit hundert Kehlen, sondern sie schrie mit tausend Kehlen (die doch gar nicht da waren), so, als breche hier in der kleinen, dunklen Synagoge zu Roma plötzlich der Schmerz eines ganzen Volkes auf und ströme zusammen aus allen Ländern seiner Zerstreuung und aus allen Jahrhunderten seiner Heimatlosigkeit. Und also war die ganze Synagoge nichts mehr als ein einziger Schrei: »Jerusalem! Jerusalem! Jerusalem!«

Bis keine Stimme mehr war und nur der dunkle Raum auf und nieder wogte wie von Fluten; denn jetzt weinten nicht nur die Frauen, sondern auch die Männer gleich den hilflosen Kindern.

Darnach, als es schien, als solle die ganze Gemeinde in

ihren Tränen ersäuft werden, ging abermals eine Stimme auf, hell wie ein Stern über Meer, rufend: »Messias wird kommen!«

Die Frauen der Juden erzählen:
Des anderen Tages sprang draußen in der Stadt unter den glockenläutenden Römern das Gerücht von Mund zu Mund und von Kirche zu Kirche: »Licht im Bogen des siebenarmigen Leuchters! Alle seine Marmorkerzen haben in dieser Nacht gebrannt! Auch den Schall der heiligen Trompete hat man vernommen! Also freuet sich die Stadt Jerusalem in den Händen der Christen!« (Es ist aber eine Prophezeiung unter uns: Wenn Messia erscheint, wird der siebenarmige Leuchter im Bogen des Titus anfangen zu brennen und der Schall der heiligen Trompete darinnen erwachen. Die Gojim aber haben während des Kreuzzugs gesagt, wenn dieses beides geschehe, werde Jerusalem gefallen sein.)
In der Nacht darauf – unsre Männer lagen alle krank an ihren Wunden – schlichen sich Esther, die Gattin des Mosche ben Salomo, und Judith, die Tochter des Josua ben Nachmann, heimlich durch das Tal der Cerchi an der Mauer unsres Friedhofs vorbei, hinüber zum Berge Palatin; dort quer durch den zersplitterten Wald über Marmorwurzeln und Geröll hinab bis dicht an den Bogen des siebenarmigen Leuchters (hindurch konnten sie nicht gehen; dieses tut keiner der Unsren, denn der Bogen steht auf dem Triumph über Israels Fall). Im Morgengrauen kamen sie wieder mit zerrissenen Schuhen und feuchten Haaren, meldend: »Ja, der Leuchter brennt wahrhaftig! Wir sahen den Schein kleiner, roter Flammen aus der

Höhle des Bogens hervorbrechen, und in der Frühe, als die Hörner unsrer Capitane verstummt waren, hörten wir auf dem Heimweg auch von fern die heilige Trompete.«
Solches sagten Esther und Judith auch unsren kranken Männern.
Da nun der Rabbi Nathan ben Jechiel hiervon erfuhr und er fürchtete, daß eine Bewegung entstehen könne, entbot er die älteren Frauen der Gemeinde in sein Haus und erforschte sie, wer unter uns den Ruf: ›Messias wird kommen!‹ in der Synagoge ausgestoßen habe. Wir erwiderten, wir hätten keine völlige Gewißheit darüber, denn unsre Ohren seien voll Schluchzen gewesen, die Stimme aber habe fremd und groß geklungen wie eines Engels Stimme.
Der Rabbi Nathan ben Jechiel (er wird genannt ›der Strenge‹, und so sah er damals aus): »Es ist aber keines Engels Stimme gewesen, sondern eines Weibes Stimme.«
Darauf Esther, die Gattin des Mosche ben Salomo, die am Bogen des siebenarmigen Leuchters gewesen war: Ob sich nicht ein Engel auch eines Weibes Stimme bedient haben könne?
Der Rabbi Nathan ben Jechiel (er wird genannt ›der Strenge‹, und so sah er aus): Nein, das sei nicht möglich, denn die Engel wüßten, daß ein Weib seine Stimme nicht in der Synagoge erheben dürfe.
Darnach befragte er uns abermals, aber er brachte nicht heraus, was er wissen wollte, denn einige von uns glaubten wirklich, es sei ein Engel in der Synagoge gegenwärtig gewesen, die meisten aber wollten Mirjam nicht verraten.

Mirjam und der Ruf:
Die Frauen der Juden erzählen:
Es waren damals immer noch die Tage, da man in unsren Straßen fast nur Frauen erblickte, denn unsre Männer fuhren fort zu fiebern, auf ihren Betten liegend, die zerstoßenen Häupter in Tüchern eingebunden, viele von ihnen unter großen Schmerzen. Gut, so sagten wir jetzt, daß die Römer noch immer an ihren Glockensträngen hängen und unsrer nicht achten; sie möchten sonst argwöhnen, es gehe irgendein Geheimnis bei uns vor, oder auch, wenn sie die Wahrheit herausbrächten, sie möchten beginnen, unsrer zu spotten (denn es ist kein Erbarmen mit unsrer Verstoßenheit in ihren Herzen).
Wenn nun abends auf den weiten, leeren Plätzen der Stadt draußen die Hitze des Tages wie große, weiße Scheiterhaufen verflammt war (diese gleichsam aufgerichtet aus den glühenden Stücken des alten, zerschlagenen Marmors, der allenthalben liegt) und wir Frauen saßen dann vor unsren Türen, lauschend, ob sich in der Ferne der Nacht der Schall der heiligen Trompete erheben werde, oder auch einander klagend den Jammer unsrer Männer, dann hieß Mirjam Esther und Judith auf den kleinen Altan des Gerschom ben Joel steigen (dort kann man weiter lauschen als in der tiefen Schlucht der Gasse); die Trauernden aber sammelten sie selbst um sich und begannen sie zu trösten.

Mirjam, uns tröstend:
»Liebe Schwestern, hört mich! Liebe Schwestern, seht mich an! Hier steht eine Mutter ohne die Krone ihres Lebens; eine Mutter ohne ihren Sohn. Hier steht eine, die

in der Todesnacht war, ja die selbst Todesnacht gewesen ist ihrem eigenen Kindlein. Aber der Herr hat meinen Tod wieder aufgesprengt mit großer Verheißung und hat den Sarg meines gestorbenen Leibes geöffnet einer lebendigen Tochter: dieselbe soll die Krone meines Lebens heimbringen. Also wird es auch Israel ergehen in der Todesnacht seines Jammers. Denn unser Gott ist ein Gott der großen Wunder. Sprechet doch alle mit mir: Der Herr wird Israels Verheißungen erfüllen!«
Da antworteten viele von uns: »Ja, der Herr wird Israels Verheißungen erfüllen!« Andere aber erwiderten auch: »Wir wissen die Verheißungen nicht mehr, die du meinst; es ist lange her, seit sie zu uns gesprochen wurden. Vielleicht sind sie schon gestorben. Auch deinen Sohn, Mirjam, haben wir bisher noch nicht erblickt.«
Da sprach Mirjam: »So will ich euch zeigen, daß die Verheißungen des Herrn leben!«
Danach ging Mirjam ins Haus, nahm ihr Kind in der Kammer von seinem Lager, trug es heraus und stellte es mitten in unsren Kreis.
Mirjam: »Hier ist meine lebendige Verheißung; dieselbe soll euch die Verheißung Israels verkünden!« Danach gebot sie ihrem Kind, die großen Lieder und Worte unsrer Propheten zu sprechen, mit denen sie seinen Schlummer von früh auf gewiegt hatte.

Mirjams Kind:
Es stand auf einer kleinen Schwelle; gegenüber an der Wand des Hauses hing eine Lampe; ihr Schein zog aus der Nische hervor einen goldenen Streifen um sein blindes Antlitz; es war noch heiß und süß von der Trunkenheit

des Schlummers. Im Anfang schluckte es ein wenig mit der Stimme vor Müdigkeit, aber es sprach gehorsam, was die Mutter ihm befahl, und hernach sprach es die großen Worte flink und lieblich wie die Kinder ihre kleinen Verse beim Abzählen. Das Kind:

»Mache dich auf, werde licht,
denn dein Licht kommt,
und die Herrlichkeit des Herrn
gehet auf über dir!
Denn siehe, Finsternis bedeckt das Erdreich
und Dunkel die Völker,
aber über dir geht auf der Herr,
und seine Herrlichkeit
erscheint über dir!«

Da weinten viele der Frauen, die zuvor gemurrt hatten, vor Rührung und Scham und sprachen: »Wahrlich, der sich aus dem Munde der Unmündigen solches Lob zubereitet, der wird auch Israels Verheißung erfüllen.«
Nur Lea, die Witwe des Benjamin ben Jakob, und Paula, die Gattin des Leon ben Samuel, sprachen nicht: ›Der Herr wird Israels Verheißung erfüllen‹; denn Lea hatte zwei Söhne auf der Wallfahrt nach Jerusalem, und sie glaubte sie dort umgekommen. Paulas Gatte aber war am kränksten von allen unsren Männern.
Da nahm Mirjam die kleine Trophäa bei der Hand und führte sie zu Lea, der Witwe des Benjamin ben Jakob, und hieß sie also zu ihr sprechen:

»Uns ist ein Kind geboren,
ein Sohn ist uns gegeben,
auf dessen Schultern
liegt die Herrschaft!

Und es heißt: Wunderbar,
Rat, Kraft, Held,
Ewig König,
Friedefürst!«

Darnach führte sie das Kind zu Paula, der Gattin des Leon ben Samuel, und hieß es sprechen:

»Er wird das Verlorene wieder suchen
und das Verirrte wiederbringen;
das Verwundete wird er verbinden,
und des Schwachen wird er warten,
und wird ihrer pflegen, wie es recht ist.«

Darnach sprachen auch Lea und Paula, wiewohl unter Tränen: »Ja, der Herr wird Israels Verheißungen erfüllen; Messias wird kommen.« (Es gingen aber immerfort, während das Kind sprach, in der Ferne und in der Nähe die Hörner von den Türmen der Capitane.)

Indessen stand Hannah Naemi unter dem Schatten des Türpfostens und bangte sich um Mirjam. Denn Hannah Naemi war alt, und sie vernahm in ihrem Blut die Stimmen vieler, die noch älter waren als sie, und es schien ihr, sie habe dieses alles schon oftmals erlebt.

Hannah Naemi unter dem Schatten des Türpfostens: »Mirjam, wenn Messias kommt, will ich Zweige von den Bäumen und Kleider von meinem Leib reißen, um sie unter seine Füße zu breiten, und will rufen: ›Gelobt sei, der da kommt im Namen des Herrn!‹ Aber jetzt muß dein armes Kindlein schlafen gehen.«

Darauf Mirjam: »Hannah Naemi, geh du selbst schlafen!«

Indessen blitzte es sternklar mitten durch die stumpfen Hörner der Capitane.

Esther und Judith auf dem Altan des Gerschom ben Joel

hoch aufgesprungen: »Die heilige Trompete! Die heilige Trompete!«
Darauf alle im Entsetzen der übergroßen Freude fast schluchzend: »Die heilige Trompete!«
Als Hannah Naemi das hörte, sprach sie: »Bevor ich mich schlafen lege, sollt ihr erwachen.« Alsdann ging sie ins Haus zu ihrem Bruder.

Hannah Naemi und ihr Bruder.
Er saß vergraben über den heiligen Schriften, das Haupt umwallt von seinen großen Haaren wie von schweren Gedanken.
Hannah Naemi (zagend, denn sie liebte ihn sehr): »Mein Freund, haben unsre Meister etwas gelehrt über die Zeit, da wir glauben sollen, daß Messias erscheinen wird?«
Der Rabbi Nathan ben Jechiel (erstaunt, denn Hannah Naemi war demütig und bekümmerte sich nie um die Weisheit der Schulen, welche vorbehalten ist den Männern; dann gütig, denn er war gerecht): »Ja, Hannah Naemi, unsre Meister lehren einen Glauben darüber, nämlich diesen: ›Tausend Jahre sind vor dem Herrn wie der Tag, der gestern vergangen ist, oder wie eine Nachtwache.‹«
Hannah Naemi: »Und wenn jemand sagen würde: ›Die tausend Jahre sind vergangen, und auch die Nachtwache will sich dem Ende neigen?‹«
Der Rabbi Nathan ben Jechiel (seine Brauen bebten, es schoß heiß in seine Augen; die Stimme kalt und fest): »Dann soll man jenem erwidern: ›So spricht der Gott Israels, der Ewige und Allwissende, der sich nicht fragen läßt und den man nicht befragt: Meine Gedanken sind nicht eure Gedanken, und meine Wege sind nicht eure Wege.‹«

Hannah Naemi: »So sage das deiner Tochter Mirjam.«
Da wußte der Rabbi, daß es Mirjam gewesen war, die in der Synagoge den Ruf: ›Messias wird kommen!‹ ausgestoßen hatte.
Der Rabbi Nathan ben Jechiel (denn er ehrte das große Martyrium seiner Tochter bei der Geburt ihres Kindes): »Diese allein von allen Weibern der Gemeinde mag ich nicht rügen, aber es erbarme sich ihrer der Herr!«

Die Frauen der Juden erzählen:
Indessen waren wir alle von unsren Sitzen aufgesprungen, Gläubige und Ungläubige, Junge und Alte, Gesunde und Bresthafte, hinausdrängend aus den engen Gassen ans Weiße Ufer, dem Ton entgegen (denn es gab keine unter uns, die ihn nicht vernommen hatte).
Am Ufer war es einsam und weit; es kam dort ein Wind über den Fluß gesprungen, der hatte allerlei Töne unter seinen Flügeln, wie sie bei der Nacht aufsteigen in den Städten der Menschen: Glocken und Hörner, Stöhnen und Schreie, Singen und Gelächter, Wasser, Eulen und Frösche, alle zusammengedrückt und verstoben in dieses dunklen Windes Flügel.
Da wir, nun am Ufer stehend, mit bebenden Sinnen gleichsam unter diesen Tönen wühlten, ob wir den unsren daraus hervorzögen, hieß Mirjam ihr Kind abermals sprechen:

»Freue dich, Jerusalem, versammelt euch alle,
die ihr es liebt!
Seid fröhlich in Freuden alle,
die ihr in Trauer wart!
Ihr sollt frohlocken und satt werden
von der Fülle eures Trostes!«

Indem ging es wiederum sternklar durch die Nacht, aber dieses Mal ganz nahe, als schwirre ein silberner Pfeil uns entgegen.
Und schon sprengte und schmetterte es im Gescherbe des Ufers heran, rufend: »Platz, Platz! ihr Judenweiber, für die Reiter der erlauchten Capitane!« (Es war aber Raum genug vorhanden für uns und die Reiter.) Plötzlich standen die Pferde mit ihren Hufen kerzengerade über unsren Köpfen, aufschnaubend und wie in Angst emporgebäumt (denn das Tier mag nicht auf den Menschen treten; auf den Menschen tritt nur immer der Mensch).
Wir mit Geschrei auseinander gleich einem Schwarm Vögel ins Dunkle. Nur das Kind in seiner Blindheit blieb stehen; darnach lief es mit flatterndem Röckchen mitten in die Trompeten hinein.
Hannah Naemi, das Kind heimtragend (wir hatten es unter dem gestürzten Pferd eines Reiters hervorgezogen): »O weh, Mirjam, nun hat dein Kindlein zum ersten Mal seines Bruders Welt begegnet!«
Mirjam unerschüttert: »Ja, es hat sich den Reitern Edoms in den Weg gestellt, und einer von ihnen ist darüber zu Fall gekommen.« – –

Die Frauen der Juden erzählen:
Von diesem Tag an haben wir uns nicht mehr um Mirjam versammelt, Messias zu erwarten. Es sind dann auch unsre Männer wiederum aufgestanden und an ihre Arbeit gegangen. Der Rabbi hat einige von ihnen zum Bogen des siebenarmigen Leuchters gesandt; diese erzählten uns: »Die Bauleute der Frangipani errichten einen großen Turm über jenem Bogen und haben daselbst Lampen auf-

gehängt, damit bei der Nacht niemand unbemerkt ihre Geräte entwendet. Die heilige Trompete aber ist eins der neuen silbernen Hörner gewesen, die Petrus Leonis eben ausproben läßt.«

Darnach sind unter uns die aufgekommen, welche sprechen: »Warum immerdar um Jerusalem trauern? Auch Roma ist eine schöne Stadt, darinnen es sich leben läßt. Wir wohnen nun allhier seit tausend Jahren, lasset uns also diesen Ort lieb haben, als sei er unsre eigene Heimat, denn der Herr hat uns nun einmal hierher geführt.«

Wir haben aber jenen nicht zu widerstehen vermocht, denn der Mensch muß Erde unter seinen Füßen haben, ansonst verdorrt ihm das Herz.

Also haben wir die silbernen Trompeten vergessen.

Nur die kleine Trophäa hat noch zuweilen gesagt: »Mein Bruder ist damals vorübergezogen und hat mich nicht erkannt, aber ich kann besser sehen als er.«

Von dieser Rede des Kindes kommt es her, daß man später erzählt hat, jene Reiter seien wirklich Reiter des Petrus Leonis gewesen, und sie hätten in ihrer Mitte den kleinen Sohn Mirjams gehabt, um ihn ins Kloster Sankt Alexius zu führen.

DAS Kloster Sankt Alexius.

Es liegt auf dem Berg Aventin neben der Basilika Sankta Sabina. Unter den Klöstern zu Roma ist keine erleuchtetere Stätte denn Sankt Alexius; daselbst ist der Sitz des Geistes von Cluny. Viele fromme Väter wohnen in diesem Kloster; große, heiligmäßige Bischöfe sind aus ihm hervorgegangen; auch hochberühmte Theologen und Gelehrte der heiligen Schriften blühen dort. Einer von ihnen ist der Pater Ägidius; dieser kennt und liest alle Schriften des Alten Bundes in der Sprache der Ebräer und deutet sie aus der Erfüllung des Neuen Bundes.

Das Kloster Sankt Alexius.

Die Kirche des Klosters hat einen Turm, lichtbraun, schmal und schlank in den Äther steigend gleich den Türmen von Sankt Gregorius in Velabro und Sankta Maria in schola greca. Von seiner Höhe stürzen sich die Schwalben zum Tiber herab und streicheln mit ihren dunklen Flügeln das blonde Wasser bis an den Pons Judaeorum. Dort entschwinden sie für eine Weile unter den Dächern der Juden.

Wenn der Pater Ägidius vom Mauergärtchen des Klosters herab die Augen des kleinen Petrus Pier Leonis Schwalben sein hieß, so gebot er ihnen immer in jener Richtung zu fliegen. Dabei vergaß er niemals, zu sagen, die Judenstadt liege dort drunten am Strom so klein und versteckt in der großen Roma wie das Körbchen im Schilf, darinnen einst die Tochter Pharaos das Moseskind gefunden habe, und er setzte hinzu, auch der kleine Petrus sei gleichsam als ein Moseskind vor dem Schicksal der armen Judenknaben errettet worden.

Alsdann führte er das Kind hinüber zur Kirche Sankta Sabina. Dort ist die große Tür aus Zypressenholz, welche die ›Hohe Tür‹ heißt. Diese ist überschnitzt mit vielen Bildern aus der Geschichte des Alten und des Neuen Bundes. Der Pater Ägidius zeigte auf dieser Tür dem Knaben den Durchzug der Kinder Israels durch das Rote Meer, bei welchem das Heer König Pharaos elendiglich umkam; darnach wies er ihm das Wasser- und das Mannawunder vor sowie das große Schlangenwunder, alle geschehen in der Wüste durch die Kraft Gottes in jenem nun zum Manne erwachsenen Mosesknaben. Wie dieser aber, so sagte der Pater Ägidius, sei auch er, der kleine Petrus einst zu großem Werk im Reiche Gottes bestimmt, nämlich zum Dienst der heiligen Kirche. Diese selbst aber sei die Königstochter gewesen, die ihn aus der Judenstadt errettet habe wie die Tochter Pharaos das Moseskind.

Einmal, als der Pater Ägidius wieder also gesprochen hatte, erwiderte ihm der Knabe (sein Blick hing indessen aufmerksam an dem Durchzug durch das Rote Meer): »Aber dem Volk der Tochter Pharaos ist das Moseskind zum Unheil geworden.«

Da stutzte der fromme Pater Ägidius und erschrak sich ein wenig über den Scharfsinn des Knaben, der das schöne

Gleichnis, das er ihm vorgelegt hatte, so grausam zerstörte, aber er vermochte ihm nicht zu widersprechen.

Der junge Petrus Pier Leonis.
Er trug jetzt kein rotes Seidenröckchen mehr wie im Palast seines Vaters, sondern das strenge Kleid der Klosterschüler; dennoch nannten ihn auch seine Gefährten in Sankt Alexius den ›kleinen Kardinal‹. Sie nannten ihn aber so wegen der Behendigkeit seines Geistes und der Geschicklichkeit seiner Zunge, denn diese beiden, so meinten sie, würden leicht noch einmal eine große Person aus ihm machen. Einige aber nannten ihn auch so, weil sie glaubten, er wolle selbst gern eine solche große Person werden; denn der Knabe beschämte seine Mitschüler nicht allein durch seine Gaben, sondern auch durch seinen Eifer, es allen zuvorzutun. Um dieses Eifers willen waren ihm viele in der Stille gram.

Der junge Petrus Pier Leonis.
— — — auch war er jetzt nicht mehr schreckhaft wie ehedem, noch hatte er Angst vor seinem Vater, sondern er trat zuversichtlich auf, wohl wissend, daß er die Zierde der Klosterschule war, und wenn sein Vater mit fürstlichem Gepränge gen Sankt Alexius zog, freute er sich unverhohlen, also daß es wiederum einige seiner Mitschüler verdroß.
Diese zu den frommen Vätern: »Er pranget mit seines Vaters Gold und Macht genau so wie mit seinem eigenen Geist und Wissen.«
Darauf die frommen Väter: »Warum soll er sich nicht an den Gaben erfreuen, womit Gott ihn und seinen Vater

gesegnet hat? Schlimmer, so meinen wir, denn mit Gold und Geist prangen, ist es, andere um solcher willen zu beneiden.« –

Die Schüler untereinander: »Es scheint uns, die Väter dieses Klosters prangen selbst nur zu gern mit dem jungen Petrus; kann man sich da noch wundern, wenn er übermütig wird?«

Die Väter des Klosters und der junge Petrus:

Einmal, als der Heilige Vater Paschalis II. (dieser war erwählt worden nach dem Tode des Papstes Urban) das Kloster des heiligen Alexius besuchte, ließen die frommen Väter zu seinem Empfang den jungen Petrus Pier Leonis ein Gedicht sprechen. Der Knabe – er hatte das Gedicht selbst verfaßt – stand schlank und bräunlich wie ein junger David in der Pforte der Klosterschule, und die klingenden Leoninen sprangen ihm so blank und behende vom Munde, als ob er gewohnt sei, immer in Leoninen zu sprechen. Der Heilige Vater und alle, die ihn begleiteten, konnten sich nicht genug darüber verwundern.

Auf seine Frage erzählten hernach die frommen Väter dem Papst (denn sie waren stolz auf ihr Erziehungswerk), er habe den kleinen, verschüchterten Sohn des Petrus Leonis vor sich gehabt, der einst schreiend vor Furcht aus dem Sterbezimmer des Papstes Urban entlaufen sei. Darauf ließ der Heilige Vater den Knaben zu sich rufen.

Der Heilige Vater Paschalis (dieser Papst war groß und fürstlich von Gestalt, aber sein Angesicht war mild und freundlich wie das Angesicht einer Frau) scherzend zu dem jungen Petrus: »Also du bist Unser kleiner Sohn, den man vor dem Segen seines Vaters entfliehen sah?« Darauf der Knabe ohne Scheu mit flinker Zunge: »Gebt mir den Segen jetzt, Heiliger Vater!«

Da gab ihm der Heilige Vater den Segen; die Väter von Sankt Alexius aber freuten sich abermals ihres Werkes, nur einer von ihnen sagte später, als der Papst fort war, zu seinen Brüdern: »Es ist mehr Wahrhaftigkeit in der Furcht dieses Knaben gewesen, als heute in seiner Sicherheit.«

Der dies sagte, war der Pater Gerbert, den sie im Kloster den ›Pater Grammatikus‹ nennen. Dieser ist der strengste von allen Vätern zu Sankt Alexius (denn sonst könnte er nicht wagen, ständig mit der gefährlichen Wissenschaft der Heiden umzugehen), er ist aber auch der gerechteste von allen. Nur gegen den Sohn des Petrus Leonis sah man ihn oftmals ungerecht werden. Selbst diejenigen Schüler, die jenem wegen seines Übereifers gram waren, sagten von dem Pater Grammatikus: »Er pickt nach den Fehlern dieses Knaben, wie ein blindes Huhn nach Körnern pickt, die gar nicht da sind. Und doch weiß er, daß jener nichts schwerer erträgt als Ungerechtigkeit.«

Der Pater Grammatikus und der junge Petrus Pier Leonis.

In eben jenen Tagen sprach man zu Roma wieder viel von den Patarenern, welche in den Städten der Lombardei (obwohl doch die Simonisten daselbst unterworfen sind) fortfahren, sich gegen ihre Capitane zu erheben; denn das Volk möchte sich dort der Herrschaft des Adels entledigen.

Es sagte damals der junge Benediktus Normannus (dieser wurde auch in Sankt Alexius erzogen): »Wenn ich ein Herr in jenen Städten wäre, so wollte ich jeden zehnten im Volk hängen lassen, ob er nun ein Patarener ist oder nicht.«

Darauf der Pier Leone, erbebend wie ein junger Baum unter Sturm, aber nicht in seiner Krone, sondern gleichsam von seinen Wurzeln herauf: »Und ich wollte jedem die Hände abhauen lassen, der einen Unschuldigen erwürgte.«

Da lobten die Väter des Klosters den jungen Petrus, weil er sich der Unschuldigen annehmen wollte, und verwiesen ihm nur das Händeabhauen (es ist dieses die Sprache der jungen Söhne unsrer Capitane).

Der Pater Grammatikus aber sagte zu ihm: »Du wirst noch viel Ungerechtigkeit erblicken müssen, bevor du ein Priester Christi sein kannst.«

Darauf der Knabe mit verdunkeltem Blick: »Wäre ich ein Priester Christi wie Ihr, Pater, so wollte ich darum kämpfen, die Ungerechtigkeit auf Erden abzuschaffen.«

Der Pater: »So gib nur acht, daß du nicht auch das Kreuz abschaffst!«

Der Pater Grammatikus und die Väter von Sankt Alexius.

Diese murrten zuweilen über jenen, denn es verdroß sie, daß er immerdar an ihrem besten Schüler zu tadeln fand.

Zu dem Pater Grammatikus: »Wir wissen wohl, Ihr meinet, Petrus Leonis habe sich nicht von Herzen taufen lassen, sondern er sei zu der siegreichen Kirche hinübergetreten, um ein Ansehen und Fortkommen in dieser Welt zu gewinnen. Wir aber meinen: Es steht uns nicht

zu, ein solches Urteil zu fällen, denn wir können nicht in eines Menschen Seele blicken und also wissen, ob Ihr recht oder unrecht habt. Hättet Ihr aber wirklich recht, so träfe doch den Knaben keine Schuld, denn dieser ist als ein unwissendes Kindlein zur Taufe getragen worden.«
Darauf der Pater Grammatikus: »Nein, den Knaben trifft keine Schuld, aber er ist aus einem Geschlecht entsprungen, zu dem der Herr gesagt hat: Ich will die Sünden der Väter an den Kindern heimsuchen bis ins dritte und vierte Glied. Merket ihr denn nicht, daß an diesem Knaben alles offenbart wird, was sich in seinem Vater verbirgt?«
Die Väter von Sankt Alexius: »Wir merken vor allem, daß Ihr selbst nicht gerne ins Unrecht gesetzt werden möget, genau wie jener Knabe.«
Darauf der Pater Grammatikus: »Da habt ihr freilich recht, liebe Brüder: auch bei uns wird kein einziger mit der Liebe zum Kreuz geboren.«

Es wird berichtet:
In dem Jahre, in dem die beiden jungen Prinzen Obicione und Guido an einer Seuche dahingerafft wurden, glaubten viele, Petrus Leonis werde den Sohn Mirjams aus der Klosterschule von Sankt Alexius nehmen, damit er als der nun älteste seiner Brüder das Geschlecht in der Welt vertrete. Johannes Frangipane redete ihm Tag und Nacht zu, es zu tun, ja er bot ihm sogar seine Nichte Jacoba an, damit er sie dem jungen Petrus, wenn er in die Welt zurückkehre, vermähle. Aber Petrus Leonis erwiderte: »Da sei Gott vor, daß ich der heiligen Kirche die Erstgeburt raube, die ihr gelobt ist.« Ja, er wollte auch nichts davon wissen, als man ihm sagte, daß man dieses Gelöbnis wieder

lösen könne, da ja doch der junge Petrus noch keine Weihe empfangen habe. Diese Haltung erregte bei vielen Bewunderung, andere aber dachten (was ja auch der Frangipane in seiner Eifersucht dachte), daß nämlich Petrus Leonis wohl wissen werde, was er mit seinem Sohn vorhabe.
Dieser war jetzt ein Knabe von sechzehn Jahren, aber reif und seines Zieles kundig wie ein Mündiger. Von seinem Vater hatte er die Stetigkeit und die Klarheit des Verstandes geerbt, aber sein Geist war untermischt mit einem Feuertropfen, den jener nie besessen hatte (denn Petrus Leonis war allezeit nur ein großer, aber redlicher Rechner gewesen). Von seiner Mutter hatte er die schönen Augen und die Kraft der Gestalt, und man sagte, auch ihre Neigung zur Liebe. Die Väter von Sankt Alexius wußten, daß ihm die Frauen von früh auf zu schaffen machten; er vermochte schon als Knabe keine ohne Schmerz und Verwirrung anzublicken, wenn er an seine geistliche Bestimmung dachte. Dennoch wehrte er sich selbst noch weit heftiger als sein Vater dagegen, in die Welt zurückzukehren.

Es wird berichtet:
Einmal, als der junge Petrus seinen Vater in das Haus des Johannes Frangipane begleitet hatte, wußte es dieser so einzurichten, daß der Pier Leone mit seiner Nichte allein in einem Gemach blieb (auf diese Weise hoffte er doch noch zu seinem Ziel zu gelangen).
Jacoba Frangipane war nicht schön im Gesicht, aber an Händen und Füßen überaus wohlgebildet. Sie ließ deshalb – denn ihr Oheim hatte ihr geboten, den jungen Petrus

zu erfreuen – einen Ring, den sie trug, in der Sonne spielen: sein Stein hing wie ein Blutstropfen an ihrem langen, weißen Finger, so daß dieser, obwohl er bewegungslos ruhte, dadurch geheimnisvoll zu winken schien. Dabei wußte sie wohl, daß die wilden Söhne der anderen Capitane diese Künste nicht bemerken würden, aber man hatte ihr gesagt, die Pier Leoni besäßen einen Blick auch für die unbedeutenden und nebensächlichen Reize eines Weibes.

Der junge Petrus erkannte denn auch sofort die Schönheit ihrer Hand, und um ihr auf eine feine Art zu huldigen, sagte er ihr ein lobendes Wort über die Schönheit des Ringes. (Sie fühlte indessen sehr wohl, daß er in Wahrheit ihre Hand meinte.)

Es war aber damals durch die Kreuzfahrer eben die Höflichkeit des Morgenlandes bei uns aufkommend, dem Gast eines Hauses, wenn er ein Ding darinnen bewunderte, dieses sogleich als Geschenk anzubieten. Jacoba zog also den Ring vom Finger und reichte ihn dem jungen Pier Leone. Dabei wurde sie rot, denn ebenso wie sie vordem verstanden hatte, daß er mit der Bewunderung des Ringes ihre Hand meinte, so verstand jetzt auch er, daß sie es ebenfalls tat.

Der junge Petrus Pier Leonis (rot wie Jacoba Frangipane, aber unbeirrt): »Jungfrau, die Bistümer in der Campagna sind seit dem großen Normannenbrand verarmt. Erlaubt mir, daß ich Euren Ring dem leeren Schatz der Kirche übergebe; wenn es bestimmt ist, werde ich ihn einst als Bischofsring zurücknehmen!«

Nicht lange darnach empfing der junge Petrus Pier Leonis die ersten Weihen. Von da ab ist die Eifersucht des Johannes Frangipane auf seinen Freund Petrus Leonis nicht wieder erloschen.

Johannes Frangipane und Petrus Leonis.
Die heimliche Eifersucht des Johannes Frangipane auf Petrus Leonis beginnt mit dem Tage, da dieser den Heiligen Vater Urban II. in sein Haus führte, und endet mit dem Tage, da man König Heinrich V. im Sankt Peter die Krone aufsetzen mußte. Denn von dieser Stunde an heißt zwar König Heinrich V. Römischer Kaiser, Petrus Leonis aber heißt im Volk der ›König von Roma‹. Von da ab beginnt die offene Eifersucht des Frangipane auf jenen.

Es wird berichtet:
Man hatte aber damals den großen Streit wegen der Investitur der Bischöfe noch immer nicht beenden können, sondern dieser Streit schlief nur gleichsam eine Weile, aber sein Schlummer war voll schwerer Träume. Der Heilige Vater Paschalis hörte ihn oftmals in seinem eigenen Schlummer bei Nacht gleichsam stöhnen, die Stadt Roma aber voller Ängste hörte ihn mit dem Schwert klirren.
Um jene Zeit nun kamen Reiter aus Deutschland, welche uns verkündigten: »König Heinrich (denn er war im Bann gestorben) liegt ungesegnet in seinem steinernen Sarg; dieser elend verschoben in eine entlegene Kammer des Domes zu Speyer, Steine vor der Tür roh hingepoltert, ein Brett dagegengestemmt, daß die Kinder nicht unversehens hinüberklettern. Viele andächtige Männer und Frauen von Speyer beten scheu aus der Ferne Tag und Nacht für König Heinrichs arme Seele, aber keine einzige heilige Messe steigt für sie empor. Es möge sich doch der

Herr Papst erbarmen und den toten König vom Bann lösen, den lebenden aber, seinen Sohn, zum Kaiser krönen, auf daß wieder Friede werde in Christi Königtum.«
Einige von uns, die für die armen Seelen zu beten pflegen, fragten damals die Frau Susa, ob wir uns König Heinrichs annehmen dürften, oder ob es doch vergeblich sei; alsdann wollten wir lieber einer anderen Seele zu Hilfe kommen, die wir leicht noch in den Himmel brächten.
Die Frau Susa: »Ihr sollt schon für den toten König beten, aber viel mehr sollt ihr noch für den lebenden König beten!«
Wir fragten sie dann, wie wir das verstehen sollten, denn wir meinten, es habe so leicht keiner schwerere Sünden auf sich als König Heinrich, der Tote.
Sie: »Ich habe eine kleine Schwester in Deutschland, die wird einst meine große Schwester heißen: noch nach siebenhundert Jahren wird man den ganzen Rhein hinauf die Glocken für Sankt Hildegard von Bingen läuten; aber heute ist sie noch ein junges Kindlein auf der Burg ihres Vaters. Dieselbe hat mit König Heinrich gebetet, da er als Gefangener seines eigenen Sohnes auf eben jener Burg saß, und darüber ist das bittere Herz des alten Königs wieder zart geworden wie das des heiligen Kindes. (Dieses wird man einst das erste Wunder Sankt Hildegardis nennen.) Wenn nun unser Heiliger Vater König Heinrich vom Bann löst und man seine elende Ruhestätte in eine gesegnete verwandeln darf, wird auch seine Seele in den Himmel eingehen. Dort wird sie ebenso klein sein, wie der König auf Erden groß und stolz war, aber eben dieses wird ihn selig dünken, denn er hat noch auf Erden alle seine Sünden bereut. Gebüßt aber hat er sie in dem,

daß sein eigener Sohn aufgestanden ist gegen den leiblichen Vater, so wie er selbst einst aufgestanden war gegen seinen geistlichen Vater.«
Darauf sagte die Frau Susa nochmals: »Betet doch alle für König Heinrich, den Lebenden!«

König Heinrich der Lebende.
(Wir fragten die Frau Susa nach ihm.)
Sie: »König Heinrich der Tote konnte treulos sein, und man sah es ihm an; darum blieb in seinem Antlitz etwas Edles bis zuletzt; aber König Heinrich der Lebende ist so treulos, daß man es ihm nicht mehr ansieht. König Heinrich der Tote hatte schmale Augen, in deren Winkeln kauerte die Arglist, wenn er sie sann, als schäme er sich ihrer. Aber König Heinrich der Lebende hat runde Augen wie Teiche, unter deren Spiegel liegt sein Unrecht versunken. König Heinrichs des Toten Mund konnte in Trotz und Schmerz erzittern (und er hat gezittert, als er unsren Heiligen Vater mit dem Schwert berannte), aber König Heinrichs des Lebenden Mund ist wie aus Eisen, er kann nicht beben. König Heinrich der Tote war zeit seines Lebens ohne Glück und Erfolg, aber König Heinrich dem Lebenden wird alles gelingen, was er vornimmt.«

Es wird berichtet:
Der Heilige Vater Paschalis, der mit König Heinrich V. um die Investitur zu streiten hatte, glich nicht dem Heiligen Vater Gregor VII., der mit König Heinrich IV. gestritten hatte, oder er glich ihm doch nur so, wie der sanfte Glanz des Mondes dem feurigen Gestirn des Tages gleicht. Da nun alle frommen Seelen der Christenheit nicht ab-

ließen, Tag und Nacht im Gebet zu flehen, daß Christus seinem Statthalter verleihen möge, endlich jenen schweren Streit zu stillen, ohne daß doch die Freiheit seiner heiligen Kirche dabei Schaden erlitte, errang die Milde des Heiligen Vaters Paschalis diesen Gedanken: Es sollen zurückerstatten die deutschen Bischöfe ihre Reichsgüter an die Krone des Königs, damit wie sie selbst frei würden von aller Gefolgschaft der weltlichen Gewalt, diese zugleich auch von ihnen frei würde, nämlich von dem Verlangen, die Investitur an ihnen zu üben (denn diese begehrte ja die Krone nur um der Regalien willen). Wenn der König diese neue Ordnung des Heiligen Vaters anerkenne und daraufhin der Investitur feierlich entsage, daß also alle Gefahr künftiger Schuld und Verwirrung beseitigt sei, so wolle der Heilige Vater die vergangene Schuld vergessen, den toten König vom Bann lossprechen und den lebenden zum Kaiser krönen.

König Heinrich V. (er wußte aber wohl, daß die Bischöfe die Regalien nicht herausgeben würden): Es beschwere zwar sein Gewissen, die Kirche also zu berauben, indessen wenn der Heilige Vater es so verordne, so wolle er sich unterwerfen und also nach Roma ziehen, um die Kaiserkrone zu holen.

Wir wußten aber alle, was es heißt, wenn die Salier nach Roma ziehen, um die Kaiserkrone zu holen.

Es wird berichtet:

Wir sahen damals einen Kometen erscheinen, blutrot wie der Kopf eines feurigen Pferdes, das durch die Wolken sprengt, sein Schweif hingekämmt über den ganzen Himmel bis tief herunter zur Erde; dort fortlaufend in einem

zweiten Schweif, der ging vom Rheinstrom über die steinernen Alpen bis tief hinein in die Ebene Lombardia, gleichsam als zöge der Stern eine Schleife von eisernen Männern hinter sich her.
Wir haben noch nie so viele eiserne Männer erblickt, als das Heer mit dem König Heinrich nach Italien kam, um die Krone zu holen.

Aus den Büchern unsrer goldenen Stadt Roma:
Man hat später viele Male unter uns die Rede vernommen: Warum haben wir eigentlich damals den König in unsre Stadt eingelassen? Man sah, daß er mit Gewalt kam; die Lombarden, an deren Städten er vorbeizog, haben es uns wissen lassen, auch der Stern mit seinem Schweif hat es uns wissen lassen. Es war Brot genug in unsren Speichern (dafür hatte Petrus Leonis gesorgt wie in den vorigen Tagen der Belagerung), Johannes Frangipane war auch willens, unsre Mauern zu verteidigen. Diese waren seit dem Normannenbrand wieder trefflich hergestellt und verschlossen worden; dennoch aber haben wir nicht hinter ihnen, sondern wir haben bei offenen Toren mit dem König verhandeln müssen.
In jenen Tagen nämlich sprangen unsre anderen Capitane (diese warteten längst darauf, Johannes Frangipane und Petrus Leonis zu überwinden) urplötzlich wieder in ihren Türmen und Burgen auf wie in den Tagen des großen Crescentius und des Dux Alberich, rufend: »Unsre Stadt ist herrlich gewesen und ein Sieg über alle Völker des Erdkreises, lange ehe Päpste waren: uns allein kommt es zu, die Krone des Kaisers zu vergeben! Lasset uns also darnach handeln! Der König soll unsre Rechte beschwö-

ren, alsdann wollen wir ihm die Krone versprechen. Zum Dank wird er uns auch von jenen beiden befreien.« (Damit meinten sie wieder Johannes Frangipane und Petrus Leonis.)

Sie wählten dann (alle, die sonst miteinander uneins waren, gemeinsam) aus ihrer Mitte die beiden Grafen von Tusculum und Stephanus Normannus; diese drei zogen dem Kaiser nach Arezzo entgegen und sprachen ihn also an: »Was sind deine dreitausend Ritter, die du mit dir führst? In unsrer Erde schlafen die Legionen der Völker. Beschwöre also die Rechte unsrer Stadt Roma, denn sie ist hoch erhaben über aller Herrschaft, die du je außerhalb ihrer besitzen könntest!«

Darauf der König (voll List, denn er wollte schnell und ohne Schwertstreich in die Stadt gelangen; auch hätte er sich unser aller gern auf einmal versichert): Es sei ihm ein Sporn der Ehrfurcht, daran erinnert zu werden, daß große Tote in der Erde Romas lägen, doch möge man ihre Schatten nicht wecken, da ja doch ihre Nachfahren und Abbilder vor ihm stünden. Auch sei er gekommen, um vor allem eben diese ihre erhabene Stadt zu ehren.

Darnach kehrten Stephanus Normannus und die beiden Tusculaner nach Roma zurück und berichteten: »Dieser ist nicht wie die anderen Fürsten, die vor ihm über die Alpen kamen, sondern er weiß, was er uns schuldet, darum soll man ihm auch die Krone geben.« –

Also haben wir bei offenen Toren mit dem König verhandeln müssen.

Es wird berichtet:

Wir sind nicht selbst in der Kirche des heiligen Petrus

gewesen, als der Salier dorthin zur Krönung zog, sondern wir haben mit unsren Kränzen und Fahnen an der Brücke des heiligen Engels gestanden, unsre Hymnen singend, da er vorüberzog. Doch haben wir ihn nicht von Antlitz erblicken können, denn die Deutschen hielten ihn gleichsam eingehüllt in einen Mantel von Schwertern, so, als geleiteten sie ihn zur Schlacht anstatt zur Krönung.
Die Deutschen waren herrlich anzusehen; als sie vom Mons Malus herabkamen, war es, als gingen Erzengelgeschwader zur Erde nieder. Das Blond unter ihren Eisenkappen glomm wie Flachs in der Sonne; alle unsre Capitane waren neben ihnen fast braun.
Diese zogen auch mit großem Gefolge auf, voran der Frangipane, denn er wollte nicht scheinen, als hätten ihn die anderen schon beiseite geschoben. Nur der Herr Petrus Leonis ritt fast ohne Begleitung, wiewohl herrlich gekleidet, anzuschauen wie ein Gesandter aus fremden Ländern. Die Deutschen, da sie ihn erblickten, riefen, man solle ihm einen Stern vortragen, wie man tut in ihrer Heimat am 6. Jänner, wenn Könige aus Morgenland verkleidet werden. Das schien der erlauchte Konsul nicht ungern zu hören, denn er blickte freundlich nach allen Seiten (es liebte ihn aber das Volk schon damals, denn er war freigebig gegen die Armen, wiewohl immer mit Maß, so daß es weder den Beschenkten schaden, noch seinen eigenen Reichtum schwächen konnte).

Es wird berichtet:
Darnach, als unsre Capitane und die Großen des Königs in die Kirche eingegangen waren, zogen die Deutschen eine große Schleife rund um die Basilika und den Portikus

des heiligen Petrus, als rolle sich eine eiserne Schlange auf, also daß niemand mehr hinaus oder hinein konnte. (Einige von unsren Buben, die durchzuschlüpfen versuchten, zogen die Reiter jämmerlich an den Ohren.) Die Schlange lag allda viele Stunden.

Indessen standen wir immer noch an der Brücke, harrend, daß man endlich die Glocken läute, die Krönung zu verkünden. Aber es blieb alles still, nur die Schlange erglomm und ergleißte weiß im Mittag und grau im Nachmittag. Da sie nun anfing, blau zu werden gegen den Abend zu, begann sie sich plötzlich zu bewegen. Alsdann erblickten wir den erlauchten Konsul Petrus Leonis, wie er mit seinem kleinen Gefolge (gleichsam zwischen den Füßen der Schlange hindurch) eilfertig auf die Brücke zustrebte, so, als ziehe jemand ab, den die Dinge nichts angehen.

Die Deutschen, die uns zunächst standen (dort hatte die Schlange ihr Ende): »Lasset ihn durch; man sieht, er ist kein römischer Capitan, sondern ein Fremder.«

Indessen erhob sich vom Portikus des heiligen Petrus her ein großes Getümmel, und da wir nun vorstürzen wollten, zu sehen, was es gebe, drängte uns der Reiter zurück, rufend: »Es gibt keine Krönung! Unser König ist betrogen worden! Die Bischöfe wollen die Regalien nicht zurückgeben!« Plötzlich aber rissen sie ihre Schwerter heraus, schreiend: »Nicht wir, sondern der Herr Frangipane hat es zuerst getan! Auch die Capitane sind Verräter!«

Aus den Büchern unsrer goldenen Stadt Roma:

Es liefen dann einige in ihrer Angst zu der Frau Susa, denn von dieser wissen wir, daß sie trotz der Reiter in die Basilika des heiligen Petrus gelangen kann.

Sie kam eben von Sankta Maria her, in ihren schwarzen Mantel gehüllt, dieser gefaltet bis hinauf zum Kinn, gebrechlich, das Antlitz klein und ausgeloschen.
Wir: »Frau Susa, könnt Ihr uns sagen, was sich im Sankt Peter begibt?«
Sie: »Dort komm ich eben her. Es ist schon vorüber.«
Einer der Buben, welchen zuvor die Deutschen am Ohr gerissen hatten: »Aua, Frau Susa, wenn Ihr im Sankt Peter wart, müssen Euch aber die Deutschen am Ohr gepackt haben.«
Darauf gaben wir dem Buben nach der Deutschen Weise.

Es hat uns dann gesagt die Frau Susa:
»Unser Heiliger Vater, da ihn der Salier umringen ließ, um ihn gefangenzunehmen, da war er ganz frei. Und da ihn seine eigenen Bischöfe verließen, da trat zu ihm Christus, unser König. Der sprach zu ihm: ›Siehe, nun werde ich mit dir um dreißig Silberlinge verraten.‹
Darnach ging der Heiland mitten in die Ritter des Saliers hinein, die den Heiligen Vater gefangennehmen wollten, und der Heilige Vater folgte dem Heiland. Die Ritter aber sahen den Heiland nicht, und da der Heilige Vater nun mit ihnen schritt, glaubten sie, er folge ihnen.«
Indem die Frau Susa das sagte, sprengten schon die ersten Reiter des Petrus Leonis über das Forum, laut anschreiend jeden, der ihnen in den Weg kam: »Der Heilige Vater samt allen Kardinälen und Capitanen ist von dem Salier gefangengenommen worden! Es ist niemand entronnen als der erlauchte Konsul, derselbe entbietet die Civitas Romana zu den Waffen!«
Am nächsten Morgen vor Tagesgrauen hat das Volk den

Salier aus der Leonina geworfen; er ist ohne Schuhe und Strümpfe aufs Pferd gesprungen und hinweggesprengt, aber unsere Gefangenen hat er mit sich gerissen und nicht eher freigegeben, bis er unsren Heiligen Vater in harter Kerkerhaft gezwungen hat, ihm die Krone mitsamt der Investitur zu geben.
Während dieser Zeit aber hat sich unser Volk um niemand sammeln können denn um Petrus Leonis. Von da her kommt das Wort ›Der König von Roma‹.

Es wird berichtet:
Als man den Salier zum zweiten Mal zur Krönung in den Sankt Peter führte, hat keine Glocke in unsrer Stadt geläutet, keine Hymne ist gesungen worden, keiner von uns hat mit Kränzen und Fahnen an der Brücke des heiligen Engels gestanden, sondern es ist totenstill in unsren Straßen gewesen, als ob das Interdikt auf Roma läge; nur in den hintersten Gassen haben sie in ihrer Wut geschrien: »Es lebe der König von Roma!« Die meisten von uns haben in den Kirchen auf ihren Knien gelegen und gebetet, einige aber sind auch wieder zu der Frau Susa gegangen.
Sie saß vor der Kirche Sankta Maria auf dem alten Forum der Römer und sprach von der Kaiserkrone.
Die Frau Susa: »Es sind drei Kronen auf Erden eingesetzt, alle anderen Kronen sind in Wahrheit nur Zirkel, denn die sie tragen, gebieten über dieses oder jenes Land, die wirklichen Kronen aber bedeuten Kronen im Himmel und auf Erden.
Die erste Krone ist die dreifache Krone, damit wird unser Heiliger Vater gekrönt. Die zweite Krone ist die Krone

Konstantins, damit wird der Kaiser gekrönt. Die dritte Krone ist die Dornenkrone, damit wird jeder Christ gekrönt. In die Krone des Papstes und in die Krone des Kaisers ist je ein Reis aus der Dornenkrone eingeflochten; daran erkennt man sie als heilige Kronen. Der höchste Ruhm der Papstkrone ist, daß sie ist die Krone Christi auf Erden; der höchste Ruhm der Kaiserkrone aber ist, daß sie jene beschützt. Wenn nun ein demütiger Mann die Kaiserkrone trägt, so erstrahlt sie; wenn aber ein Stolzer sie trägt, so erbleicht sie; wenn aber einer sie rauben oder erzwingen wollte, so erlischt sie.«
Darauf sagte die Frau Susa: »Lasset uns noch einmal beten, daß die Kaiserkrone nicht erlischt!«
Währenddem hatte die Sonne hell geschienen; plötzlich aber wurde es schwarz, als wenn die Nacht hereinbricht.
Die Frau Susa (aufstehend, bleich wie eine Sterbende, die in die Verdammnis eingehen soll): »Jetzt ist König Heinrich im Sankt Peter gekrönt worden – jetzt gibt es keine Krone und keinen Kaiser mehr.«

Es wird berichtet:
In der Nacht nach König Heinrichs Krönung – wir nennen sie die verruchte oder die schwarze Krönung – hat man in vielen unsrer Straßen ein Schnauben und Schmettern vernommen, wie wenn große Reiterscharen von einem Ende der Stadt zum anderen sprengten, so daß wir, von unsren Lagerstätten auffahrend, nicht anders gemeint haben, als der Salier komme wiederum zurück. (Er war nämlich gleich nach der Krönung abgezogen wie von Furien getrieben.) Aber am andern Morgen haben wir solche gesprochen, die noch spät zu Fuß gewesen sind,

den Sprengenden in der Nacht begegnend. Diese haben uns erzählt: Es seien keine Scharen, sondern nur vier einzelne Reiter gewesen, sitzend der eine auf einem roten, der andere auf einem schwarzen, der dritte auf einem fahlen Roß, so wie sie beschrieben hat der heilige Evangelist Johannes in der Geheimen Offenbarung. Der vorderste Reiter aber, sitzend auf einem weißen Roß, habe geschrien:

»Hinweg! Hinweg! Hinab! Hinab, denn der Antichrist will empor! Wehe der Christenheit! Wehe dem Papst von Roma: es ist keines Kaisers Schwert mehr, das sie beschützt!«

So seien sie mit Heuho abgebraust durch die Via Lata über die Tiberbrücke in die Leonina hinein gegen die Basilika des heiligen Petrus, welche dagelegen habe, noch hilflos und verlassen, mit aufgesperrten Toren, wie sie im Entsetzen vergessen worden zu schließen von denen, die bei der schwarzen Krönung waren.

Aber an der Treppe der Basilika seien ihnen zwei Männer entgegengetreten, der eine mit einem Schlüssel, der andere mit einem Schwert in der Hand; bei deren Anblick seien die Reiter an den Stufen hingeschollen, als habe sie die Erde verschlungen. Aber aus deren Innern hervor habe man sie noch lange Zeit schreien und toben hören: »Wir kommen wieder! Wir kommen wieder!«, bis die beiden heiligen Apostelfürsten schließlich mit ihren Füßen den Ruf ausgetreten hätten.

Von da an haben wir alle geglaubt, daß wir noch bei diesen unsren Zeiten, darinnen wir leben, den Antichrist erwarten müßten.

Dieses ist, was wir über den Antichrist wissen:
Es steht eine menschliche Gestalt mitten in der Welt (die Mitte der Welt, so meinen wir, ist unsre Stadt Roma). Über dem Haupt der Gestalt hängt ein Strahl, der ist zerbrochen und fällt wie ein Streifen über ihre Augen. In ihrem Arm liegt ein Stab, der ist ebenfalls zerbrochen. Die Füße der Gestalt sind voll Blut, das hat sie vor langen Zeiten vergossen. Aber Erde ist nicht mehr an ihren Füßen, denn sie ist ohne Heimat, einem Baum gleich, der seine Wurzeln in keinem Erdreich mehr hat. Der Schoß der Gestalt ist mit Gold gefüllt, daran stillen die Habsüchtigen und Gewalttätigen in aller Herren Länder ihre böse Lust. An ihrem Antlitz aber stillen die Hasser und Spötter die Lust ihrer bösen Zungen. Aus dieser Gestalt nun wird ein Kind hervorgehen. Wenn dieses zum Mann erwächst, wird es unsren Heiland Jesus Christus zum zweiten Mal kreuzigen, nämlich den Leib seiner heiligen Kirche, darinnen er auf Erden wandelt. Diese Kreuzigung aber wird man nennen: das große oder wirkliche abendländische Schisma, nämlich das Schisma des Antichrist.
Dieses hat uns nicht gesagt die Frau Susa, sondern wir haben es selber gewußt von unsren Kindesbeinen an durch unsre Väter und Mütter. Unsre Väter und Mütter aber haben es von ihren Vätern und Müttern gewußt.

Es wird berichtet:
Mit dem Krönungstag König Heinrichs endet die Prüfungszeit des Petrus Leonis durch die heilige Kirche, denn von nun an hat man an der Kurie des Heiligen Vaters von ihm gesagt: Er hat den heiligen Petrus in sein Haus aufgenommen (nämlich den Heiligen Vater Urban); darnach

hat er die Stadt des heiligen Petrus behütet (nämlich während der Gefangenschaft des Heiligen Vaters Paschalis), darum soll er auch seinen Platz im Hause und in der Stadt des heiligen Petrus haben.
Dieses sagte die Kurie des Heiligen Vaters zwar nicht sehr laut, sondern, wie es ihre Art ist, etwas zu sagen, mit weiser Mäßigung, einer sorgenden Mutter gleich, welche weiß, daß sie viele unverständige und eifersüchtige Kinder hat; aber sie sagte es vernehmlich, vor allem zu Johannes Frangipane. Daher nennen wir den Krönungstag König Heinrichs den zweiten großen Siegestag des Petrus Leonis über jenen.

Es wird berichtet:
Indessen blitzte und wetterleuchtete es über den ganzen Himmel der Christenheit: Zuerst bannten die Legaten in Deutschland König Heinrich, darnach bannten ihn die Legaten in Frankreich und England, darnach bannte ihn mit ausgelöschten Fackeln der Erzbischof Guido von Vienne. Der Heilige Vater Paschalis aber bannte König Heinrich nicht.
Es sind aber damals viele in der Kirche aufgestanden, welche gesagt haben: Die Gefahr, daß der Antichrist kommen wird, geht nicht allein aus von dem Versagen des weltlichen Schwertes, sondern auch das geistliche Schwert ist stumpf geworden. Das wahre Übel bedeutet nicht dieser häretische König der Deutschen, sondern mit Gram erblicken wir auch heute einen häretischen Papst. (Dieses sagten sie aber wegen der Investitur, welche der Heilige Vater König Heinrich während der großen Bedrängnis seiner Gefangenschaft auf dem Schloß Trebico zugestanden hatte; denn Investitur durch Laien ist soviel wie

Simonie, Simonie aber bedeutet Häresie.) Diese Stimmen sind je länger, je lauter geworden; es hat aber auch solche unter uns gegeben, welche gesagt haben: Investitur ist nicht Häresie, sondern eine schuldhafte Handlung; Häresie aber ist, wenn man den Papst als Häretiker bezeichnet, denn dieses streitet wider die Lehre der heiligen Kirche. Der Papst hat unter Zwang gehandelt und ist nicht zur Rechenschaft zu ziehen.
Diese Meinung hat unter dem jungen Klerus zu Roma vor allem mit vielem Eifer und großer Geschicklichkeit vertreten der junge Petrus Pier Leonis.

Der junge Petrus Pier Leonis.
Es wird berichtet:
Dieser war eben damals aus Frankreich zurückgekehrt, geziert mit dem Ordenskleid des ehrwürdigen Cluny, ausgerüstet mit der theologischen Weisheit der glänzenden Kathedralschule von Paris und des großen Petrus Abälardus, zu dessen Füßen er daselbst gesessen hatte. Die Schriften jenes Meisters kamen damals in dicken Ballen über die Alpen; aber die, welche sie bei uns lasen, sagten, das Werk, aus dem man den berühmten Dialektikus von Palais am besten kennen und bewundern lerne, sei der blitzende Geist des jungen Petrus Pier Leonis. Dessen Gefährten aus Paris erzählten, man habe ihn daselbst scherzend ›Meister Petrus, den anderen‹ genannt, weil er der einzige gewesen sei, der in der Disputation zuweilen den stolzen Geist des Abälardus habe überwinden können, nämlich so, daß dieser es selbst zugestanden habe, denn die ihn sonst hie und da überwänden, täten es mit der Autorität der Offenbarung und Kirchenlehre, welche Über-

windung aber der Meister nicht anerkennen wolle, denn seine Meinung gehe dahin, die Zeiten des bloßen Glaubensgehorsams seien vorüber, und man müsse nur für wahr halten, was man mit der Schärfe des Verstandes einzusehen und festzuhalten vermöchte.

Darauf wir: Wie es denn aber komme, daß der junge Petrus Pier Leonis, da er doch ein Anhänger des Abälardus sei, diesem entgegentrete?

Jene: Der junge Petrus verteidige seinen Meister, sobald er angegriffen werde (er wurde aber schon damals von vielen angegriffen), und greife ihn an, wenn andere ihm zustimmten, denn sein Geist sei mit solcher Fülle des Scharfsinns ausgestattet, daß er dasselbe, was er bejahe, hernach auch wieder in Frage stellen könne, und zwar immer so, daß man sich seinen Gründen nicht zu entziehen vermöge. Dieses sei ein überaus glänzendes Schauspiel gewesen, das er viele Male zum Jubel der ganzen Schule abgegeben habe.

Darauf einer der Unsren (dieser hatte die ganze Zeit zuvor geschwiegen): »Wenn das richtig ist, so hat jener freilich den Meister Abälardus vortrefflich widerlegt; aber auch was er heute zu dem großen Streit um das Privilegium König Heinrichs sagt, ist alsdann ohne alle Wahrheit und Wichtigkeit, und er täte besser, vor dem letzten der alten Weiblein auf Monte Caprino zu schweigen« (selbst diese nämlich fingen damals schon an, wegen der Investitur zu streiten).

Die Väter von Sankt Alexius aber haben gesagt: »An der Liebe zum Unschuldigen und Angegriffenen erkennen wir unsren einstigen Schüler, und diese ist auch seine Wahrheit.«

Aus den Aufzeichnungen des Kardinal-Bischofs Petrus von Portus (dieser war mit dem Heiligen Vater auf dem Schloß Trebico gefangen).

›— — — nun aber ist die Welt nicht erlöst worden durch solche, die für die Unschuldigen streiten (wiewohl wir für die Unschuldigen streiten sollen), sondern sie ist erlöst worden durch das bittere Leiden des Unschuldigen. Und also frage ich mich täglich vor dem allwissenden und allwahrhaftigen Gott, ob ich reden soll über die wahren Vorgänge auf dem Schlosse Trebico und das Versprechen, welches daselbst der Salier dem Heiligen Vater entrissen hat, oder ob ich damit ein großes Opfer ertöten würde. Denn obwohl unser Heiliger Vater täglich bestürmt wird von den Stimmen, die gleich der Windsbraut von Nord, Ost und West der Christenheit heranbrausen, so höre ich doch ihn selbst unerschütterlich schweigen, gleicherweise zu denen, die ihn anklagen, wie zu denen, die ihn verteidigen wollen.

Indessen meine Tage sind alt, und wenn ich heute schweige, so weiß ich nicht, ob ich nicht morgen auf immer entschweigen werde dieser Erde. Gott möge es ans Licht bringen, wenn anders es ihm gefällt. Ich will hier aufschreiben, was mir gegeben wurde zu wissen von der verborgenen Heiligkeit unsres Heiligen Vaters. (Ich meine aber nicht die Heiligkeit, die jeder Papst in seinem Amt besitzt, sondern ich meine den Heiligen in seiner Person.)

Es ist gesagt worden: unser Heiliger Vater habe unter Zwang gehandelt; ich aber sage: es ist ein Geheimnis bei diesem Zwang gewesen, welches ich nennen will: die Salier kennen unsre Päpste. Als wir alle nämlich, die wir damals gefangen in jenem Schloß Trebico schmachteten, unsren

Heiligen Vater kniefällig umschworen, durch die augenblickliche Hingabe der Investitur die gemarterte Kirche zu erretten, sich des Volkes der Römer, das um unsretwillen verblutete, zu erbarmen, aber auch der Seelen der Deutschen, die in verblendeter Standhaftigkeit treu bei ihrem König verharrten, da waren wir ohne Zweifel die Übermochten und Vergewaltigten jenes grausamen Königs; unser Heiliger Vater aber hat unter völliger Freiheit gehandelt, nämlich unter der Freiheit des angenommenen Martyriums. Dieses ist nicht etwa zu verstehen, als ob er in die böse Sache der Investitur gewilligt hätte; aber er hat gewilligt in das Erleiden der bösen Gewalt nach dem Vorbild Jesu Christi, damit er auf diese Weise das Herz des Königs gleichsam noch von dem Tor der Hölle hinwegrisse und dazu bewegte, selbst von seinem gottlosen Vorhaben abzustehen. Auch ich aber habe dieses erkannt, als mir die Augen aufgetan wurden.

Nachdem nämlich der Heilige Vater dem Salier jenes Privilegium zugestanden hatte – er tat es mit Tränen in der Stimme und mit aufgehobenen Händen, wie man herabruft die Erbarmung des allmächtigen Gottes –, empfingen wir durch den deutschen Kanzler die Botschaft, wir seien frei, zu entziehen aus diesem Schloß Trebico, augenblicklich und wohin es uns gefiele. Aber als wir uns nun in unsren Reisemänteln versammelt hatten, jeder aus seinem Kerker hervorgegangen verhärmt und vertrübt, viele von uns krank durch Zorn und Bitternis, da vernahmen wir plötzlich vor der Tür nochmals den kurzen, schnellen Tritt des Saliers (diesen kennt jeder wieder, der ihn einmal gehört hat; es klingt, als schlage man mit einem Hammer auf die Fliesen).

Der Salier herein und zu unsrem Heiligen Vater also sprechend: Zum Zeichen der wahrhaftigen Übereinkunft, die nun zu aller Zufriedenheit erzielt worden sei (dieses ist der Hohn seines eigenen Ausdrucks), möge ihm der Heilige Vater zum Abschied noch den Segen spenden, und zwar einen solchen, daran jeder Fluch künftig abprallen müsse. (Hiermit meinte er aber das Versprechen, daß ihn der Heilige Vater niemals mit dem Bann belegen wolle.)
Indem der König dies sagte, erblickten wir hinter ihm durch das offene Tor einige seiner Ritter, den Troßknechten winkend, die Rosse, die schon für uns bereitstanden, wieder abzuführen. Da merkten wir, daß wir ohne dieses Versprechen gefangen bleiben sollten, und daß es wirklich so war, wie einer unsrer Brüder in bitterem Spott von diesem König gesagt hat: er habe mit unsrem Heiligen Vater gerungen wie Jakob mit dem Engel, ihn nicht eher lassend, als bis er ihn gesegnet habe.
Darauf wir in unsrem Innern (bis ins Mark hinein vereist): Auch dieser Segen ist gleich allem übrigen ungültig, erzwungen und durch Gewalt erschlichen, eines Räubers Beute, die man ihm alsbald wieder abjagen muß (denn also hatten wir uns auch vorher wegen des Privilegiums getröstet).
Indem aber erleuchtete der Teufel den Salier, als hätte er die Stimmen unsres Innern vernommen: wir sahen sein Angesicht entflammt von der Tücke einer Klugheit, die nicht seine eigene war.
Zur Tür zurück, wo die Ritter den Troßknechten gewinkt hatten: »Man lasse die Pferde stehen, damit unser ›hoher Gast‹ (so lautete wiederum sein eigener Hohn) entreise!«
Darauf zu diesem: »Solltet Ihr uns nämlich nach dem

Vorhergegangenen nicht segnen wollen, Heiliger Vater, so ziehet dennoch hinweg, wie es Euch beliebt.«

Da wollten wir uns alle erheben, mit Ungestüm zu verlassen, so rasch wir vermöchten, dieses böse Schloß Trebico; aber indem wurde auch schon das Antlitz unsres Heiligen Vaters von einer überirdischen Erbarmung gleichsam entrückt, so daß es war, als fließe eine Glorie von Schmerz und Liebe um sein greises Haupt. Wir sahen und hörten ihn mit taumelnden Augen und Ohren diesem fremden, wilden König den Segen spenden, freiwillig als seinem ärgsten Feind, einem Vater gleich, der noch den Sohn, der ihn mißhandelt hat, an sein Herz zieht.

Da stürzten mir die Tränen aus den Augen, denn ich erkannte, daß es der Wille unsres Heiligen Vaters war, diesen König mit der Liebe Christi zu zerbrechen, während wir selbst geglaubt hatten, daß er, gleich uns, an ihm zerbrochen sei. (Solches aber, so erachte ich, ist von Anfang an die Meinung unsres Heiligen Vaters mit diesem König gewesen.) Ich glaube aber, daß unser Heiliger Vater bis zuletzt in der Hoffnung gewesen ist, der König werde sich ihm, nämlich der Liebe Christi, die er also in ihm angeschaut hatte, zu Füßen werfen, von der verruchten Krönung und den erschlichenen Rechten abstehend; ja, ich zögere nicht, zu behaupten, da man bereits die Krone über König Heinrichs Haupt erhoben hielt, hat er noch immer an dieses Wunder durch die Liebe Christi geglaubt. Nun aber ist es mit dieser, wie unser großer Papst Gregor VII. gesagt hat: daß sie leiden will unter der Sünde dieser Welt bis ans Ende ihrer Tage!

Geschrieben am Tage des heiligen Kirchenvaters Hieronymus, da man die große Synode im Lateran zu versammeln beschlossen hat.‹

Die Synode im Lateran.
(Nach den Aufzeichnungen des Kardinal-Bischofs Petrus von Portus.)
›— — — Darnach, als nun alle in der großen Aula des Lateranischen Palastes versammelt waren, die Bischöfe zu beiden Seiten aufgereiht an den blitzenden Mosaiken der Wände entlang, Mitra neben Mitra, diese gleich zwei weißen Tulpenbeeten, bestieg der Heilige Vater den marmornen Stuhl, darauf gesessen hat der große Papst Gregor VII., da er bannte König Heinrich den Verstorbenen. Es stand aber seitwärts im Saal noch immer der leere Stuhl der Königsmutter Agnes, daneben sie damals gekniet hat, als eben jener Bann gesprochen wurde, mit ihren Tränen zu benetzen ihre Demut vor der Synode und vor dem Spruch des Heiligen Vaters über König Heinrich, ihren Sohn.
Da man nun die großen Gebete des Eingangs gesprochen und die inbrünstigen Hilferufe zum Heiligen Geist ausgestoßen hatte, winkte der Heilige Vater den Bischöfen, daß sie sprechen möchten, weshalb sie begehrt hätten, zu dieser Synode versammelt zu werden vor seinem Angesicht.
Darauf erhob sich der erste Bischof und klagte gegen das häretische Privilegium; alsdann forderte er den Heiligen Vater auf, es zurückzunehmen und den Satan unter die Füße zu treten, nämlich zu bannen den grausamen und gottlosen Erpresser König Heinrich.
Darnach erhob sich der zweite Bischof und sprach ebenso.

Darnach der dritte und der vierte und so fort durch alle dreihundert Bischöfe der großen Synode. (Sie glaubten aber alle, der Heilige Vater habe damals unter Zwang gehandelt.)
Zuletzt erhob sich der Heilige Vater Paschalis und sprach also: »Auch Wir wissen jetzt gleich den hier versammelten Brüdern, daß jenes Privilegium ein Mißgriff gewesen ist (er sagte aber nicht warum); dennoch wollen Wir König Heinrich, Unsren Sohn, nicht bannen, denn Wir haben eine Frage an ihn gerichtet, die soll ihm nachgehen bis ans Ende seines Lebens. So möge denn die Synode tun, was ihr heilsam und den Kanones gemäß recht erscheine.«
Darauf nahmen die Bischöfe das Privilegium zurück und bannten König Heinrich.
Der Heilige Vater Paschalis aber saß indessen da, die Stirn geneigt unter seiner dreifachen Krone, den Blick abwärts gewandt in die Tiefe des Saales, wo einst Königin Agnes um ihren Sohn geweint hatte, zart und still in seinem Antlitz, die große Milde seines Hirtentums darinnen gleichsam ausgegossen über sich selbst (denn er wußte wohl, daß sie alle dachten, er habe versagt), aber auch ausgegossen über die, welche dann bannten (denn er wußte auch, daß sie es tun mußten). Es haben aber später manche geglaubt, in seinem Angesicht sei damals nur der Mensch, nicht der Papst sichtbar geworden; dieses ist ein großer Irrtum gewesen. Denn die leidende Kirche und die richtende Kirche sind nicht zweie, sondern eine, wie ja auch Christus, der für die Welt litt, diese dereinst richten wird. Es leiden aber auch die, welche richten, und die, welche da leiden, sind zugleich das Gericht.‹ –
Wir wissen aber, daß der, von welchem das bittere Wort

stammt: König Heinrich habe mit dem Heiligen Vater Paschalis um den Segen gerungen wie Jakob mit dem Engel, viele Jahre später hinzugesetzt hat: ›aber er ist auch gleich jenem von dem Segen dieses Engels sein Leben lang lahm geblieben.‹

Der dieses gesagt hat, ist kein andrer gewesen als der Kardinal-Legat Lambert von Ostia, durch welchen geschlossen worden ist das Wormser Konkordat. Das große Schisma aber hat jener Friede nicht mehr wenden können; dazu war das Haus des Petrus Leonis bereits zu hoch gebaut.

Der Brunnen bei Sankt Johannes in fonte (wir haben schon von ihm geschrieben).

– – – man hat aber damals kein Stürzen und Poltern mehr in seinen Steinen vernommen, sondern es ist so still in seiner Tiefe gewesen, als ob unter dem Wasser einer lausche oder warte – – –.

Die Juden von Roma erzählen:

An dem Tage, da es im Hause des Rabbi Nathan ben Jechiel bekannt wurde, daß der junge Petrus Pier Leonis zu Füßen des großen Meisters Abälardus gesessen habe, bat Mirjam ihren Vater, er möge ihre Tochter mit in die Schule nehmen, damit er sie in das Studium des Talmud einführe, auf daß sie befähigt werde, dereinst ihren Bruder zu widerlegen.

Der Rabbi Nathan ben Jechiel: »Es ist nicht Sitte, daß wir unsere Töchter im Talmud unterweisen, denn großes Wissen, so sagen unsre Meister, bringt das Weib leicht auf Abwege.«

Mirjam: »Aber unsre Meister berichten auch von der großen Beruria, der Tochter des Rabbi Chananja, die in der Schule von Tiberias hinter einem Schleier lehrte.«

Der Rabbi: »Wenn der Herr will – er sei gelobt –, so kann er deine Tochter auch erleuchten.«

Mirjam: »Wenn aber der Herr nicht will –« (Sie meinte, alsdann müsse man sie erleuchten.)
Darauf der Rabbi streng und erschrocken: »Wenn der Herr nicht will, Mirjam, so sei er ebenfalls gelobt.«
Mirjam (dringend): »Aber der Herr will, Vater, der Herr will –«
Da schwieg Rabbi Nathan ben Jechiel vor seiner Tochter, aber er sagte damit nicht, daß er ihr willfahren wolle, sondern er ehrte nur wiederum ihre grauen Haare und das Martyrium, das sie bei der Geburt ihres Kindes erlitten hatte.

Die Juden von Roma erzählen:
In jenen Tagen kam auch Rabbi Elchanan nochmals nach Roma. Wir hatten ihn aber schon lange nicht mehr erblickt, denn die Gojim wollen keine Juden in der Stadt Jerusalem dulden, und seit sie daselbst ihr Königreich aufgerichtet haben, müssen unsre spanischen Brüder ohne den Staub der heiligen Erde zu Grabe gehen.
Es stand jetzt kein Sack mehr vor der Tür auf dem Gang, während Rabbi Elchanan mit Rabbi Nathan ben Jechiel speiste, und die Leute aus der Judenstadt schlichen nicht mehr herzu, goldene Barren und Schätze zu betrachten, sondern sie kamen, um Rabbi Elchanan zu verspotten, weil er sie einst mit der ›Krone Davids‹ beschämt hatte. Es waren nämlich die, welche immer sagten: Weshalb sollen wir ewig um Jerusalem trauern?
Als nun Elchanan aus der Tür trat, fragten ihn einige von diesen: »Nun, Rabbi, schlafen unsre Brüder zu Toledo besser oder schlechter, seit Ihr sie in der spanischen Erde bettet?«

Darauf der Rabbi (es war aber seine Gestalt ungebeugt nach all den Jahren, sein Antlitz unversehrt, die große Nase darinnen immer noch gleich einer kühnen Klinge): »Eure toten Brüder zu Toledo schlafen nicht in spanischer Erde, sondern sie schlafen in der Erde des Herrn, ihres Gottes, und in der Asche ihrer eigenen Häupter: Jerusalem ist zerstreut worden über alle Völker der Erde!«
Da spotteten sie ihn an: Es sei ihnen, als hätten sie schon früher gewußt, daß Israel in der Zerstreuung lebe. (Sie hatten es aber nicht gewußt, so wie Rabbi Elchanan es meinte, sondern dieses wußte damals niemand von uns; wir haben es erst viele Jahre darnach durch seine Schüler erfahren.)

Dieses ist, was wir durch die Schüler des Rabbi Elchanan erfahren:
Die Juden von Roma erzählen:
Unsre Meister lehren: Das Gesetz ist der Zaun Israels gegen die Völker; Rabbi Elchanan aber hat gelehrt: Das Gesetz Israels ist das Tor der Völker.
Unsre Meister lehren: Wenn die Zeit erfüllt ist, wird Israel heimkehren und wieder Opfer darbringen im heiligen Tempel zu Jerusalem. Der Rabbi Elchanan aber hat gelehrt: Israel wird niemals heimkehren, sondern es wird sein das Zeichen und Zeugnis des Einen Gottes unter den Völkern. Das blutige Opfer des Tempels ist umgewandelt worden in das blutige Opfer eines ganzen Volkes.
Dieses hat aber Rabbi Elchanan nicht von Anfang an gelehrt, sondern erst seit der Einnahme der Stadt Jerusalem durch das Kreuzheer. Es ist gesagt worden, er sei damals der einzige Jude gewesen, der lebendig aus der Heiligen

Stadt entkommen sei, ein Christ habe ihn in seinem Hause so lange verborgen gehalten, bis die Schwerter der Kreuzfahrer vom Blute trunken gleichsam umgefallen seien. Dieser Christ habe auch mit Rabbi Elchanan um seine Errettung gebetet, nämlich zu dem Gott Israels, welchen auch die Christen anbeten.

(Es ist aber nicht richtig, daß Rabbi Elchanan der einzige entkommene Jude aus Jerusalem gewesen ist, sondern wir haben zu Roma später noch einen anderen erblickt. Von diesem sagen wir: Er ist damals entkommen ins Land der Rache. Von Rabbi Elchanan aber sagen seine Schüler: Er ist in die Liebe entkommen.)

Die Juden von Roma erzählen:

Indessen fuhr Mirjam fort, ihren Vater zu bedrängen, er möge Trophäa mit in die Schule nehmen, dergestalt, daß sie ihm lästig wurde. Da er sich nun nicht mehr vor ihr zu helfen wußte (denn er mochte sie nach wie vor nicht rügen), beschloß er, in dieser Sache von Rabbi Elchanan Rat zu nehmen. Es stand aber Rabbi Elchanan in hohem Ansehen bei Rabbi Nathan ben Jechiel.

Der Rabbi Elchanan forderte Bedenkzeit, um zu beten; darnach gebot er, daß man Trophäa zu ihm führe, damit er sie anreden und erkennen möge, was da sei der Wille des Herrn mit ihr.

Trophäa war jetzt eine Jungfrau in den Jahren ihrer Reife, aber schmal und zart in ihren Schultern, die Brust noch verborgen wie bei einem kleinen Mädchen, das Antlitz gleichsam zugeblüht, eine Knospe, zurückgehalten vom Schatten ihrer eigenen blinden Augen; in diesen selbst weit offen immer noch das Kind.

Der Rabbi Elchanan mit freundlicher Stimme: »Weißt du noch, Trophäa, wie ich damals meinen Sack aufgetan und du gerufen hast: ›Eia, ich sehe die Krone König Davids?‹«
Trophäa (freudig): Wohl wisse sie es noch; nie werde sie es vergessen.
Der Rabbi Elchanan: »Wie sah denn die Krone aus, Trophäa?« (Er hatte aber bisher wie alle anderen geglaubt, sie habe damals mit ihrem Ruf nur ihre Blindheit dargetan.)
Trophäa: »Die Krone hatte Flügel, die waren wie goldner Staub, der flog in alle Winde.«
Der Rabbi Elchanan: »Und was geschah, wo die Flügel hinfielen?«
Trophäa: »Da kniete aller Staub mit ihnen nieder.«
Als Trophäa das gesagt hatte, wurde Rabbi Elchanan zu Tränen bewegt; sie glitten an seiner großen Nase herab, wie wenn Tau auf ein scharfes Schwert sinkt.
Der Rabbi Elchanan: »So hast du wahrhaftig die Krone König Davids erblickt; denn der Herr hat gesagt zu unsrem Vater Abraham: ›In dir sollen gesegnet werden alle Völker der Erde.‹« Zu Rabbi Nathan ben Jechiel aber sprach er hernach: »Diesem Mägdlein sollt Ihr die heilige Lehre nicht weigern, denn der Ewige – er sei gelobt – sendet, welche er will, Sehende und Blinde, Männer und Weiber, Geschickte und Ungeschickte, Woller und Widerstreber, das ist alles gleich vor seinem Antlitz.«
Darauf der Rabbi Nathan ben Jechiel, den Kopf schüttelnd: »Es fehlte nur, Rabbi Elchanan, daß Ihr noch sagtet: Er sendet auch die Kinder Edoms.«
Da erschrak sich Rabbi Elchanan wie der weiße Kalk an der Mauer, Rabbi Nathan ben Jechiel aber erschrak sich

auch, weil es ihm widerfahren war, Rabbi Elchanan auch nur im Scherz einer so großen Sünde zu beschuldigen.
Rabbi Nathan ben Jechiel (um sein Unrecht gutzumachen): »So lehret Ihr also Trophäa; um Euretwillen mag ich glauben, daß es recht ist.«
Der Rabbi Elchanan (noch immer wie der Kalk an der Wand): »Nein, lehret Ihr sie, Rabbi Nathan!«
Und so stritten sie miteinander eine ganze Weile. Am nächsten Morgen aber war Rabbi Elchanan heimlich und ohne Abschied von Roma hinweggezogen.
Darnach beschloß Rabbi Nathan, Trophäa zu unterrichten, denn so sprach er bei sich selbst: »An ihr will ich abbitten, was ich an ihm Unrecht getan habe.«

Die Juden von Roma erzählen:
Bevor Rabbi Nathan ben Jechiel Trophäa mit in die Schule nahm, gebot er, einen Schleier zu beschaffen, damit sie verschleiert werde wie die große Beruria in der Schule zu Tiberias.
Mirjam zu ihrem Vater: »Warum soll verschleiert werden, die unser aller Trost heißt? Ist es etwa eine Schande, daß sie ein Weib ist?«
Der Rabbi Nathan ben Jechiel: »Ein Weib wird nicht zu seiner Schande verschleiert und verborgen, sondern zu seiner Ehre. Denn die Stärke einer Burg erkennt man daran, daß ihre Tore verschlossen liegen. Nun aber ist das Weib die letzte Burg eines jeglichen Volkes. Wenn der Mann fällt, so wird Gott den Mann strafen; wenn aber das Weib fällt, so wird Gott das ganze Volk strafen.«
Darauf Mirjam: »Sie wird nicht fallen, und sie wird auch niemand zu Fall bringen, denn der Herr hat sie schon

selbst verschleiert in ihrem Antlitz.« (Damit meinte sie, es wird sie keiner von den Jünglingen in der Schule begehren, weil sie blind ist.)

Der Rabbi: »Ja, der Herr hat sie verschleiert, aber er hat ihr auch einen Kranz aufgesetzt, und es wird ein Tag kommen, da sie seiner inne wird. Gedenke doch an deine eigene Jugend, Mirjam!«

Mirjam: »Ich gedenke, daß meine Tochter ihres Bruders Schwester sein soll und sonst nichts.« Mirjam nämlich hatte von früh an beschlossen, daß Trophäa niemals eines Mannes Gattin werden solle, selbst wenn einer sie trotz ihrer Blindheit zur Ehe begehren würde.

Darauf der Rabbi (denn er wußte, was Mirjam dachte): »Wenn das dein Wille ist, so solltest du mich bitten, daß ich sie nicht einmal, sondern zweimal verschleiern ließe. Wisse aber, daß ich sie nicht um deiner Wünsche willen verschleiere, sondern was du meinst, steht bei Gott.«

Die Juden von Roma erzählen:

Und also saß Trophäa in der Schule verschleiert unter den Jünglingen von Roma, zu Füßen Nathan ben Jechiels, und erlernte von ihm die Meinungen und Sprüche unsrer Meister, welche wir nicht in Büchern aufzeichnen. Denn wir wissen, daß nur ein Buch auf Erden sein darf, nämlich die heilige Thora, welche der Herr selbst verfaßt hat und welche sich nicht geziemt nachzubilden in andren Büchern mit der Weisheit der Menschen. Sondern diese verwahren wir nur in unsrem Erinnern, auf daß wir ihren Abstand bekennen zu der Weisheit des Herrn. Es ist aber vonnöten, daß viel Erinnern unter uns geübt wird, denn auch die Weisheit der Menschen ist würdig verwahrt, um vernommen zu werden von uns und unsren Kindern. Es war aber keiner unter den Schülern Rabbi Nathans so geschickt zum Erinnern wie die blinde Tochter Mirjams.

Die Juden von Roma erzählen:
Wenn die jungen Söhne Israels in der Schule stockten, so rief der Rabbi Trophäa auf, und sie sprach flink und lieblich unter dem Schleier hervor die Meinung des Meisters, die der Rabbi hören wollte, so wie sie einst gesprochen hatte die Weissagungen und Lieder der Propheten.
Es haben aber damals unsre Frauen untereinander oft gesagt: »Dieses blinde Mädchen ist wie ein Wachsstock in der Hand seiner Mutter; sie zündet seinen Willen an, wie es ihr gefällt, und er erstrahlt in ihren Wünschen, denn er selbst ist noch ohne Wunsch.«
Indessen aber begann die Kerze in Mirjams Hand bereits zu flackern.

Die Frauen der Juden erzählen:
Es sagte Trophäa, die Tochter Mirjams, zu Hannah Naemi: »Gute Muhme, beschreibe mir doch, wie eine Braut aussieht!« (Dieses war aber das erste Mal, daß Trophäa fragte: Wie sieht etwas aus? Bis dahin hatte sie sich immer nur an den Bildern in ihrer Seele erfreut.)
Da führte Hannah Naemi Trophäa zu der Truhe, darinnen Mirjam ihr Brautkleid und ihren Brautschmuck verwahrt hielt. Sie verwahrte aber beide nur um des Tages willen, an dem sie darinnen in das Haus ihres Vaters zurückgekehrt war. Zuweilen, wenn fremde Juden nach Roma kamen und bei Nathan ben Jechiel einkehrten, verlangten sie Mirjams Brautkleid zu erblicken.

Mirjam alsdann die Truhe öffnend: »Dieses ist das Kleid, darinnen ich vermählt worden bin Israel, meinem Volk.«
Dann verneigten sich die fremden Juden vor Mirjam, insonderheit die aus Spanien, denn sie sangen schon damals in jenem Lande einen Heldengesang auf die Tochter Nathan ben Jechiels. (Es gibt aber große Dichter unter den spanischen Juden.)
Hannah Naemi, Mirjams Brautkleid entfaltend: »Siehe, Kind« (sie sagte aber immer ›siehe‹, wenn sie ›taste‹ meinte, um Trophäas Traum nicht zu zerreißen), »dieses ist der Purpur, damit man eine Braut bekleidet; er bedeutet die Liebe der Braut!« Darnach nahm sie die goldenen Ketten und Ringe aus der Truhe; sie klirrten geheimnisvoll in ihren Händen. Hannah Naemi: »Siehe, dieses sind die Ringe und Ketten, die man einer Braut umlegt; ihr Gold bedeutet die Treue der Braut!« Darnach nahm sie die Krone aus der Truhe; sie war schön gewölbt wie die Stirn Mirjams. Hannah Naemi: »Siehe, dieses ist die Brautkrone; sie bedeutet die Ehre der Braut!« Zuletzt nahm Hannah Naemi das Tuch aus der Truhe, damit man Mirjam ›bedeckt‹ hatte. Es war über und über bestickt mit goldenen Weizenkörnern, wie der Ruf beim Bedecken gebietet: Werde zu Tausenden, Schwester!
Hannah Naemi: »Siehe, Kind, dieses ist das Tuch, damit eine Judenbraut an ihrem Hochzeitstag bedeckt wird; es bedeutet die Blindheit der Braut!« (Sie meinte für alles, außer ihrem Gemahl.)
Trophäa, nachdem sie jedes Stück zärtlich betastet hatte: »Gute Muhme, was heißt Blindheit?«

Die Frauen der Juden erzählen:
Um jene Zeit begann Trophäa aufzublühen wie eine Rose

zu Sion. Es ging hervor aus ihrer schmächtigen Gestalt die einstige strahlende Schönheit ihrer Mutter Mirjam, so wie ein Blütenbaum im Lenz aus den engen Mauern seines Gartens herauswogt.

Trophäa zu Hannah Naemi: »Wie seh ich aus, gute Muhme? Bin ich schön, oder bin ich nicht schön? Sage mir doch, wie ist es, wenn man mich erblickt?«

Dieses war das zweite Mal, daß Trophäa fragte: Wie sieht etwas aus?

Die Frauen der Juden erzählen:

Wir fingen aber damals an (und wir wußten, weshalb wir es taten), Trophäa von dem Martyrium zu erzählen, das ihre Mutter einst bei ihrer Geburt erlitten hatte. Aber Trophäa mochte es nicht hören, und wir sahen an ihrem Gesicht, daß es ihr Furcht, ja Abscheu einflößte.

Trophäa zu Hannah Naemi: »Gute Muhme, sage doch den Frauen, daß sie schweigen sollen! Ich mag nicht das Kind einer Märtyrerin sein. O wie schrecklich ist ein Martyrium! O wie traurig ist es, nicht zu sein wie alle anderen!«

Die Frauen der Juden erzählen:

Es sagte Trophäa, die Tochter Mirjams, zu Hannah Naemi: »Gute Muhme, lege mir doch ein Kettchen um den Hals, wenn ich in die Schule gehe!«

Da legte ihr Hannah Naemi ein Kettchen um den Hals.

Es sagte Trophäa, die Tochter Mirjams, zu Hannah Naemi: »Gute Muhme, schneide doch ein kleines Loch in den Schleier, den ich in der Schule trage, damit man mich erblicken kann!«

Da schnitt Hannah Naemi ein kleines Loch in Trophäas Schleier, eben so groß, daß man den Mund dadurch erblicken konnte.
Hannah Naemi in ihr eigenes altes Herz hinab: Es möge mir verziehen werden, wenn ich Unrecht tue, aber es ist besser, ich tue Unrecht, als daß sich ein Mensch verzehrt.
Des anderen Morgens aber sagte Trophäa: »Gute Muhme, mach das Loch wieder zu; es nützt nichts, daß sie mich erblicken, denn ich erblicke niemand!«

Die Juden von Roma erzählen:
Als Trophäa an diesem Tage in der Schule die Worte eines Meisters aufsagte, da es heißt: »Wo ein Mann und ein Weib in heiliger Eintracht beieinander wohnen, da ruhet die Schechina des Herrn über ihnen«, da geschah es, daß sie plötzlich nicht weitersprechen konnte.
Da gebot ihr der Rabbi, heimzugehen und ihrer Mutter einen Auftrag zu entrichten, denn er glaubte, daß sie sich schäme, weil ihr etwas entfallen sei. Aber als er hernach selbst heimkam und sie trösten wollte, fand er sie in ungestümen Tränen in ihrer Kammer.
Trophäa, wie verschüttet von Jammer: »Wozu bin ich da? Wozu bin ich da? Sagt es mir doch: ich sehe ja nichts mehr; ich sehe ja nichts mehr!«
Da ging der Rabbi still hinaus; er ging aber nicht, um Mirjam zu rufen, sondern er ging zu Hannah Naemi.

Der Rabbi Nathan ben Jechiel zu Hannah Naemi:
»Sie ist blind, aber sie ist schön, und wenn ein redlicher Mann sie zur Gattin begehrt, so will ich sie ihm geben; ihre Mutter mag dagegen reden, was sie will.«

Dieses sprach er auch unter den Männern der Gemeinde aus. Mirjam aber sprach aus: »Ich habe sie dem Herrn gelobt, daß sie sein Werk tue; sie ist ihm zum Eigentum verfallen wie die Tochter Jephthas.«
Da sprachen die Männer der Gemeinde zu Rabbi Nathan ben Jechiel: »Ja, deine Enkelin ist schön; aber es graut uns vor ihrer Schönheit, denn ihre Mutter hat sie in die Hände der Engel versprochen, daß sie des Herrn Werk tue; der Herr aber – er sei gelobt – hat sie angenommen und versiegelt (damit meinten sie Trophäas Blindheit). Es geziemt sich nicht, daß wir die Siegel des Herrn brechen.«
Und also wagte niemand, Trophäa zur Gattin zu begehren.

Die Frauen der Juden erzählen:
Es dauerte sehr lange, bis Trophäa begriff, daß sie unvermählt bleiben sollte, und noch viel länger, bis sie sich hineinfand. Besonders wenn sie Kinderstimmen hörte, wurde sie leicht traurig und später sogar zornig. Die Kinder, die vor der Tür des Rabbi spielten, klagten zuweilen ihren Müttern, daß die Enkelin des Rabbi böse sei und sie hart anfahre. Dann blickten sich die Frauen der Juden mitleidig an und geboten ihren Kindern, in einer anderen Richtung zu spielen, denn, obwohl Trophäa jetzt nichts mehr von dem gläubigen Kind der Märtyrin hatte, das sie einst gewesen war, hörte sie doch für ihre Umgebung nicht auf, ein solches zu sein. Aber während ihr alle wegen ihrer Auserwähltheit mit Ehrfurcht und Zartheit begegneten, fühlte sie selbst vor dieser nur Schmerz und Abwehr.

Die Juden von Roma erzählen:
Trophäas Wille stand steil gegen ihr Schicksal, Mirjams Wille aber stand steil gegen ihre Tochter.
Hannah Naemi zu ihrer Nichte (sie erinnerte sich damals wieder an die goldenen Schuhe der Senatrix Marozzia): »Mirjam, hast du nicht auch einst einen Gatten begehrt und hast dich für ihn geschmückt bis herab zu deinen Füßen und hast einen Sohn von seiner Liebe verlangt, daß du ihn deinem Volk darbrächtest?«
Mirjam: »Meine Tochter soll Israel einen Sohn darbringen; zu dem braucht sie keinen Gemahl, sondern sie braucht, daß sie bereit ist jede Stunde, wenn der Ruf des Herrn ergeht. Aber sie will dem Herrn nicht gehorsamen, und darum verziehet die Verheißung. Sie ist gleich unsrem Volk, da es in der Wüste zu den Götzen der Heiden abfiel; darum kommen wir nicht nach Kanaan.«
Es war aber damals schon die Zeit, da wir sagten: »Mirjam, wir hören, sie haben deinen Sohn schon als Kind den ›Kardinal‹ genannt, und jetzt nennen sie deinen einstigen Gatten den ›König von Roma‹. Wie magst du nur immer noch glauben, daß dein schwaches, blindes Mädchen solch große Männer bezwinge!«
Darauf Mirjam: »Vor Gott gibt es keine großen Männer.«

Es wird berichtet:
Petrus Leonis stand jetzt auf dem Gipfel seiner Macht. Es gab zu Roma keinen herrlicheren und – so meinten wir – keinen christlicheren Fürsten denn ihn. Alle frommen Laien bei uns sagten, er habe sich in den Tagen des Saliers als der verläßlichste und besonnenste Beschützer unserer Stadt und des Heiligen Vaters erwiesen. Das Volk aber fuhr fort, ihn den ›König von Roma‹ zu nennen, und es gab solche, die sich sogar seines Armes getrösteten, sollte wirklich der Antichrist hervorbrechen. Unter den Klerikern aber konnte man allenthalben die Meinung vernehmen, wofern sich wirklich einmal ein Jude bekehre, so erneuere sich an ihm auch noch einmal die verlorene Auserwähltheit seines Volkes, daß er zu einem besonderen Werkzeug der Vorsehung werde. Der Pater Ägidius zu Sankt Alexius schrieb diese Meinung damals in einem großen Traktat nieder und bekräftigte sie unter andrem durch das Beispiel des heiligen Apostelfürsten Paulus. Dieses Traktat widmete er dem erlauchten Konsul Petrus Leonis.
Einmal nun, als dieser wieder, also mit Ehren und Vertrauen überhäuft, gleichsam angetan mit der ganzen Pracht seiner anerkannten Christlichkeit, von Sankt Alexius herabstieg, blickte ihm der Pater Grammatikus mit finsterem Spott nach.

Der Pater Grammatikus zu seinen Brüdern: »Ja, Petrus Leonis hat sich jetzt trefflich bei uns eingerichtet und herausgemacht; aber wie es in Wirklichkeit um ihn steht, könnet ihr an seinem Sohn erkennen. Denn hätte dieser wirklich Wurzeln in unsrem Erdreich, so würde er jetzt nicht den Satz von den ›Gesta Dei per Francos‹ vertreten, denn dieser Satz nämlich (so, wie er ihn versteht) widerstreitet den Ordnungen Christi unter den Völkern und dem Kreuz, das unsrer heiligen Kirche auferlegt ist, dazu sie sich selbst vor jedem einzelnen dieser salischen Könige feierlich bekannt hat.«

Der Satz von den Gesta Dei per Francos.
Wir gingen zu der Frau Susa.
Sie hat aber eine Stimme gehabt wie die Stimme eines Kindes, nur wenig dunkler, ganz klein und leise, darum merkten manche gar nicht, wenn sie große Worte sprach; die es aber merkten, meinten immer, ihre Stimme werde noch einmal daran zerbrechen.
Wir: »Frau Susa, Ihr habt damals gesagt, die Kaiserkrone sei erloschen; aber es gibt solche, die meinen, sie wird wieder aufbrechen, nämlich an den Königen von Frankreich. Dieselben werden die irdische Hilfe und Stärkung des Heiligen Stuhles übernehmen und das Imperium gewinnen.«
Darauf sie: »Das möge Gott in seiner Gnade verhüten.«
Wir: »Ihr seid wohl eine Deutsche, Frau Susa, weil Ihr wollet, das Imperium solle bei Deutschland verbleiben?«
Sie ist nämlich nicht aus unsrer Stadt gebürtig gewesen, sondern bei uns zugewandert, eine Pilgerin aus der Ferne. Wir hätten schon längst gern gewußt, woher, aber sie hat

immer nur gesagt: »Ich komme her aus den großen Sünden der Welt, aber jetzt bin ich ansässig geworden bei der Erbarmung Christi.« (Damit hat sie den Heiligen Stuhl gemeint.)
Sie: »Wäre ich eine Deutsche, so möchte ich heute schwerer reden, was ich weiß, obwohl ich ja auch dann nicht anders reden dürfte; aber es stehet einem Menschen schlecht an, wenn er sein eigenes Volk preist. Nun aber bin ich aus dem Lande Frankreich, und darum mag ich willig Deutschland loben.«
Da sind wir froh geworden, denn aus dem Lande Frankreich wissen wir, sind viele Heilige gekommen; wir aber hätten gerne eine lebendige Heilige bei uns gehabt.

Die Frau Susa von den Deutschen.
Sie hat also gesprochen:
»Es sagen jetzt im Lande Frankreich alle frommen Christen: Beten wir doch für die Deutschen, daß ihr König erleuchtet werde; dieses Volk ist zwar wild, aber auch stark und standhaft wie kein zweites Volk auf Erden, und darum war es der Wille Christi, ihm das Imperium zu geben wie das Sacerdotium den Römern; bei Frankreich aber, so sagt ein altes Sprichwort, liegt das Studium. Denn die Aufträge der Völker sind ja nicht von ungefähr, sondern wie die Nationen auf Erden ihre Fürsten haben, so haben sie auch deren im Himmel, welche genannt werden ›Throne oder Herrschaften‹. Dieselben sind gleich den Engeln geordnet, und ihre Diademe dürfen nicht vertauscht, noch darf auf Erden darum gestritten werden, sondern wofern dieses zu geschehen anhebt, soll man darinnen schon den Voraufgang des Antichrist erblicken,

welcher Himmel und Erde voneinanderreißen möchte.«
Es hat aber damals einer bei uns gesessen, welchen wir für einen großen Lümmel gehalten haben, weil wir nämlich schon lange von ihm wußten, daß er nicht an die Offenbarungen der Frau Susa glauben wollte.
Dieser: »So meint Ihr also, Frau Susa, der, welcher jetzt den Satz von den Gesta Dei per Francos vertritt, ist der Voraufgang des Antichrist?« (Er hat aber gewußt, daß es der junge Petrus Pier Leonis gewesen ist, ein geweihter Priester, den der Heilige Vater eben damals an die Kurie gezogen hatte. Die Frau Susa aber hat es nicht gewußt.)
Plötzlich ist sie zusammengeschreckt, wie wenn ein spurloser Wind sie erfaßt hätte (spurlos, denn wir fühlten nichts von ihm); darauf hat sie den Fragenden mit ihren großen, blassen Augen stumm angeblickt, ist aufgestanden und fortgegangen.
Wir zu dem, der sie gefragt hatte, voller Zorn: »Richtet Euch nur ein, daß Ihr nicht selbst als ein Voraufgänger des Antichrist angesehen werdet, weil Ihr unsre Heilige also hinwegscheucht! Laßt Euch das nicht noch einmal beikommen! Die Frau Susa hat Euch wohl erkannt und die rechte Antwort gegeben, das nächste Mal aber wollen wir Euch antworten. Alsdann werdet Ihr schwerlich noch einmal zu fragen benötigt sein.«
Darauf ist er eilig hinweggesprungen, denn er hat wohl gemerkt, daß ihm einige von uns schon jetzt gern die Antwort versetzt hätten, die wir im Sinn hatten.
Aus der Ferne mit großem Maul: »Wartet nur zu, was die heilige Kirche über den Satz von den Gesta Dei beschließt, alsdann werdet Ihr schon herausbringen, wer Eure Heilige ist und wer sie erleuchtet!«

Es hat aber die heilige Kirche, obwohl sie damals, um Petrus Leonis für seine Dienste zu danken, seinen jungen Sohn an die Kurie zog, dessen Satz unverrückt widerstanden bis an den Tag, da ihn ihr die Frangipani gleichsam gewaltsam aufzwangen.
Die Juden von Roma sagen von Petrus Leonis: »Der Herr hat die Kinder Edoms verblendet, daß sie ihm selbst in die Hände arbeiten.« (Damit meinen sie den Haß der Frangipani.)
Es beginnt jetzt der große Kampf dieses Geschlechtes gegen das Geschlecht des Petrus Leonis.

Es wird berichtet:
In jenen Tagen traten wiederum zusammen alle, die zuvor die Botschaft an König Heinrich nach Arezzo ausgerüstet hatten, nämlich die beiden Grafen von Tusculum, die Crescentier, die drei Corsi, die von Sankt Eustachius, die Grafen Johannes und Gozzelin von Galera, die Bericisi und Stephanus Normannus nebst den Seinen. Diese sprachen untereinander: »Der Heilige Vater ist durch den Salier verraten worden, das Volk aber und die Kurie geben uns Schuld daran, weil wir den König in die Stadt gelassen haben. Hinfort werden sie alle nur noch Petrus Leonis vertrauen und ehren wollen. In Wirklichkeit aber ist dieser, nicht wir, des Unheils Quelle, denn wäre nicht sein unerträglicher Bund mit dem Frangipane, so hätten wir König Heinrich zu Arezzo nicht die Krone versprochen. Petrus Leonis ist an allem schuld, und wir müssen uns seiner so schnell wie möglich entledigen, damit nicht neues Unheil geschieht.«
Darnach beschlossen sie, zunächst Johannes Frangipane

durch seine Eifersucht von Petrus Leonis abzutreiben, denn, so meinten sie, hernach würden sie über diesen leichter Herr werden.

Es wird berichtet:
Damals unternahm es Stephanus Normannus – dieser war sehr geschickt und kaltblütig –, Johannes Frangipane in den Palast Oktavians zu begleiten. Unterwegs erzählte er ihm, an der Kurie des Papstes hätten jetzt einige das alte Sprichwort umgewandelt; sie sagten dort nicht mehr: zusammenstehen wie das Schwert des Frangipane und der Beutel des Pier Leone, sondern sie sagten: wie der Kopf des Pier Leone und die Faust des Frangipane.
Hiermit wollte Stephanus Normannus dem Frangipane nicht sowohl beibringen, an der Kurie hielten sie Petrus Leonis für besonnen und klug, als daß sie den Frangipane für kopflos und unsicher hielten, und so verstand es auch der Frangipane, denn er wußte wohl, daß es sein Ungestüm gewesen war, der im Portikus des heiligen Petrus das Schwert zuerst herausgerissen und den Rittern des Saliers den Vorwand geboten hatte, das ihre zu ziehen. Auch war in seinem Innern der Tumult des Wibert von Ravenna unvergessen; aber nachdem er selbst ihn sich vergeben hatte, wollte er nicht dulden, daß sich andere seiner noch entsännen.
Der Frangipane auffahrend, so daß er von oben bis unten an seinen Waffen klirrte: Die Kurie des Papstes möge sich nur in acht nehmen, daß sie nicht noch einmal werde sagen müssen: Das Schwert des Frangipane oder das Haupt des Pier Leone!
Von diesem Tage an erwarteten die Capitane täglich, das

Geschrei des ausbrechenden Kampfes zu vernehmen, sie warteten aber vergeblich, denn der große, starke Frangipane, wie wild er sich auch vor Stephanus Normannus gebärdet hatte, so lag er doch in Wirklichkeit immer noch mit beiden Armen angebunden an genau derselben goldenen Kette wie ehedem, sein Schwert gleich einem elenden Scheffel untergesunken in einem Haufen roten Goldes. Es hieß aber dieser Haufen damals für ihn: die Mitgift Tullia Pier Leones. –

Tullia Pier Leone.
Diese, von der Johannes Frangipane immer gefürchtet hatte, sie werde wie ihre Brüder Obicione und Guido überhaupt nicht groß werden, war nun doch herangewachsen und mit Cencius Frangipane verlobt (das ist der älteste Sohn des Johannes). Dieser hatte sie ursprünglich seinem zweiten Sohn, Leo, zugedacht, denn obwohl er sich seit Jahren auf Tullias Mitgift freute, so wollte er doch nicht, wie er sagte, das Blut seines ältesten Stammhalters durch sie ›verderben‹ lassen. Der junge Leo aber, als er erfuhr, daß man ihm Tullia zuführen wollte (er war aber fast noch ein Knabe, wehrlos vor seinem gewalttätigen Vater), kroch in den Käfig des Leoparden, den die Frangipani zur Jagd halten, umschlang vor den Augen seines entsetzten Vaters den Hals der wilden Bestie, rufend: er wolle sich lieber von dieser zerreißen als zu einem Mädchen zwingen lassen, das nicht römischen Blutes sei gleich ihm.
An diesem, so wird gesagt, habe Johannes Frangipane damals erkannt, daß das Blut seines zweiten Sohnes kostbarer sei als das des ersten, und er habe Tullia Pier Leone dem Cencius verlobt.

Tullia Pier Leone.
Sie trug damals noch immer wie einst als Kind den Saum ihres Kleides mit goldenen und silbernen Glöckchen besteckt nach der Weise der Kaisertöchter von Byzanz (auf dieses hielt Donna Bona, ihre Stiefmutter, denn es war zu Roma niemand außer ihr und ihren Töchtern, der das vermochte). Die Glöckchen klingelten lieblich um die schmalen Knöchel Tullias, aber sie stritten auch mit ihrem jungen, schmerzlichen Gesicht. Tullia nämlich hatte ihre Mutter viele Male erröten sehen, wenn Johannes Frangipane auf die Hochzeit drang (Donna Bona errötete aber, weil sie sich erinnerte, weshalb ihre eigenen Brüder einst auf ihre Hochzeit gedrungen hatten). Petrus Leonis dagegen ließ sich ohne Erröten drängen, indem er immer wieder einen gewichtigen Grund vorbrachte, weshalb man die Hochzeit noch nicht vollziehen, nämlich Tullias Mitgift noch nicht auszahlen könne.
Johannes Frangipane (er stand breit und fest auf seinen Füßen, aber sein Gesicht war ungewiß und rot, er konnte seinen Freund nicht geradeheraus anblicken): »Es wird Zeit, Petrus Leonis, es wird Zeit! Wir kommen zu Jahren und möchten noch unsre Enkelkinder erblicken.«
Darauf Petrus Leonis: »Ja, wir kommen zu Jahren, Johannes Frangipane, und brauchen Frieden und Eintracht für unsre alten Tage.« (Das sagte er aber, weil er recht gut wußte, daß der Frangipane gegen ihn aufstehen werde, sobald er nur Tullia in Sicherheit hätte.)
Der junge Cencius indessen freute sich, weil die Hochzeit verzog, denn er verabscheute Tullia ebenso wie sein Bruder Leo.

Cencius und Leo Frangipane.
Sie waren beide blond, aber nicht wie die anderen Capitane mit Braun unterschattet, sondern wie Flachs in der Sonne, weiß-golden gleich den Deutschen, die von Mons Malus herab zur Krönung kamen. Ihre Haut war hell und klar, als wäre sie die Haut junger Mädchen, und wenn die Tage des großen Sommers herniederbrannten, so wurde sie nicht braun, sondern fleckig wie das Fell des schönen Leoparden, den der junge Leo umarmt hatte. Die Augen der beiden Frangipani aber waren schwarz, gleich den Augen der Grafen von Tusculum, von welchen wir wissen, daß sie von den Aniciern stammen.
Diese sagten oftmals zu ihnen: »An eurer Haut und euren Haaren erkennt man noch, daß ihr Frangipani von den Barbaren gekommen seid.« Aber die jungen Frangipani mochten das nicht hören, denn sie haßten die Deutschen; doch taten sie es nur, weil diese die Herrschaft über die Stadt Roma begehrten. Petrus Leonis aber haßten sie in ihrem Blut.
Die jungen Frangipani zu den Grafen von Tusculum: »Wir wissen wohl, daß einmal eine Barbarin in unser Geschlecht geheiratet hat. Dieselbe findet keine Ruhe in ihrem Grab, es treibt sie immer wieder hervor in unser Antlitz; aber unsere Väter kommen von den Juliern her, wie ihr von den Aniciern.«
Darauf die Grafen von Tusculum mit den schweigsamen Römergesichtern: »Beweist es uns, ihr Frangipani!«
Diese wußten aber wohl, was damit gemeint war, denn nachdem die Capitane Johannes Frangipane aufgegeben hatten, hofften sie alle auf dessen junge Söhne.

Es wird berichtet:
Die jungen Grafen von Tusculum (das sind die Söhne der Grafen, die in Arezzo waren) hatten einen Bund mit einer Anzahl Jünglingen. Diese grüßten einander nicht, wie wir uns grüßen, mit dem Neigen des Hauptes, sondern mit der Hand, diese weit vorgestreckt, kraftvoll und feurig anzusehen (so haben einander unsre heidnischen Väter gegrüßt). Der Ruf aber, damit sie einander grüßten, war der Name unsrer Stadt Roma. Es haben viele im Anfang über diesen Ruf gespottet, als wüßten jene nichts anderes zu sagen als den Namen der Stadt, darinnen sie geboren sind. Sie haben aber noch vieles zu sagen gewußt, nämlich darüber, wie es heute bei uns steht und wie es einmal bei uns war und wieder bei uns werden sollte. Fragten wir sie aber, worauf sie denn ihre Hoffnung setzten, ob sie kaiserlich oder päpstlich oder lombardisch seien, so haben sie zu allem den Kopf geschüttelt.
Wir: »Was wollt ihr denn nun also, ihr Tusculaner? Was seid ihr?«
Darnach sie: »Wir wollen Roma und sind Römer und sonst nichts!«

Es wird berichtet:
Hinter dem Palast der Tusculaner liegt ein Garten zwischen alten Trümmerstätten der Heiden. Es sind große Bäume in dem Garten, üppig und voller Schatten wie an keiner anderen Stätte zu Roma, denn es sickern dort noch alte Wasser aus den Zeiten unsrer heidnischen Väter; dieselben haben allda ihre Bäder genommen. Unter den Bäumen steht ein steinerner Sarg, schön, aber sündhaft

verziert mit Göttern und Göttinnen, alle nackt an ihrem Leib und trunken in ihren Häuptern vom Saft des Weinstocks, davon sie Trauben lesen. Den Sarg haben allda aufgestellt die jungen Grafen von Tusculum und ihre Freunde; auf seinem Deckel sieht man jeden Morgen einen Kranz von Lorbeerzweigen und Rosen, den legen die Jünglinge bei Nacht darauf nieder. (Sie sagen aber, in dem Sarg ist die Herrlichkeit von Roma begraben.) Manchmal breiten sie auch einen schwarzen Teppich darüber, stellen sich im Kreise auf, Fackeln in den Händen; diese löschen sie mit feierlicher Trauer vor dem Sarg aus. Solches haben sie getan an dem Tage, da die Deutschen in unsre Stadt gekommen sind, und darnach wieder, als sie erfahren haben, daß man Petrus Leonis den König von Roma nennt.

So sprechen die jungen Grafen von Tusculum und ihre Freunde, wenn sie die Fackeln auslöschen:
»O Roma, einst warst du Haupt und zugleich Krone dieser Erde, und heute bist du ein Raub der wilden Barbaren und der gierigen Wechsler! Wir aber wollen dein Raub sein: Königin Roma, Mutter Roma, Braut Roma! Roma, die nicht sterben kann, laß uns für dich sterben! Roma, an deren Schmach wir sterben, laß uns für dich leben!«

Es wird berichtet:
Wenn die jungen Grafen von Tusculum von Petrus Leonis sprachen, so nannten sie ihn niemals bei Namen, sondern sie nannten ihn ›er‹, doch es verstand jeder in ihrem Bund, wen sie meinten.
Die jungen Grafen von Tusculum: »Wie können wir hof-

fen, die Deutschen je von unsrer Königin Roma fernzuhalten, wenn wir nicht einmal ›ihn‹ zu überwinden vermögen!« (Es war aber den jungen Frangipani wohl bekannt, daß der ganze Adel ihren Vater beschuldigte, er habe ›ihn‹ groß gemacht.)

Die jungen Frangipani: »›Er‹ hat sich zu uns emporgeschlichen, aber wir wissen, wohin wir gehören.«

Darauf die Tusculaner wiederum: »Beweist es uns, ihr Frangipani!«

Aus den Büchern unsrer goldenen Stadt Roma.

Es wird berichtet:

Die offene Feindschaft des Geschlechtes Frangipane gegen Petrus Leonis brach aus beim Tode des Stadtpräfekten, als das römische Volk Petrus Leonis zum Präfekten erheben wollte. (Dieser ist der erste Blutrichter unsrer Stadt.)

In jenen Tagen vernahm man bei uns zum ersten Mal die Rede, es hafte etwas Fragwürdiges und Makelhaftes an dem Geschlecht der Pier Leoni wegen ihrer jüdischen Abkunft (bis dahin hatten wir geglaubt, es liege eine besondere Gnade auf solchen, welche aus dem Volke der Verstockung zu Christus bekehrt werden). Man konnte damals in den Schänken und auf den Plätzen der Stadt allerlei Personen antreffen, welche geräuschvoll vorbrachten, der Stamm der Juden sei vor allen Völkern der Erde verflucht, und niemals könne etwas Gutes aus ihm hervorgehen. Wir wußten aber wohl, daß Johannes Frangipane diese Personen ausgesandt hatte, und als er eben damals erkrankte, sagte man in der ganzen Stadt, er sei an seinem rostigen Schwert krank (an jenem nämlich, das er nicht ziehen konnte, weil Tullia noch immer unvermählt war). Der Heilige Vater Paschalis aber ging damals über die unchristliche Rede, es könne niemals aus jüdischem Stamm etwas Gutes kommen, schweigend hinweg, indem er wissen ließ, er sei geneigt, die Wahl des römischen Volkes zu bestätigen.

Damals sprachen die beiden jungen Frangipani zu ihrem Vater das berühmte Wort: »Hier helfen keine Schlangen, Vater, sondern nur Schwerter.« Alsdann teilten sie ihm mit, sie hätten ihr gesamtes mütterliches Erbe verpfändet, um einen Aufruhr gegen Petrus Leonis zu erregen; solches verlange die Ehre ihres Geschlechtes und die Erwartung des ganzen Adels von Roma.

Johannes Frangipane, zu Tode erschrocken: »Mit eurem Mütterlichen allein könnt ihr keinen Aufruhr gegen Petrus Leonis erheben, ihr unverständigen Jünglinge, sondern ihr werdet elend unterliegen.«

Sie: »Alsdann werden wir unterliegen, aber zurück können wir nicht mehr.« Sie hatten ihn nämlich erst in zwölfter Stunde verständigt, um ihn also zu sich zu zwingen, denn sie wußten selbst, daß sie beide allein verloren waren; auch wollten sie, daß nicht nur ihr, sondern auch ihres Vaters Name vor dem Adel wieder zu Ehren käme.

Da nun Johannes Frangipane erkannte, daß es zu spät war, ihrem Plan Einhalt zu gebieten, und – wollte er nicht sein eigenes Fleisch und Blut ins Verderben jagen – er mit ihnen gehen müsse, schlug er vor, Cencius möge Tullia gewaltsam in Besitz nehmen, um also ihre Mitgift doch noch zu erretten.

Darauf gaben die beiden Jünglinge keine Antwort, denn sie schämten sich ihres Vaters.

Tullias Mitgift.

Es wird berichtet:

Nun aber war an dem Abend, da der Aufstand losbrechen sollte, ein Fest im Hause des Johannes Frangipane angesagt, zu dem man auch Tullia und ihre jungen Brüder geladen hatte, nämlich die Söhne der Frau Bona. Von diesen waren damals Jordanus und Leo noch Kinder, Gratianus, Niccolaus, Roger und Romanus aber waren eben herangewachsen, und also begleiteten sie ihre Halbschwester Tullia zu dem Fest.

Man tanzte den Tanz Ezzelina; dieser wird genannt nach einer schönen Dame aus der Stadt Forli, welche ihn erfunden hat. Die jungen Mädchen tanzten alle mit, denn Johannes Frangipane war verwitwet, es gab keine Frau in seinem Hause, welche auf Sitte hielt. Man soll aber den Tanz Ezzelina eigentlich in den Wiesen tanzen, denn er kommt eilend daher, springend und fast stürmisch, also daß viel Raum für ihn vonnöten ist. Die Türen im Saal standen offen, man tanzte über die Schwellen hinweg durch alle Räume und Gänge bis in das Gemach über dem Bogen des siebenarmigen Leuchters (in dem Turm über diesem endet der Palast des Johannes Frangipane). Nur Tullia Pier Leone mochte nicht durch den Turm tanzen; sie sagte, es rieche darinnen so dunstig nach feuchten Mauern, das mache ihr Angst.

Die Gäste untereinander hinter Tullias Rücken: »Es ist, als ob sich ihr Blut plötzlich besinne, wo es herkommt. Sagt man nicht, es geht kein Jude durch den Bogen des siebenarmigen Leuchters?« –

Tullias Kranz hing wie eine welke Ranke in ihren schieferfarbigen Haaren; das kam, weil sie immerfort mit den Händen nach ihm griff, als könne er ihr unversehens herabgleiten. Jacoba Frangipane (diese lebte noch immer unvermählt im Hause ihres Oheims, sie mochte aber Tullia nicht leiden, weil sie die Schwester des jungen Petrus war, dem sie einst ihren Ring vergeblich angeboten hatte): »Was greifst du nur beständig nach deinem Kranz, Tullia? Er sitzt fest, es ist noch nicht Hochzeit?«

Jacoba war an diesem Abend sehr reich geschmückt, aber es machte ihr häßliches Antlitz nicht lieblicher, sondern nur ein wenig rührend, weil man sah, daß sie jemand gefallen wollte, der nicht nach ihren schönen Händen fragte. (Sie liebte aber ihren Vetter Cencius.) Dieser tanzte den ganzen Abend mit ihr, um nicht mit Tullia tanzen zu müssen. Leo Frangipane aber tanzte gar nicht, sondern stand draußen auf dem Söller und lauschte auf die Signale (denn die Frangipane wollten noch in dieser Nacht reiten).

Tullia Pier Leone, mit jähem Ruck mitten im Saal stehenbleibend, so daß sich alle Glöckchen an ihrem Kleid schüttelten: »Wo sind meine Brüder? Wo sind meine Brüder? Ich sehe sie nicht mehr! Hat sie denn niemand erblickt?« Aber es konnte ihr keiner Auskunft geben, denn die jungen Pier Leoni hatten sich heimlich davongemacht, jeder glaubend, der andere habe die Schwester schon verständigt und mitgenommen.

Es lief nämlich an diesem Abend von Anfang an ein Gerücht unter den Gästen um: ›Gebt nur acht, daß heute nichts geschieht!‹ (Es geschieht ja oftmals etwas bei unsren Festen, man hat schon Schwerter und Tote genug bei Tanz und Mahl erblickt.) Dazu fürchteten sich die Frauen und Mädchen, weil man aus dem Saal der Frangipani das alte Forum der Römer sieht, denn dieses ist wild und traurig wie kein anderer Ort auf Erden. Dennoch konnten sie nicht lassen, in den Pausen immer wieder auf den Söller hinauszutreten, der Lichter wegen, die dort bei der Nacht ohne Scheu zwischen den Trümmern umhergehen. Eines ging auch droben durch die Kaiserpaläste: man sah es von Raum zu Raum zucken, so als trage jemand bei Wind eine Kerze durch den ganzen Palast. (Wir wissen aber, diese Lichter sind die Geister der Heiden, welche sich bei Sankta Maria de Inferno versammeln.)

Indessen fragte Tullia immer angstvoller nach ihren Brüdern.

Jacoba Frangipane: »Sie werden beim Oheim in der Halle sitzen und Wein trinken. Geh doch zu ihnen hinab, Tullia!« (Sie glaubte aber selbst nicht mehr, was sie sagte, denn sie fühlte nun auch, daß etwas geschehen würde, aber sie wußte nicht was, und fürchtete sich, das Spiel ihrer Sippe zu verderben.)

Doch Tullia ging nicht hinab, sondern ihr graute plötzlich vor allen Türen, sie mochte nur noch mitten im Saal unter den Fackeln stehen. (Diese waren aber schon weit herabgebrannt, denn das Fest ging zu Ende.)

Indessen vernahm man von der Treppe herauf die Stimme des Johannes Frangipane, der nach seinem Sohn Cencius rief.

Cencius stand jetzt auf dem offenen Söller, denn Leo hatte bereits sein Signal empfangen und war in der Stille fortgeritten.

Johannes Frangipane, dicht vor Cencius hingetreten, zweimal so groß und breit wie er: »Was stehst du hier und starrst die Wildnis an? Siehst du nicht, daß deine Braut auf dich wartet?« (Damit meinte er, es sei hohe Zeit, Tullia in eines der hinteren Gemächer beiseite zu

tanzen; alsdann sollte die Tür hinter ihnen verschlossen werden. So hatte Johannes Frangipane damals vorgeschlagen.)
Auf einmal schrie eines der Mädchen laut auf, denn es sah aus, als wollte der junge Cencius vom Söller herunterspringen. (Er sprang aber nicht, weil sich nämlich Johannes Frangipane an seinen Sohn Leo im Käfig des Leoparden erinnerte.)
Johannes Frangipane, von seinem Sohn zurückgetreten, fast sanftmütig in der Stimme: »So tanze ich selbst mit der Tullia.« (Auf sie zu.)
Plötzlich sprang der junge Cencius totenblaß an seinem Vater vorüber.
Tullia, beide Hände gegen Cencius ausgestreckt: »Ich will nicht mehr tanzen! Ich will nicht mehr tanzen! Das Fest ist zu Ende!«
Cencius Frangipane: »Gleich ist es zu Ende.« Nach den Musikanten hin, die schon aufgehört hatten zu spielen: »Ezzelina!« Danach umfaßte er Tullia und begann mit ihr zu tanzen.
Auch die anderen begannen wiederum zu tanzen (wie lange, wußten sie hernach nicht).
Auf einmal schrie abermals eins der Mädchen laut auf: »Laß aus, Cencius, Tullia kann nicht mehr!« (Es kam aber der Rufenden zuerst gar nicht in den Sinn, er könne die ganze Zeit über mit Tullia getanzt haben, denn die anderen hatten inzwischen oft gewechselt und geruht.) Aber plötzlich merkte sie, daß die wilden Ezzelina-Klänge immer einen halben Takt hinter Cencius herliefen, so schnell tanzte er. Tullia aber tanzte schon fast nicht mehr: die Glöckchen an ihrem Kleid hingen zerrissen herab,

ihr Mund lag wie eine offene Wunde in einem sterbenden Antlitz.
Sie schrien nun von allen Seiten, Cencius solle aufhören; einige versuchten auch, ihn festzuhalten, aber sie vermochten ihn nicht einzuholen. Auch waren die Fackeln jetzt im Verlöschen, es begann finster im Saal zu werden.
Plötzlich blieben sie alle wie erstarrt stehen (denn jetzt hatten sie begriffen, was geschah). Auch die Musikanten begriffen es: die Musik verfärbte sich, taumelte und riß wie ein Schrei ab — — —
Indem erlosch die letzte Fackel: die Lichter der Heiden draußen auf dem Forum brachen in den Saal ein und umwirbelten die Tanzenden.
Johannes Frangipane, noch allein mit seinem schweren Körper hinter den Tanzenden her (er sah die Lichter der Heiden nicht), fuchtelnd und keuchend vor Wut: »Das ist kein Tanz, Cencius, das ist Mord!«
Cencius Frangipane: »Besser Mord als Schande!«
Indem schlug im Dunkeln ein Mensch zu Boden, aber es war nicht Tullia Pier Leone, sondern Johannes Frangipane; diesen hatte vor Zorn der Schlag getroffen.

Es wird berichtet:
Inzwischen war der Palast des Stadtpräfekten von Leo Frangipane umstellt worden. Man riß den jungen Sohn des Verstorbenen (denn dieser sollte das Feldgeschrei des Kampfes abgeben) aus dem Bett, erbrach den eisernen Schrank, darinnen man Kleider und Schwert des Präfekten verwahrt hält, und warf dem überraschten Jüngling die seidene Dalmatika seines Vaters über. Darnach bekleidete man ihm das eine Bein mit einer roten, das

andere mit einer goldenen Hose (denn also geht der Präfekt von Roma angezogen), stülpte ihm die hohe Mitra auf und packte den schweren Knauf des offenen Schwertes in seine zarte Rechte. Also warf man den Widerstrebenden gleich einer aufgeputzten Puppe über den Rücken eines Pferdes – die viel zu langen Hosen hingen wie zwei leere Säcke an dem Leib des Tieres nieder – und sprengte mit ihm hinweg, voran Leo Frangipane, die blonden Haare unter seinem Helm hervor, gleich einer Fahne entfaltet im Morgenrot.

Mit Hörnern und Glänzen vorüber bei den Tusculanern. Diese vom Söller herunter: »Jetzt habt ihr es bewiesen, ihr Frangipani! Jetzt habt ihr es bewiesen! Gruß eurer blonden Fahne, ihr seid dennoch echt!«

Darauf der junge Leo (die Hand zum Gruße ausgestreckt nach der Weise des Bundes) jubelnd: »Roma! Roma!«

Weiter zur Burg Pier Leone: dort sollten Johannes und Cencius die Kommenden erwarten. Sie erwarteten sie aber nicht.

Leo Frangipane: »Also erwarten wir sie auch nicht. Heran mit dem Präfekten!«

Man führte das Pferd, auf dem der betäubte Jüngling saß, bis dicht an die Mauern heran. Leo Frangipane gleich einer Fanfare zu diesen empor: »Hier, Petrus Leonis, ist der Präfekt unsrer Stadt! Ihn und keinen anderen begehren wir Frangipani in Einmut mit dem ganzen Adel von Roma!«

Also ließ er seine junge, schmetternde Stimme dreimal vernehmen. Aber keine Antwort kam zurück, sondern es blieb so still, als ob die ganze Burg in ihrem Innern verzaubert oder verstorben wäre. (Sie war aber nur ein

wundersames, von dreifachen Mauerringen umschlossenes Festungsgetüm, desgleichen es kein zweites zu Roma gibt.)
Darnach befahl Leo Frangipane, die Burg anzugreifen.

Es wird berichtet:
Als sie nun mit ihren eisernen Kolben und Sturmböcken gegen die Tore rannten, auch Pfeile über die Mauern schießend (es rührte sich aber immer noch nichts im Innern), sah man plötzlich im Rücken der Angreifenden aus einer der Gassen hervor einen Zug: voran einige der Bruderschaft vom Dienste des Milden Jesu (diese tragen Tote und Kranke an ihre Örter), dazu etliche Priester, allesamt betend; zuletzt eine Schar Frauen und Mädchen, in ihrer Mitte eine Bahre, getragen wiederum von Dienern des Milden Jesu, darauf hingestreckt Tullia Pier Leone, ungewiß, ob lebend oder tot, der Mund immer noch weit offen, gleich einer klaffenden Wunde, in ihrem Antlitz liegend. Also strebten sie mit der Bahre gegen die Burg des Petrus Leonis.
Da sie nun wegen des Gemenges davor nicht weiter konnten, traten die Priester, die den Zug begleiteten, vor und begannen mit lauter Stimme also in das Getümmel zu rufen:
»Leo Frangipane, wir gebieten dir im Namen des Heiligen Vaters, gehe augenblicklich mit den Deinen heim, denn während du vermessenerweise dieser Stadt einen Blutrichter einzusetzen meinst, sitzt der Blutrichter schon in deinem eigenen Hause zu Gericht! Daselbst ist großes Unglück geschehen: dein Vater Johannes liegt tot in seinem Saal, wir aber bringen Tullia Pier Leone nach Hause.

Laß uns schnell mit ihr hindurch und bete gleich uns für ihr Leben, damit nicht dein Bruder Cencius ihr Umbringer werde!«

Darnach entsetzten sich alle, die mit Leo Frangipane waren.

Untereinander: »Was kann bei solchen Vorzeichen der Kampf dieses Jünglings noch fruchten? Lasset uns den Priestern folgen und zu unsrem toten Herrn gehen, also geziemt es sich in solcher Stunde.«

Darauf liefen alle auseinander.

Es wird berichtet:

Von Petrus Leonis sind nicht viele Worte überliefert, sondern es ist überliefert sein allezeit kluges und gewissenhaftes Schweigen, außerdem seine großen ausdrucksvollen Hände, damit er gleichsam hat sprechen können und viele Dinge vollbracht hat, die von ihm reden. Dieses Wort aber ist verbürgt, daß er es gesprochen hat, nämlich da seine Tochter Tullia mit dem sterbenden Mund in ihrem Antlitz vor ihm hingestreckt lag auf ihrem Lager. Er saß aber weinend neben ihr, denn er liebte alle seine Kinder zärtlich.

In jener Stunde nun kam Desiderius Bericisi, einer der Brüder Donna Bonas, zu ihm; diese waren den Frangipani feind und hatten beschlossen, auf die Seite ihres Schwagers zu treten. Sie erwarteten nämlich, er werde jetzt augenblicklich hervorbrechen, um den ihm angetanen Schimpf zu rächen.

Petrus Leonis unter Tränen seine großen Hände gegen den Bericisi erhebend, als zeige er ihm zwei leere Teller: »Was heißt rächen? Wird etwa der Zustand dieses Mäd-

chens gebessert, wenn wir viele Menschen töten und unser Geld nutzlos verstreuen? Man wird den Heiligen Vater erzürnt und diese Stadt betrübt sehen, und zuletzt wird nichts gewonnen, aber manches verloren sein.«
Darauf der Bericisi hinaus zu Donna Bona; diese weinte auch, aber mehr aus Zorn und Scham denn aus Schmerz: »Du tust uns wahrhaftig leid, Schwester, denn man sieht, dein Gemahl ist aus einem Blut, das schon zu viel Unbill erduldet hat; er weiß nicht mehr, was ein Mann sich selbst schuldet.«

Es wird berichtet:
Indessen rauschte und brauste die ganze Stadt in allen ihren Straßen gleich dem Gehäuse einer Muschel, die man ans Ohr hebt, nämlich ans Ohr des Heiligen Vaters Paschalis.
Das Volk: Es hatte vom Morgen bis Abend vor der Burg Pier Leone gelagert, um deren dreifachen Mauerring gleichsam noch einen vierten schließend, denn es war bekannt geworden, Donna Bona gebe dort an diesem Tage viele Almosen aus, auch Speise und Trank, damit die Empfänger in den Kirchen für Tullias Leben beten möchten.
Gesättigt zum Lateran stürzend: »Heiliger Vater, Rache für Tullia und Petrus Leonis zum Präfekten unsrer Stadt!«
Die Frangipani: Sie zogen ebenfalls in hellen Haufen heran, bewaffnet bis an die Zähne, an der Spitze dieses Mal Gratianus von der Insel Lycaonia, breit hingesetzt auf seinem Streitroß, als sei er jetzt sein verstorbener Oheim Johannes, hinter ihm seine beiden Söhne Robertus und

Reino, in ihrer Mitte den jungen, blassen Leo mit der blonden Fahne, alsdann folgend die Frangipani von Gradellis und die von Septemsolia, alle Glieder des Geschlechtes beisammen, also daß der ganze Hof des Laterans wiehernd und scheckig wurde von ihren Pferden, klirrend und wimmelnd von ihren Klienten, als lagere im Innern des Palastes der Führer eines Kriegsheeres anstatt dem priesterlichen Haupt der Christenheit.

Dieses umdrängend: »Heiliger Vater, Cencius hat männlich und kühnlich gehandelt; wir verlangen für ihn den ritterlichen Richter, der ihn freispricht! Nieder mit Petrus Leonis! Hoch der Sohn des verstorbenen Präfekten!«

Die Kardinäle: Diese kamen auch aus ihren Palästen hervor und von ihren Bischofssitzen in der Campagna herunter, die sanften Maultiere, darauf sie saßen, mit ängstlichem Ungestüm zur Eile treibend, in den Lateranischen Palast.

»Heiliger Vater, wir beschwören Euch, fället einen solchen Spruch in dieser Sache, daß nicht noch die Fahne der Todfeindschaft zwischen Euren beiden ersten Geschlechtern entfaltet wird, die Stadt des heiligen Petrus mit Verwirrung erfüllend, derweil die heilige Kirche ohne Schwert des Kaisers ist!«

Die Pier Leoni: Zuletzt kamen auch diese herangezogen, ein noch viel größerer Haufen als alle anderen, die Reiter versilbert und vergoldet (also sagte das Volk wegen ihrer blitzenden Waffen und Trompeten), vorauf ein Herold mit dem Wappen des Springenden Löwen.

Die Priester im Lateran, da sie ihrer ansichtig wurden: »Jetzt mögen alle Heiligen uns beistehen! Hier könnte selbst die Weisheit König Salomons keinen Ausweg finden. Sie werden einander noch unter den Augen des Heiligen Vaters erwürgen!«

Das Volk wimmernd auf seinen Knien liegend: »Und uns werden sie mit erwürgen! Friede und Rettung, Heiliger Vater! Tod und Fluch den Ruhestörern!«

Indessen zogen die Reiter der Pier Leoni in guter Ordnung in den Hof ein und ohne Drohen an den zuckenden Frangipani vorüber, die Spitzen ihrer Schwerter vor den umstehenden Priestern senkend, denn also hatte Petrus Leonis seine Leute allezeit gehalten zu tun. Alsdann sah man einen Herold vorreiten, gewaffnet, aber nicht wie zur Schlacht, sondern wie zum Prunk, wenn große Fürsten kommen. Er stieß gleichmütig, aber prächtig in seine silberne Trompete; darnach vernahm man diese Worte gegen den Söller des Papstes empor:

»Der erlauchte Konsul der Römer, Petrus Leonis, verzichtet feierlich auf die Präfektur. Solches tut er um des Friedens dieser Stadt, vor allem aber um des Heiligen Vaters willen. Diesem übergibt er auch das Gericht über Cencius Frangipane wegen seiner Tochter Tullia.«

Darnach wandten der Herold und die anderen Reiter der Pier Leoni ihre Pferde und ritten wiederum zurück.

Die Priester im Hofe des Laterans: »Gelobt sei Jesus Christus, der uns errettet hat!«

Das Volk: »Gelobt sei Petrus Leonis, der uns Frieden schenkt!«

Die Frangipani: »Gelobt sei unser gutes Schwert; wir wollen es noch lange nicht beiseite legen!« Verdrossen heimreitend: »Es wäre für uns besser gewesen, dieser schlaue Fuchs hätte nicht verzichtet, denn an der Kurie des Papstes werden sie ihm diesen Verzicht hoch anrechnen, und er wird schon noch seine Forderung vorlegen!«

Es wird berichtet:
Man weiß aber, daß damals die Mehrzahl der Kardinäle, darunter die, welche besonders geschickt und erfahren sind in dem, wie man die allezeit gefährlichen Händel des Adels stillt, den Heiligen Vater angingen, er möge doch, nachdem also Petrus Leonis großmütig und einsichtig verzichtet habe, den Sohn des verstorbenen Präfekten bestätigen und dem lenksamen Jüngling möglichste Nachsicht gegen Cencius empfehlen, damit man also das wilde Geschlecht der Frangipani zur Ruhe bringe. Hernach werde sich leicht ein Weg finden lassen, dem Adel an einer Stelle, da er nicht aufbegehren könne, deutlich zu machen, wie die heilige Kirche über seinen Haß gegen die Abkunft der Pier Leoni denke. (Damit haben sie eine Erhebung des jungen Petrus andeuten wollen, welcher eben damals als Legat des Heiligen Vaters in Frankreich zog, woselbst er, so ging die Rede, große Verdienste um den Heiligen Stuhl erworben hatte. Wir wissen aber, daß er dort nicht nur die Aufträge des Heiligen Vaters erfüllt, sondern auch in der Stille mit dem Kanzler des Königs verhandelt hat wegen der Ablösung des Imperiums von Deutschland.)
Der Heilige Vater zu denen, die ihn für den Frangipane um Nachsicht baten: »Ja, lasset uns alle für Cencius beten, nämlich um das Leben Tullia Pier Leones!«

Es wird berichtet:
Indessen stand diese entgegen allen Erwartungen und Befürchtungen wieder von ihrem vermeintlichen Sterbelager auf, die offene Wunde ihres Mundes nun gleich einer schmerzlich zusammengezerrten Narbe in ihrem Antlitz geschlossen. (Also ist sie ihr Leben lang geblieben.)
Darauf wurde das Verfahren gegen Cencius Frangipane eingestellt.

Dieses ist der Brief, den wir darüber in der Kanzlei des Kardinal-Bischofs Petrus von Portus gefunden haben. Wir erachten, der Heilige Vater hat ihn selbst geschrieben.
›— — — Weil sich nun aber Christus über Dich erbarmen wollte, Cencius Frangipane, indem er Tullia Pier Leone vom Tode errettet hat, also daß Du nicht an ihr zum Umbringer geworden bist, so wollen auch Wir uns Deiner erbarmen und Dich ungestraft entlassen. Gehe hin und trage das Erbarmen, das Du selbst gefunden hast, zu Deinen Brüdern! Wisse aber hinfort, daß es unter diesen keine andere Abkunft gibt als die Abkunft von dem, auf dessen Namen wir gleicherweise getauft sind, welche Abkunft auch heißt unser aller Zukunft, nämlich die neue Menschheit oder der mystische Leib Jesu Christi, unsres Königs, in den zusammengefügt werden sollen alle Völker unsrer Erde!‹
Dieser Brief wurde überbracht und vorgelesen in dem Kloster Sankta Maria Nova; daselbst hielt man Cencius Frangipane verwahrt.
Es saß aber in dieser Stunde eben wieder Leo Frangipane bei seinem Bruder und spielte ihm auf der Laute die Weise der Ezzelina, denn diese verlangte Cencius alle

Tage zu vernehmen, so, als tröste und stärke ihn mit diesen Klängen der Heldengesang einer guten Tat, für die er unschuldig verfolgt werde.

Da nun der Kardinal-Bischof von Portus, welcher den Brief überbrachte, die Klänge der Ezzelina vernahm – sie sprangen mit klingenden Füßen gleich wilden Kindern durch die ehrwürdigen Gänge des ganzen Klosters –, stockte ihm vor Entsetzen der Fuß vor der Türe.

Darauf der Prior des Klosters, der ihn begleitete: Diese Klänge könne man hier alle Tage vernehmen. Er erachte, es sei wirklich an dem, daß Cencius Frangipane sich keiner Schuld bewußt sei.

Der Kardinal-Bischof: Hier hat Gott wahrhaftig eine noch größere Gnade erzeigt, als wir wußten. (Damit meinte er, es sei schwer, einen, der sich schuldlos fühle, zu verurteilen.)

Alsdann traten sie ein und lasen den Brief vor.

Die beiden jungen Frangipani: Sie waren zuerst ganz stumm und blickten nur mit ihren jungen, reinen Gesichtern staunend in die Gesichter der beiden Geistlichen. Die Köpfe schüttelnd, daß ihnen die blonden Fahnen tief in die Stirn hingen, gleichsam sanftmütig: »Ihr Priester habt doch wunderliche Träume –«

Darnach der Kardinal-Bischof (er glaubte, der Brief sei ihnen dennoch zu Herzen gegangen): Also wolle er sie segnen.

Sie knieten gehorsam nieder, immer noch ungewiß und treuherzig in ihren Angesichtern; aber plötzlich sprangen sie mit Ungestüm wieder von ihren Knien empor, rufend: »Träumt nur weiter! Wir wollen Euch schon noch erwecken!«

Von diesem Tage an haben Cencius und Leo Frangipane

gesagt: »Jetzt erblicken wir erst den wahren Abgrund. Der Papst ist ein Fremder unter uns geworden; er will nicht der Bischof der Römer, sondern der Bischof der ganzen Welt sein, alle Völker zugleich umarmend, aber nicht wie unsre große Roma dereinst mit eisernen Armen, als die Herrin des Erdkreises, sondern als eine Mutter, für die sie alle gleich sind, der Sitz des Erdkreises aber soll künftig im Himmel stehen!«
Darauf die jungen Tusculaner: »O ihr wilden und unbändigen Frangipani, was seid ihr für Kinder, daß ihr dieses erst heute gewahr werdet!«

Es wird berichtet:
Indessen erscholl die Kunde von den Drohungen der beiden Frangipani bis in den Lateranischen Palast, und die erschreckten Kardinäle drangen in den Heiligen Vater, er möge doch lieber auf die Erhebung, welche man für den jungen Petrus Pier Leonis erwogen habe, verzichten, um das Geschlecht der Frangipani nicht noch mehr zu reizen. Es werde auch dieses am besten belehrt und seines Unrechts überführt, wenn es erblicke, daß Petrus Leonis für seine treuen Dienste keinen Lohn verlange; und hieran könne nicht wohl gezweifelt werden.
(Es war aber in eben diesen Tagen der junge Petrus aus Frankreich heimgekehrt.)

Dieses ist die geheime Geschichte von der Kardinalserhebung des jungen Petrus Pier Leonis.
(Nach den Aufzeichnungen des Kardinal-Bischofs Petrus von Portus.)
Ich habe aber seither viele Male meine Hände im Gebet

aufgehoben; es möge mir geschehen, vor meinem Ende noch einmal zu erblicken die überirdische Milde im Angesicht unsres Heiligen Vaters, wie ich sie damals in dem Schlosse Trebico vor König Heinrich erblickt habe; auf daß ich mich mit diesem Anblick in meiner Sterbestunde getrösten möchte der Milde des ewigen Königs. Gelobt sei Jesus Christus, der mein Gebet erhört hat! Denn ich erachte freilich, daß es mit dem Purpur dieses jungen Kardinals das gleiche gewesen ist wie mit dem Segen über König Heinrich, nämlich daß er gegeben worden ist als eine Frage an eine Seele, ihr nachzugehen bis an das Ende ihrer irdischen Tage.

Dieses ist, was ich erblickt und vernommen habe, da ich unsrem Heiligen Vater die Drohungen der beiden Frangipani bestätigte, welcher ich selbst Zeuge war:

Es kam herein der junge Petrus Leonis, über dessen Erhebung zum Kardinal der Heilige Vater eben mit mir beraten hatte. Es ist aber mein Rat derselbe gewesen wie der unsrer anderen Brüder, und also hat der Heilige Vater beschlossen, daß man jetzt auf diese Erhebung verzichten müsse.

Wir hatten den jungen Petrus noch nicht erblickt, seit er aus Frankreich zurück war. Unser Heiliger Vater schloß ihn gleich einem Sohn in die Arme, denn also groß war die Betrübnis, die er mit ihm wegen seiner Schwester Tullia fühlte, und wegen allem Übel, das die Capitane von seinem Vater sprechen.

Alsdann der junge Petrus, niederkniend: »Heiliger Vater, Ihr wisset, daß Euch mein Geschlecht das Gericht über Cencius Frangipane übergeben hat –«

Der Heilige Vater: »Ja, mein Sohn, Wir wissen, daß dein

Vater einen großen Ruhm vor Christus erworben hat.«
Der junge Petrus: »Wer aber wird die uns angetane Schmach auf dieser Erde von uns nehmen?«
Der Heilige Vater (sehr milde): »Mein Sohn, willst du dich darüber beklagen, daß der Herr selbst deinen Feind Cencius Frangipane begnadigen wollte?«
Plötzlich der junge Petrus, wie mit Sturm die Hände aufhebend, also daß sie feurig, aber zugleich groß und geschäftig wurden wie die Hände seines Vaters (aber nicht so verschwiegen wie jene): »Heiliger Vater, wir haben die Gesetze der heiligen Kirche an allen Stücken gehalten! Wir haben für Euch gestritten seit den Tagen des Heiligen Vaters Gregor; es ist keines von allen Euren Geschlechtern, das so standhaft bei Euch verharrte wie wir! Unser Haus ist Euer Haus, unsre Macht ist Eure Macht, unser Geld ist das Geld Eurer Freunde gewesen –«
Darauf der Heilige Vater (einen Schritt zurückgetreten, aber immer gleicherweise milde wie zuvor): »Du nimmst Uns viele Worte des Dankes vom Munde, Petrus Pier Leonis.«
Der junge Petrus indessen gleich einem Strom über alle Worte hinwegbrausend: »Und auch ich, Heiliger Vater, habe nach meinen schwachen Kräften für Euch gekämpft, damals, in den Tagen des Saliers, da man Euch die schuldige Gerechtigkeit verweigern wollte!«
Der Heilige Vater (zart und still in seinem Angesicht wie damals, da ihn die große Synode im Lateran wegen König Heinrich befragte): »Wir danken dir, mein Sohn; aber weißt du auch, ob Uns damals um Gerechtigkeit zu tun war?« (Dieses ist das einzige Mal, daß ich unsren Heiligen Vater von jenem Tage reden hörte, denn also

groß war seine Liebe zu der Seele dieses Jünglings, daß er ihm sein eigenes geheimstes Opfer preisgeben wollte.)

Der junge Petrus, immer gleichen Eifers: »Und dennoch, Heiliger Vater, bitte ich Euch nicht um meinetwillen oder um meines Geschlechtes willen, sondern ich bitte Euch – dessen ist Gott mein Zeuge – um der heiligen Kirche selbst willen, auf daß sie nicht der Vorwurf treffe, sie habe nicht gewußt, Gerechtigkeit zu üben.«

Der Heilige Vater (sehr leise und sehr fest): »Mein Sohn, Gerechtigkeit ist nur in der Hölle; im Himmel ist Gnade, und auf Erden ist das Kreuz. Die Kirche aber ist dazu da, daß sie segnet, die es tragen. Und also segnen Wir dich und die Deinen, Petrus Pier Leonis: auch ihr tragt das Kreuz Jesu Christi.«

Plötzlich der junge Petrus, in seinem ganzen Körper wunderlich gekrümmt, so, als wühle sich ein ungeheurer Schmerz darinnen empor, herausgestoßen fast wie mit Abscheu: »Das Kreuz Christi – unser Lohn?«

Indem sah ich den Heiligen Vater erbleichen, als öffne sich ein Abgrund vor seiner Seele. Darnach beide Arme weit gegen den Knienden ausgestreckt, das Antlitz gleichsam untergesunken in göttlichem Erbarmen: »Mein Sohn, wenn es um deine Seele geht, will ich das Kreuz wandeln, also daß du es zu lieben vermagst: denn wisse, der Purpur der Kirche, den du begehrst, ist der Purpur Christi vor Pontius Pilatus! An dir wird es künftig sein, ihn zu tragen.«

Darnach ging der junge Petrus verwirrt hinaus. –

Ich, vor unsrem Heiligen Vater niederfallend, mit lauter Stimme also sprechend: »Heiliger Vater, nun erkenne ich,

daß die Kirche Christi nicht von dieser Welt ist, denn siehe, wir schiffen zwischen lauter Heiden und Juden, also daß keiner zu verstehen vermag, was wir meinen.«
Der Heilige Vater: »Ja, mein Bruder, um dieser beiden willen ist Christus gestorben.«
Darauf ich unter Tränen: »Und auch Euch, Heiliger Vater, so fürchte ich, werden sie erwürgen!«
Der Heilige Vater: »Es ist besser, sie erwürgen Uns, als daß eine Seele der Verdammnis verfällt.«
Alsdann gebot er mir, über alles, was ich vernommen hatte, zu schweigen.
Nicht lange darnach wurde der junge Petrus Pier Leonis zum Kardinal-Diakon von Sankta Maria in Transtiberim erhoben. Von diesem Tage an haben die Frangipani wirklich gesagt: man müsse den Papst erwürgen.

Die Väter der jungen Tusculaner.
Diese ratschlagten damals mit Stephanus Normannus also: »Unsre Jünglinge leben noch in den Tagen des Crescencius und des Dux Alberich, unsrer großen Ahnen, welche Päpste einsetzten und absetzten nach der Meinung, die ihnen wohlgefiel. Diese Tage aber sind jetzt vorüber. Der Papst hat wieder sein Ansehen in allen Ländern der Christenheit, auch durch ihn gebietet Roma über den Erdkreis. Wollen wir etwa unsre Stadt ihres letzten Glanzes berauben, indem wir ihn vertreiben lassen? Solches aber wird noch geschehen, wenn wir diese unverständigen Frangipani weiter gewähren lassen. Wir haben sie gegen Petrus Leonis, aber nicht gegen den Heiligen Vater gesandt.«
Darnach beschlossen sie, der eine Tusculaner solle Cen-

cius, der andere dem jungen Leo seine Tochter zur Gattin anbieten, damit auf diese Weise das Herz der wilden Jünglinge beschwichtigt und zugleich ein väterliches Ansehen über sie gewonnen werde.
Die jungen Frangipani zu den Grafen von Tusculum: »Unser Herz ist alt geworden vor Gram, die Frauen erfreuen uns nicht mehr; wir wollen uns hinfort durch keine mehr trösten lassen denn durch die Frau aller Frauen.« (So jung waren sie, daß sie das sagen konnten! Mit der Frau aller Frauen aber, so glaubten wir, meinten sie die Mutter Gottes.)

Dieses war die Frau aller Frauen der beiden Frangipani.
Es gibt einen Tag im Jahre, da singen wir das Lied ›Nobilibus fueras‹. Wir holen alsdann das heilige Bild aus der Palastkapelle des Laterans und tragen es in Prozession nächtlicherweile zum grauen Forum der Römer. Dort waschen wir ihm die Füße in einem alten Brunnen inbrünstig und unter Lobgesängen; so haben allda schon unsre heidnischen Väter ihren heiligen Bildern getan.
Alsdann ziehen wir mit dem heiligen Bild nach Sankta Maria, auf daß wiedersehe der Heiland seine schmerzhafte Mutter. Unsre Fackeln sind dann herabgebrannt, und einige in unsrem Zug gehen schon im bloßen Mondlicht. Zuletzt gehen wir alle nur noch im bloßen Mondlicht. (Es ist aber nicht allein der Mond, sondern es ist der vergangene Glanz der Dinge, darinnen wir schreiten, nämlich derer, die kein Ende haben.)
So ziehen wir um den Berg Palatin vorbei am Palast Septemsolia und am Colisäus zu dem zerbrochenen Tempel, welcher heißt der Tempel der Göttin Roma. Dort liegen

durcheinandergeworfen viele große, lichtblaue Säulen, zerschlagen, wie wenn die Jahrhunderte daselbst Ball gespielt hätten. Aber plötzlich richten sie sich alle wieder auf und stehen da, daß es ist, als erhebe sich aus der Verschüttung dieses Tempels empor sein eigenes ewigliches Antlitz.
An dieser Stelle des Weges stimmen wir das Gebet an: ›Sankta Maria, ora pro Roma!‹ Die beiden Frangipani aber beten alsdann: ›Sankta Roma, ora pro nobis!‹
Dieses haben wir sie alle viele Male beten hören, am inbrünstigsten aber nach dem Tode des Heiligen Vaters Paschalis, bevor sie das Konklave in Sankta Maria in Palara überfielen.

Das Konklave zu Sankta Maria in Palara.
In der Basilika des heiligen Petrus gibt es eine Stunde (sie wird gezählt unter dem Pontifikat eines jeglichen Papstes einmal, zweimal oder dreimal), da zieht sich plötzlich aller Schein aus den Kerzen und Lampen, die man daselbst brennt, zurück, und es wird finster, als steige empor die Grabesnacht des heiligen Apostels Petrus, der unter dieser Kirche schlummert, und erfülle ihren ganzen Raum, daraus hervorschattend weithin über die Stadt. Also ist es gewesen, da man König Heinrich krönte; wir selbst haben diese Nacht damals erblickt, da wir bei der Frau Susa auf dem alten Forum der Römer saßen.
Als man nun den Heiligen Vater Gelasius erwählte (dieser war allezeit ein treuer Diener des Heiligen Vaters Paschalis gewesen), hat man nicht nur jene Nacht, sondern auch Blitze und Wetterleuchten erblickt; es ist Donner und Sturmessausen vernommen worden, und hernach ist ein fester Regen herniedergeprasselt. Hieraus haben die Unfrom-

men bei uns gefolgert, es sei damals nicht die Nacht gewesen, welche wir nennen ›die Nacht des heiligen Petrus‹, sondern es sei eine natürliche Nacht gewesen, kommend von einem heftigen Ungewitter, wie man solches durch große Wasserlachen und nasse Kleider noch nach vielen Tagen habe beweisen können. Die also sprachen, sind aber widerlegt worden durch das, was während dieses Ungewitters geschehen ist.

Denn wir sind freilich der Meinung, daß die beiden Frangipani gleich den Unholden des leibhaftigen Satans in das Konklave des Heiligen Vaters Gelasius hineingebrochen sind. Nicht nur die Weiber, sondern auch die kleinen Kinder haben elendiglich geschrien, als sie über das Forum brausten, rufend gleich den vier höllischen Reitern, welche wir nach der schwarzen Krönung des Saliers vernommen haben: »Heuho! Wehe dem Papst! Wir wollen ihn fangen, oder vielmehr den, welcher sich also nennet, nämlich den falschen und fremden Bischof von Roma! Den rechten Bischof aber wollen wir selbst bestimmen, derselbe soll der Papst der Römer sein und nichts anderes!«

Darnach mit Keulen in die Türen von Sankta Maria in Palara, durch die krachenden hindurch mit Trompeten mitten in das Tedeum hinein, das man schon zu Ehren des Erwählten angestimmt hatte.

Damals sind viele von uns zu der Frau Susa gestürzt, weinend und wimmernd: »Frau Susa, die Reiter des Antichrist sind hereingebrochen, und ihr Name ist Cencius und Leo Frangipane!«

Indem sind aber schon von allen Seiten herangezogen: der junge Präfekt der Stadt mit den Seinen, der Herr Petrus Leonis mit den Seinen, Stephanus Normannus mit den

Seinen, die beiden Tusculaner mit ihren Söhnen, die Bericisi, dazu das Volk mit Ungestüm hervorgebrochen wie in den Tagen des Saliers. Also sind sie alle über das Gescherbe des Forums hinweg auf die Burg Frangipane zu, darinnen der Heilige Vater und die Kardinäle gefangen lagen.

Die Frau Susa (sie ist aber heute nicht in Sankta Maria de Inferno gewesen, sondern sie hat vor ihrem kleinen zerbrochenen Hause gesessen, welches genannt wird ›Haus der Vestalinnen‹), die Hände lose ineinandergedrückt, wie eine, die nicht weiß, um was sie beten soll. Unwirsch, wie wir sie noch nie erblickt hatten: »Da seid ihr übel beraten, wenn ihr meint, der Antichrist kommt mit Schnauben und Blasen, sondern er kommt als ein feiner und emsiger Mann, der seine Zeit erwarten kann wie alle klugen Leute!«

Indem haben sie draußen aus der Burg Frangipane den Heiligen Vater hervorgetragen. Der Herr Petrus Leonis hat mit eigener Hand ein weißes Maultier am Zügel gehalten; darauf hat man ihn unter Jubelschall gehoben und zum Lateran geführt.

Plötzlich die Frau Susa, wie damals, da der große Lümmel sie befragt hat, aufstehend, unwirscher noch als zuvor: »Ich mag jetzt nicht mehr.« Es ist aber schon die Zeit gewesen, da man hier und da bei uns hat sagen hören: sie ist eine heimliche Ketzerin, wie es deren jetzt viele gibt in den Städten der Lombarden. (Wir haben aber recht gut gewußt, daß dieses ein Geschwätz gewesen ist, von eben jenem großen Lümmel ausgestreut, dem wir nämlich damals doch noch die betreffende Antwort versetzt hatten; diese kann er ihr nicht wohl vergeben.)

Wir, einen Zipfel ihres schwarzen Mantels erwischend:

»Frau Susa, es ist recht gewesen, daß Ihr neulich nicht habt antworten wollen, aber uns dürft Ihr zuversichtlich trauen!«
Sie: »Aber ich mag nicht mehr! Höret es doch und lasset mich gehen! Ich bin ein armes, unwissendes Weib, dem man nichts glauben soll!«
Alsdann ist sie in ihr kleines Haus gegangen und hat den Riegel vorgeschoben.

Die Tusculaner am Abend dieses Tages:
»Wahrlich, diese beiden Frangipani sind ein großes Glück für Petrus Leonis; sie haben es durchgesetzt, daß wir alle mit ihm Seite an Seite kämpfen müssen!«
Am anderen Morgen haben die Frangipani den Heiligen Vater bei der Messe in Sankt Praxedis überfallen. Darnach hat der Kardinal Pier Leone einen Brief des Kanzlers von Frankreich hervorgezogen, und wir alle haben ihn kniefällig beschworen, er möge unseren Herrn in jenes Land flüchten.
Wir haben aber den Heiligen Vater Gelasius nicht wiedergesehen, sondern wir haben erst wiedergesehen seinen Nachfolger, den großen französischen Papst Kalixt, der erwählt worden ist in dem Kloster Cluny. Dieser hat mit den Schwertern der französischen Ritter die Burgen der Frangipani gebrochen. Also ist bestätigt worden der Satz von den Gesta Dei per Francos.

Aus den Büchern unserer goldenen Stadt Roma.

Wir haben aber bei uns viele Einzüge erblickt, solche mit Schwertern und solche ohne Schwerter, solche mit Lorbeeren und solche ohne Lorbeeren, solche von Königen und solche von Kaisern, dazu viele große Einzüge unsrer Päpste, aber solchen Einzug wie den unsres neuen Herrn aus Frankreich haben wir noch nicht erblickt. Zwar, es hat anfangs etliche unter uns gegeben, welche gemurrt haben, weil nämlich der neuerwählte Papst ein Fremder gewesen und auch nicht in unsrer Stadt Roma erhoben worden ist. Diese haben sich also vernehmen lassen: ›Cluny ist eine große Stätte und ein sehr heiliges Kloster, aber Päpste dürfen daselbst nicht erwählt werden; unser Herr muß zuvor in Roma erkoren und bestätigt sein, ansonst wollen wir für ihn weder Kränze noch Fahnen aushängen, noch uns an seinen Namen gebunden halten.‹ Also sind bis in die letzte Stunde, da unser Herr einziehen sollte, noch viele nackende und trotzige Häuser in den Zeilen unsrer Stadt erblickt worden. Plötzlich aber ist eine gewaltige Anfahrt heraufgekommen: große, krachende Wagen, beladen mit köstlichen Teppichen, Scharlachtuch und Goldstickereien, wie sie verfertigt werden in Arabien und zu Byzanz, daneben hinschreitend Männer, mit lauter Stimme rufend: »Diese köstlichen Teppiche und Decken gehören denen, welche willens sind, sie herauszuhängen zum Empfang des Heiligen Vaters Kalixt II.! Wer aber noch keine Kränze gebunden hat, der gehe eilend ans Werk, denn es wird ein Preis auf jegliches würdig ausgeschmückte Haus unsrer Stadt gesetzt, derselbe kann abgeholt werden im Palast des erlauchten Konsuls Petrus Leonis!«

Darnach ist es gewesen, als ob plötzlich all die kahlen und verstockten Häuser in unsrer Mitte schamrot würden, so viel Scharlachtuch hat man aus ihren Fenstern über ihre Blöße werfen sehen, und alsbald ist unsre ganze Stadt gleichsam zu einem purpurnen Königsthron geworden. Unter seinen marmornen Füßen aber ist keine einzige alte Säule gewesen, die nicht angefangen hätte zu blühen gleich einem jungen Rosenstock.

Indessen ist unser Herr aus Frankreich über die bekränzte Schwelle unsrer Stadt eingeritten, ein feiner und fürstlicher Mann, sitzend auf einem weißen Zelter, schön geschmückt mit der Tiara, das Angesicht unter ihr hervor klug und kühn blickend gleich einem Falken unter der Haube eines Turmes, also daß wir alle sogleich erkannt haben: vor diesem ist kein Zögern und Fragen, auch ist es nicht an dem, daß man erst zu Roma abermals wählen müßte, sondern dieser hat schon die ganze heilige Kirche hinter sich, nur wir stehen noch halb an der Ecke, wo man aus ihr hinausgeht. Also sind wir schnell einmütig geworden gleich unsren scharlachfarbenen Häusern, rufend: »Heil und Ehre unsrem Heiligen Vater Kalixt! Lob und Dank auch dem Lande Frankreich und dem großen Kloster Cluny, darinnen ihn der heilige Petrus zu seinem Nachfolger erwählt hat!«

Wir haben aber damals einen witzigen Kopf unter uns

gehabt, welcher aufgebracht hat: Der berühmte Satz von den Gesta Dei per Francos würde richtiger lauten: Gesta Dei per Petrum Leonis, denn ohne die politische Vorsorge des Kardinals Petrus würde das Land Frankreich schwerlich die Ehre empfangen haben, den Heiligen Vater Gelasius in seiner Bedrängnis aufzunehmen, heute seine Feinde zu demütigen und die verwaiste Kirche mit diesem mächtigen Nachfolger zu beschenken. Zu Roma aber habe keiner für diesen so eifrig gewirkt denn Petrus Leonis.
Darauf eine andere Stimme laut hinweg über das Volk jenem erwidernd: »Immer noch besser Gesta Dei per Petrum Leonis als Gesta Dei per Francos! Römer! Der Deutschen sind wir zur Stunde ledig! Wollt ihr dulden, daß unsre großen Herren es dahin treiben, die französischen Ritter bei uns seßhaft zu machen?«

Aus den Büchern unsrer goldenen Stadt Roma.
Es hatten aber eben damals die ersten Boten der Lombarden ihre Kanzeln bei uns aufgeschlagen, also zu uns redend: »In unsren eigenen Städten grünet jetzt ein neuer Baum, welcher nicht gepflanzt ist wie zuvor alle prangenden Bäume, die in den Himmel wachsen, durch die Hand unsrer hohen Herrn vom Adel, sondern durch die Hände der fleißigen Bürger und des arbeitsamen Volkes. Wenn ihr wüßtet, welch ein stolzes und herrliches Ding es um die Freiheit unserer Städte ist, ihr würdet eilen, auch einen solchen Baum in eurer Stadt aufzurichten, wahrlich, sie ist seiner wert! Alsdann hättet ihr nicht mehr nötig, euch von euren Capitanen fressen und von den fremden Völkerschaften gängeln zu lassen!«

Es wird berichtet:
In jenen Tagen ratschlagten die beiden Tusculaner mit Stephanus Normannus also:
»Wir müssen eine neue Einsicht gewinnen oder vielmehr uns der alten erinnern, welche unsre Stadt Roma zuvor besessen hat in den Tagen ihres Glanzes, andernfalls bringen wir die französischen Ritter nicht heimwärts und das Volk zur Ruhe. Was diese Frangipani unternommen haben, ist nicht römisch, sondern Brauch der Barbaren, nämlich solcher, deren Blut schon halb versunken und erstickt liegt, denn ansonst braucht es sich nicht also zu bäumen und zu empören. Unser Geschlecht aber kommt unversehrt von den Aniciern, und römisch, so meinen wir, ist dieses: Nicht Blut, sondern Geist ist ein festiglicher Ring. Unsre Grammatiker zeigen uns noch immer die Stelle auf dem Kapitol, wo einst die Statuen aller Völker versammelt standen, eine jede an ihrem Halse ein Glöckchen tragend, womit sie alsbald angefangen hat zu läuten, wenn in ihrem Lande eine Gefahr für Roma aufziehen sollte. Solches ist nicht, wie das törichte Volk glaubt, durch magische Kunst des Zauberers Virgil an den Statuen vollbracht worden (obwohl jener sicherlich ein großer Zauberer gewesen ist), sondern es ist vollbracht worden durch die Treue eben jener Völker, weil man nämlich ihre Söhne als Bürger unsrer Stadt anerkannt hat, also daß es ihnen wohl bei uns gewesen ist und sie unsre Sache zu ihrer eigenen gemacht haben.«
Darnach sprachen sie zu ihren Söhnen: »Bekränzt immerhin das Idol, das ihr euch aufgestellt habt, löschet auch Fackeln oder breitet Teppiche darüber aus, aber Petrus Leonis wird fortan nicht mehr ›er‹, sondern bei seinem

Namen genannt. Wir wissen nichts Nachteiliges von ihm zu sagen, nach Macht aber streben wir alle. Dieses dürfen wir ihm billigerweise nicht mehr verübeln als uns selbst.«
Darnach ließen sie ihre Pferde satteln und ritten in den Palast des Petrus Leonis. Daselbst sprach Stephanus Normannus, welcher von den dreien der Geschickteste war, also:
»Wohlan, Petrus Leonis, wir wissen, daß Ihr ein verständiger Mann seid, welcher nicht von den Wallungen und Kränkungen seines Gemütes Rat nimmt, sondern von der Wichtigkeit und Richtigkeit der Dinge, darinnen wir nun einmal miteinander stehen und leben müssen. Es ist uns darum zu tun, daß unser Herr künftig in Frieden zu Roma verbleibe und regiere: Ist es Euch daher recht, so begraben wir die vergangenen Dinge und vereinigen uns mit Euch auf den Spruch, daß wir gemeinsam die Ruhe unsrer Stadt und die Sicherheit des Heiligen Stuhles schützen und stärken wollen, also werden wir den alten Glanz Romas erneuern und der Welt dartun, daß wir wohl imstande sind, ohne fremde Hilfe unsre Päpste zu beschützen.«
Darauf gab ihnen Petrus Leonis seine große, ehrliche Hand.
Stephanus Normannus vor der Tür den Schweiß von seiner Stirn wischend, denn es war ihm hart angekommen, diese Rede zu halten, so sicher er sie auch vorgetragen hatte: »War das nun eigentlich ein Sieg oder eine Demütigung, was wir Petrus Leonis gebracht haben?«
Darauf einer der Grafen: »Für uns wäre es eine Demütigung gewesen, einem unsrer Feinde also die Hand zu reichen, aber für ihn war es doch wohl ein großer Sieg, daß wir ihm die unsre bieten mußten.«
Und also stieg und stieg Petrus Leonis; er stieg durch Ehre,

und er stieg durch Unehre, er stieg durch Freundschaft, und er stieg durch Feindschaft, er stieg durch gute Nachrede, und er stieg durch üble Nachrede, es gab nichts, wodurch er nicht stieg, sondern so wie sich die kleinen Groschen und Pfennige in seinen Händen unablässig in goldene Byzantiner verwandelten, so verwandelte sich auch alles, was ihm widerfuhr, zuletzt in Triumph.
Von diesem letzten Triumph des Petrus Leonis über das Geschlecht der Frangipani aber sagen wir: er ist nicht allein errungen über jenes, sondern über den gesamten Adel unsrer Stadt.

Aus den Büchern unsrer goldenen Stadt Roma.
Indessen hat es uns damals allen viel zu denken gegeben, daß der Kardinal Pier Leone, welcher immer den Satz von den Gesta Dei per Francos vertreten hat, nun auch wirklich mit diesem französischen Papst zurückgekommen ist, die grausamen Frangipani niederwerfend, daß der Heilige Vater wiederum bei uns hat wohnen können. Wir haben auch damals fest daran geglaubt, es werde nun dieser französische Papst das Imperium an Frankreich bringen, und also werde durch einen neuen, frommen Kaiser die Gefahr des Antichrist von der heiligen Kirche abgewandt und wir alle noch einmal gnädig vor ihm bewahrt bleiben. Dieses hat uns so wohlgetan zu denken, daß wir darüber sogar die Frau Susa eine Weile ganz vergessen haben. Auch sind wir in unsrer Hoffnung gestärkt worden durch einige Diener der französischen Herrn, welche uns erzählt haben: Während der Heilige Vater Kalixt gen Roma aufgebrochen sei, habe man an vielen Orten des Landes Frankreich nachts die Sterne zueinander rücken sehen, also daß

sie eine Krone gebildet haben, darinnen ohne Zögern erkannt worden sei die Krone Konstantins. Auch sei vernommen worden eine große Glocke der Kirche Unsrer Lieben Frau zu Paris, von selber tönend gleich der Kaiserglocke zu Speyer, also daß Deutsche, die in der Stadt gewesen sind, darauf geschworen haben, sie vernähmen jene; die Kaiserglocke zu Speyer aber, dies ist uns aus Deutschland zugekommen, haben seit der schwarzen Krönung zehn Männer nicht zu bewegen vermocht, daß sie ertöne.

Indessen wir uns dies alles erzählten, aber hat unser neuer Herr durch den Kardinal-Legaten Lambert von Ostia zu Worms am Rhein ein Zepter überreichen lassen, daß König Heinrich damit bestätige die deutschen Bischöfe in ihren Reichslehen. König Heinrich aber hat dem Legaten die Ringe und Hirtenstäbe der deutschen Bischöfe ausgehändigt, damit die Investitur, die er dereinst dem Heiligen Vater Paschalis entrissen hatte, wieder herausgebend; dieses ist hernach genannt worden das Wormser Konkordat oder der große Friede zwischen Kirche und Reich. Und also haben wir zu Roma plötzlich alle Glocken läuten müssen für den Sieg der heiligen Kirche, aber auch für das Imperium der Deutschen; denn, so meinen wir, mit diesem Tage ist die schwarze Krönung wieder weiß und König Heinrich unser aller Kaiser geworden. Da man aber dem Heiligen Vater Kalixt erzählt hat, wessen sich das Volk von dem französischen Papst versehen, hat er den Kopf geschüttelt, wie man tut, wenn die alten Ammen ihre Märchen erzählen. Darauf lächelnd in sein kluges, schnelles Antlitz hinein: »Es gibt keine französischen Päpste, sondern es gibt nur die Päpste der Kirche Christi.«

Wir gingen zu der Frau Susa.
Sie ist aber wiederum nicht in Sankta Maria gewesen, sondern wir haben sie in ihrem kleinen Haus gefunden am Herd stehend; darauf hat ein Mus geschmort. Sie selbst hat Rüben geschabt voller Eifer wie eine, der es darum zu tun ist, nicht aufzublicken.
Wir (ein wenig verlegen, weil wir sie so lange versäumt hatten): »Eia, Frau Susa, heute werdet Ihr uns nicht fortschikken wie ehedem!« Denn wir haben freilich gemeint, sie müsse hocherfreut sein, weil das Imperium bei Deutschland verblieben sei, also hat sie es doch immerdar haben wollen.
Darauf sie (aber nicht ganz so froh, wie wir erwartet hatten): »Ja, gelobt sei Jesus Christus, die Ordnung unter seinen Völkerschaften ist gerettet!«
Wir: »Und der Antichrist, so denken wir, zum bloßen Kinderschreck worden.«
Plötzlich hat sie angefangen, bitterlich zu weinen. Schluchzend in ihre Hände hinab: »O Kaiser Heinrich, warum kommt Ihr so spät? Ich sehe eine offene Gruft im Dom zu Speyer!«
Darauf wir, des Todes erschrocken: »Und was sehet Ihr vom Antichrist?«
Sie, immer bitterlicher: »Daß die Christen seiner schuldig sind, das sehe ich! Ich sehe Kaiser Heinrich des Antichrist schuldig! Ich sehe das Kreuz Christi gezimmert in der Stadt Roma!«
Wir: Das könnten wir nimmermehr verstehen.
Plötzlich sie aufspringend, ganz verstört in ihrem stillen Antlitz, wie wir sie noch nie erblickt hatten: »Wollet ihr mich denn nicht endlich in Frieden lassen? Gehet doch hinweg! Ich habe euch doch schon ehedem gesagt, daß

man mir nichts glauben soll! Sehet ihr denn nicht, wie armselig ich bin?«

Darnach haben wir uns herausgenommen, sie in aller Ehrfurcht zu vermahnen, daß sie sich nicht selbst also um ihr Ansehen bringe. Wir haben nämlich gewußt, daß jetzt zuweilen große Herren aus dem Klerus Abgesandte zu ihr gehen lassen; dieses hat uns schon manches zu denken gegeben, denn wir wissen nicht, ob sie es tun, gleich uns die Frau Susa zu ehren und ihre Offenbarungen zu vernehmen, oder ob sie dabei einen Argwohn tragen, nämlich den, welchen jener große Lümmel, den Gott dafür strafen möge, ausgestreut hat. Also wir dringend: »Frau Susa, es wäre uns bitter leid, wenn auch nur ein einziger Euch für solche hielte, die Ihr doch nimmermehr seid.«

Sie, ihre beiden Hände an den Kopf haltend: »Aber vielleicht bin ich doch eine solche! Ja, Gott wollte, ich wäre eine, die der Teufel mißleitete!«

Indem sie das gesagt hat, haben wir mit Schrecken gesehen, daß einer von denen, an welche wir zuvor gedacht haben, unbemerkt mit uns hereingeschlüpft ist. Er hat sich im Hintergrund gehalten, ein feiner, junger Mann, gekleidet, wie sich die Besseren unter uns tragen; wir haben aber gleich bemerkt, daß er etwas Geistliches in seinem Gesicht gehabt hat; auch ist ein Tuch, das er um den Kopf getragen, schlecht geknotet gewesen, wir haben zwischen den Zipfeln hervor eine runde Tonsur erblickt.

Darauf wir sogleich an ihn heran: »Lieber Herr, Ihr höret, daß die Frau Susa heute niemand erblicken mag. Lasset uns also gehen, damit wir ihr nicht beschwerlich fallen.«

Alsdann haben wir ihn mit uns hinausgezogen, er hat wollen oder nicht.

Er neben uns über das Forum gehend: Er merke, daß wir häufig bei der Frau Susa waren; ob wir ihn wohl belehren könnten, was sie gemeint habe mit dem, daß sie wünsche, der Teufel versuche sie?
Darauf wir die lichte Wahrheit: Sie meine damit das Kommen des Antichrist, welches sie vor Augen sehe. Dieses tue ihr so weh, daß sie lieber beirrt sein wolle als recht haben, also lieb sei ihr Christus und seine heilige Kirche.
Alsdann hat er sich von uns verabschiedet. Es sind ihm aber etliche von uns unbemerkt nachgeschlichen, und er ist auch wirklich hinter der Kuria Julia herum in dem festen Haus verschwunden, wo die Canonici von Sankt Adrianus wohnen. Also haben wir gewußt, woran wir sind.

Es wird berichtet:
In den Tagen des Papstes Kalixt hat man zum ersten Mal bei uns sagen hören: der Kardinal Pier Leone sei der zukünftige Papst. Zuerst hat sich das Volk also vernehmen lassen: Wir haben anjetzt einen mächtigen Herrn auf dem Stuhl des heiligen Petrus, und es tuet uns wohl, denn er schaffet Ruhe in unsrer Stadt Roma. Wenn es uns glücken möchte, daß uns künftig auch noch einmal ein reicher Papst geschenkt würde, so wäre uns das wohl zu gönnen nach all den armseligen und betrübten Kriegszeiten, die hinter uns liegen. Auch unter dem Klerus hat es solche gegeben, die gesagt haben: Die Welt ist nun einmal eine harte Nuß, es gehet nicht, sie nur mit der Liebe Christi aufzusprengen, das Volk hat recht: man siehet heute, was ein mächtiger Papst vermag, wollte uns nur Gott auch künftig einen solchen bescheren, daß es uns nimmermehr ergehe wie in den bösen Tagen der Frangipani.

Indessen lag deren große Burg bei Sankta Maria Nova noch immer darnieder, die roten und braunen Ziegeltrümmer in den weißen Scherben des Forums gleichsam untergeschäumt wie die Planken eines gescheiterten Schiffes in den wilden Flocken des Meeres, in diesem aufrecht wie ein schwarzes Felsenriff nur noch der eine versengte Turm, darinnen die Wohngemächer liegen. In seinen Höhlen hausten in trotziger Verborgenheit die beiden Frangipani mit ihrer Base Jacoba.
Diese redete ihren Vettern Tag und Nacht zu, sie möchten doch Sorge tragen, die Burg wiederum aufzurichten, die französischen Ritter seien hinweggezogen. Indessen die Frangipani hatten kein Geld zum Bauen wie einst ihr Vater Johannes, welchem es Petrus Leonis vorgestreckt hatte. Es gab aber in den Tagen des Papstes Kalixt niemand, der ihnen zu Hilfe gekommen wäre; selbst ihre eigenen Vettern von Septemsolia und Gradellis lagen wie tot hinter ihren Trümmern und Mauern. Jacoba hätte ebensogut die tauben Trümmer der Burg selbst ansprechen können, sich zu erheben, also groß war die Niedergeschlagenheit und Ratlosigkeit der beiden Frangipani. Jacoba aber war heimlich froh, denn, so meinte sie, nun sei ihre eigene Stunde gekommen.

Jacoba Frangipane.
Sie schmückte damals noch immer ihre langen, schmalen Hände mit blitzenden Ringen und Ketten, aber ihr armes, häßliches Angesicht war nicht mehr bang und rührend wie ehedem, denn sie wußte nun, daß ihr Vetter Cencius niemals eine ihrer schönen Hände liebkosen werde. Aber sie trug auch kein Verlangen mehr darnach, denn wenn das Herz einer Frau zu oft verschmäht wird, so wandelt

es gleichsam von sich selbst hinweg. Also klirrte der Schmuck wie totes Glas um ihre Gelenke, wenn sie ihre jungen Vettern mit der Hand grüßte, nämlich nach der Weise des Bundes Roma. Diesem gehörte sie an, heftiger als die Jünglinge (denn so ist die Art der Frauen mit vertriebenem Herzen), und nun die jungen Tusculaner von ihren Vätern versprengt waren, hielt sie gleichsam mit ihren beiden Vettern allein den Bund aufrecht. Wir wissen aber alle: auf den Wegen, da die Männer gewalttätig werden, da werden die Weiber listig.

Jacoba Frangipane und ihre Vettern.
Jacoba: »Ihr habt einst zu eurem Vater gesagt: ›Hier helfen keine Schlangen, sondern nur Schwerter‹, aber jetzt ist es an dem, umgekehrt zu sprechen. Zu Roma kann niemand mehr etwas vollbringen ohne Petrus Leonis, nicht einmal ihn selbst stürzen; ihr müsset trachten, ihn mit seinen eigenen Waffen zu schlagen.«
Darauf die beiden Frangipani: »Wir wollen ihn aber mit den unsren schlagen, denn schlügen wir ihn mit den seinen, so hätten nicht wir ihn, sondern er uns besiegt.«
Alsdann rissen sie ihre Schwerter an ihre Brust, rufend, sie wollten lieber mit diesen zur Hölle als mit einer Schlange in den Himmel fahren.
Jacoba: »Also liebkost nur eure Höllenpferdchen, meine kleinen Vettern; ich will schon ein paar Schlangen für euch füttern. Dabei mag leicht so viel abfallen, daß auch eure Pferdchen springen können.«

Jacoba Frangipane und ihre Vettern.
Jacoba: »Was meinet ihr dazu, meine kleinen Vettern, wenn

ich meine schönen Ringe verkaufe? Werdet ihr alsdann eure Burg aufrichten und wiederum für Roma streiten?«
Darauf der junge Leo (dieser weinte sich zuweilen bei ihr aus wie bei einer getreuen Muhme, denn also verhielt sie sich damals zu ihm): »Jacoba, du solltest das nicht tun, denn diese Ringe stehen dir wohl an. Es gibt Leute, welche sagen, deine Hände seien der alten Statuen würdig, welche unsre Grammatiker berauschen. Wir verstehen wenig davon, aber wir wollen nicht, daß man uns Barbaren schilt, welche die Schönheit deiner Hände berauben.«
Jacoba Frangipane: »Was brauche ich noch Schönheit an meinen Händen zu tragen? Ich bin häßlich und verblüht, aber Roma ist ewig.«
Darauf Cencius unbeholfen, denn es ging ihm nicht ein, daß ein Weib sein Herz an Roma hängen könne, sondern er glaubte, sie wolle ihre Ringe um seinetwillen opfern: »Es wird sie dir niemand um einen Preis annehmen, der uns nützen könnte. Solches vermöchte in diesen kargen Zeiten bei uns nur Petrus Leonis. Von diesem aber kannst du nicht glauben, daß er uns beispringen wird nach allem, was zwischen ihm und uns vorgefallen ist. Also behalte deine Ringe, denn sie sind schön, Geld aber« – verächtlich – »ist faul und dumm.«
Darauf Jacoba leise: »Das Geld des Petrus Leonis ist klug.«

Aus den Büchern unsrer goldenen Stadt Roma.
Indessen haben wir uns während dieser ganzen Zeit oftmals darüber verwundert, daß Tullia Pier Leone nicht in eins unsrer Klöster eingegangen ist, denn in einem solchen, so haben wir vermeint, wäre nach allem, das ihr wider-

fahren, die beste Zuflucht und Heilstätte für sie gewesen. Aber Petrus Leonis hat es mit seiner Tochter anders im Sinn gehabt.

Damals nun haben wir erfahren, daß der Graf Roger von Sizilien um sie werbe. (Das ist der große Normannenfürst, von welchem die Rede gehet, es verlange ihn darnach, den Titel eines Königs anzunehmen. Daher sprachen alsbald unsre Witzbolde: der König von Roma solle die Krone des Königs von Sizilien vergolden.) Also haben wir erblickt zuvor die Frau Bona, strahlend, als sei sie selber Braut geworden, derart hat es sie erquickt, daß die Tochter ihres Gemahls, der man so übel mitgespielt, die Gattin eines regierenden Fürsten werde. Tullia selbst aber hat nicht in ihrem Angesicht, sondern nur in ihren Edelsteinen gestrahlt, denn Frau Bona trug damals Sorge, alle goldenen und silbernen Glöckchen ihres Kleidersaumes mit Juwelen besetzen zu lassen, also waren in ganz Roma nicht so viel köstliche Steine und Perlen aufzufinden, wie man für diese Hochzeit benötigte.

Aus den Büchern unsrer goldenen Stadt Roma.

Nun aber glauben wir nicht, daß Petrus Leonis Jacobas Edelsteine nötig gehabt hätte, sondern wir glauben dieses: es ist von ihm viele Male rühmend gesagt worden, er habe die peinliche Beobachtung aller Vorschriften und Gesetze aus seinem alten Glauben in seinen neuen hinübergenommen, und somit trauen wir ihm wohl zu, daß er damals ein gutes Werk hat vollbringen wollen wie die heilige Kirche vorschreibt, das man trachten soll an seinen Feinden zu tun. Zum zweiten aber wissen wir, daß es solche gibt, für welche Wohltun und Klugsein eitel Zusammenfall bedeuten. (Einer von solchen aber hat uns selbst immerdar verlangt, zu werden, denn also scheint es uns die beste Lösung auf Erden.) Mit diesem Zusammenfall aber meinen wir nicht, was man später Übles von Petrus Leonis gesprochen hat, sondern wir meinen, daß es ihm darum zu tun war, sich seine Feinde ohne Schwert vom Halse zu schaffen, da er nämlich Jacoba Frangipanes Ringe kaufte.

Jacoba Frangipanes Ringe.
Es wird berichtet:
Von Tullia Pier Leone sprechen die Diener des Palastes: »Wir sahen sie vormals immerdar sanft und liebreich, hernach aber war es zuweilen, als eitere die schmerzliche Wunde ihres Mundes, also daß Bitternis aus ihm hervorging. War sie aber hervorgegangen, so begann Tullia alsbald zu weinen.«
Da nun Jacoba Frangipane in die Halle des Palastes trat – die Pier Leoni saßen alle beisammen auf ihren prangenden Stühlen: die seidene Frau Bona, der purpurne Kardinal, dazu der Fürst Roger von Sizilien neben seiner Braut – wurde Tullias bläuliches Antlitz rot bis hinauf unter ihre schieferfarbenen Haare, denn sie gedachte an die Stunde, da sie Jacoba zum letzten Mal erblickt hatte, nämlich in der Nacht, da man bei den Frangipani Ezzelina tanzte. Es wird gesagt, sie sei nicht aufgestanden, Jacoba zu grüßen wegen des Gewichtes ihrer Glöckchen, einige aber sagen auch, sie habe nicht aufstehen wollen. Also sei Jacoba bei ihrem schweren Gang nichts zu Hilfe gekommen als die zuckende Wunde in Tullias Angesicht.
Tullia Pier Leone: sie wollte sich zuerst an ihren Ver-

lobten schmiegen, aber sie vermochte es nicht, es war ihr plötzlich, als könne er unversehens anfangen, mit ihr zu tanzen, und so griff sie nur nach seiner Hand.

Zu Jacoba Frangipane: »Jacoba, hier ist mein zukünftiger Gemahl. Und wer wurde inzwischen der deine?« (Sie wußte aber wohl, daß Jacoba ihren einstigen Verlobten vergeblich geliebt hatte.)

Jacoba in ihrem Innern gleich ihren jungen Vettern: Roma! Roma! Also trat sie sich selbst gleichsam unter die Füße.

Demütig zu Tullia Pier Leone: »Was fragst du mich, Tullia Pier Leone? Ich bin häßlich und verwelkt und muß meine Ringe und Armbänder feilbieten, auf daß wir leben können. Lege doch ein gutes Wort bei deinem Vater ein.«

Darauf Tullia: »Es ist nicht nötig, meinen Vater zu überreden, denn es kommt ihm wenig darauf an, zu kaufen, was immerdar uns wohlgefällt. Zeige her, was du hast!«

Da nun Jacoba ihre Schätze zeigte, mußte sie plötzlich an den Tag denken, da sie auf Befehl ihres Oheims dem jungen Petrus Pier Leonis mit ihrem Ring ihre Hand angeboten hatte, und also begann diese wie damals zu erbeben, derart stieß der verletzte Stolz ihr Erinnern.

Abermals in sich selbst gleich einem Stoßgebet: Roma, Roma, hilf mir, daß ich es ertrage!

Indessen blickte Tullia kalt auf die Ringe nieder, daß sie Jacoba das Blut in die Wangen trieb.

Tullia zu Jacoba: »Du kannst nicht viel für diese Ringe verlangen, arme Jacoba.« Indem sie das sprach, fing sie an zu weinen.

Plötzlich der Kardinal in seinem Innern: Wir sind hochfahrend, warum kommt es uns denn so hart an, Gedemütigte zu erblicken? Wir sind ehrgeizig, warum können wir denn keine Zertretenen sehn? Lieben wir etwa unsre Feinde? Laut zu Jacoba: »Jungfrau, die Bistümer in der Campagna sind noch immerdar verarmt; was sind Euch diese Ringe wert?« (Es war aber Jacoba, als spreche er: eure Hände sind noch immerdar schön, also ritterlich-tröstend klang seine Stimme.)

Indem wurde sie sonderbar froh darüber, daß er ehedem ihre schöne Hand verschmäht hatte.

Geradeheraus in sein kluges, ehrgeiziges Angesicht: »Sie sind mir so viel wert wie die Freundschaft meiner beiden Vettern, diese aber ist mir so viel wert wie die Burg bei Sankta Maria Nova, da sie noch aufrecht stand.«

Da lachte der Fürst von Sizilien hell auf: »Wahrlich, Jungfrau, Ihr wisset, wie man mit Ringen handeln muß! Warum saget Ihr nicht gleich: sie sind so viel wert wie die Krone des Heiligen Vaters.«

Darauf der Kardinal unwillig: Hier sei nicht von der Krone des Heiligen Vaters gesprochen worden, sondern man habe zuvor von der Krone Siziliens geredet.

Petrus Leonis aber, welcher die ganze Zeit über schweigend verharrt hatte, stand auf und trug mit seinen großen, geschäftigen Händen Jacobas Ringe in das Gemach hinüber, wo die feinen Goldwaagen stehen, darauf alle Münzen und Juwelen gewogen werden, die seinem Hause von aller Welt her zufließen. Es sind aber Jacobas Ringe daselbst nicht auf jenen Waagen gewogen worden, sondern sie sind gewogen worden mit den Worten: die Freundschaft des Geschlechtes Frangipane. –

Petrus Leonis zu Jacoba: »Hier ist Euer Preis für die Ringe, Jungfrau, wenn Ihr aber mehr benötigt, so kommet wieder; es stehet einem Konsul und Senator der

Römer schlecht an, zu dulden, daß Eure Sippe im Schutt hauset.«

Die beiden Frangipani und ihre Base Jacoba.
Die beiden Frangipani: »Wo hast du diese Münzen gefunden, Jacoba?« (Petrus Leonis nämlich hatte in lauter altem Römergeld bezahlt, denn dieses ist von feinerem und schwererem Gold als das unsre, daher glaubten die beiden Frangipani, Jacoba habe irgendwo im Keller oder Garten einen Schatz ausgegraben, denn solches geschieht ja oftmals in unsrer Stadt Roma, so einer von uns Glück haben soll.)
Jacoba: »Wo ich diese Münzen gefunden habe, sage ich euch nicht.«
Die beiden Frangipani: »Liegen denn allda noch mehr, daß du so geheimnisvoll tust?«
Sie: »An dem Ort, da diese gelegen haben, liegt viel beisammen. Fanget nur an zu bauen!«
Darauf waren die beiden Frangipani zuerst totenstill. Plötzlich aber warfen sie ihre Schwerter kerzengerade in die Luft, so daß sie wie blaue Blitze in ihre Arme zurücksprangen.
Die beiden Frangipani: »Roma! Roma! Also hast du selbst uns helfen wollen!« Darnach: »Jetzt mögen nur noch deine Götter geben, daß der Papst Kalixt verstirbt!«
Jacoba Frangipane: »Er möge es, meine kleinen Vettern, meine Schlange ist bereit.« –
Nicht lange darnach sprang das Gerücht auf, der Kardinal Pier Leone strebe nach der Papstkrone, denn sein Vater wende viel Geld auf, um ihm Freunde zu kaufen. Darnach haben die Kardinäle untereinander gesprochen:

»Wenn dieses Gerücht nicht schweiget, so kann unser Bruder Pier Leone niemals Papst werden, denn es lastet auf ihm der Verdacht der Simonie.«

Also beginnt der zweite Kampf des Geschlechtes Frangipane; von diesem aber sagen wir: er ist nicht mit Schwertern gekämpft worden, sondern mit Schlangen.

Aus den Aufzeichnungen des Kardinal-Bischofs Petrus von Portus.

Zuvor schreibe ich auf, nämlich für die, welche nach uns leben werden und nicht mehr wissen, was uns allen bekannt ist, nämlich, daß unser Herr, der Heilige Vater Kalixt II., vor seiner Erwählung zum Papst der Erzbischof Guido von Vienne war, welcher mit ausgelöschten Fackeln König Heinrich gebannt und unsren Heiligen Vater Paschalis wegen der Investitur, die er jenem zugestanden, am meisten von allen bedrängt hat.

Ich bin aber jetzt schon sehr alt und habe Verlangen nach Christus, aber auch nach unsrem Heiligen Vater Paschalis, welchen ich nimmermehr vergessen kann.

Jetzt beginne ich mit dem, was ich zu schreiben habe, nämlich abermals die geheime Geschichte des jungen Kardinals Pier Leone.

Es hat mich zu sich rufen lassen unser Herr aus Frankreich, wie ich glaubte, um mit mir über den Satz zu sprechen, welchen er auf der großen Synode, die er versammelt hat, verkünden lassen will. Der Satz ist dieser: ›Der Papst darf von niemand gerichtet und auch von niemand betrübt werden.‹ (Ich habe mich aber über diesen Satz sehr verwundert, weil doch eben der, welcher ihn verkünden läßt, der Erzbischof Guido von Vienne war.) In-

dessen hat mich unser Herr nicht nach jenem Satz befragt, sondern nach dem geheimen Rat, welchen, wie ihm berichtet sei, der Heilige Vater Paschalis mit mir vor der Kardinalserhebung des jungen Pier Leone gepflogen habe.
Darauf ich: Der Heilige Vater habe mir über alles, was damals geredet worden, Schweigen auferlegt.
Unser Herr aus Frankreich (stolz, denn also fähret er leicht dahin): »Eben der, welcher Euch damals Schweigen auferlegte, gebietet Euch heute zu reden.«
Darauf – denn ich habe wohl verstanden, was er damit meinte – habe ich ihm alles erzählt. Ich habe es aber nicht gern getan, denn ich bin ein Mensch, und es kommt mich jedesmal hart an, unsren Herrn aus Frankreich an der Stelle des Heiligen Vaters Paschalis zu erblicken. Dieses wiederum hat unser Herr wohl verstanden.
Wir sind aber während dieser Unterredung in der großen Aula des Lateranischen Palastes gewesen, darinnen jetzt den Malern geboten worden ist, auf der Wand zu versammeln alle Päpste, welche an diesem großen, nun siegreich beschlossenen Kampf um die Investitur der Bischöfe mitgekämpft haben; jeder einzelne kenntlich in seinem Antlitz, wie er unter uns gelebt und gewandelt hat, angetan mit den päpstlichen Gewändern, die Tiara auf seinem Haupt, der Heilige Vater Paschalis darüber noch einen grünen Kranz, schwebend in dem goldenen Himmelszelt des Bildes, auf diesem geschrieben die Worte des Wormser Konkordats. (Ich habe mich aber auch über diesen Kranz sehr verwundert, denn, so meine ich trotz all meiner Liebe zu dem Heiligen Vater Paschalis, nicht er, sondern unser neuer Herr aus Frankreich hat diesen großen Streit siegreich zu seinem Ende geführt.)

Indessen hat mich unser Herr mit seinem klugen, schnellen Antlitz aufmerksam betrachtet (schnell nicht, wie wir zu Roma schnell sind von dem Feuer unsres Blutes, sondern von der Helligkeit der eilenden Gedanken): »Was meinet Ihr, mein Bruder, zu dem Kranz, damit ich den Papst Paschalis abbilden lasse?«

Darauf ich freimütig: »Ich meine, Heiliger Vater, wenn einer auf den Stuhl des heiligen Petrus berufen wird, so hat er an allen Stücken eine neue Erkenntnis und Beratung des Heiligen Geistes.«

Unser Herr: »Ihr habt recht geantwortet, mein Bruder.«

Alsdann hat er mir erzählt, daß Kaiser Heinrich in Bälde mit Tod abzugehen vermeine.

Ich: Ob dieses das Geheimnis jenes Friedens sei? (Ich habe aber immer gemeint, das Geheimnis sei die Macht unsres neuen Herrn und die Krone Konstantins über dem Lande Frankreich.)

Darauf hat mir unser Herr einen Brief Kaiser Heinrichs gegeben und mir befohlen, ihn zu lesen.

Der Brief Kaiser Heinrichs:

›... Nun aber ist dieser Streit gar nicht allein um die Investitur der Bischöfe gegangen, sondern er ist gegangen um die Vormacht dieser und der jenseitigen Welt, also wogend allenthalben auf Erden, zu tiefst aber in einer jeglichen Seele (denn wir alle widerstehen Christus). Und darum sind Wir auch mit nichten zum Frieden überredet worden durch das Zepter, das Uns der Legat von Ostia überbracht hat, oder wofern Wir als König dadurch überredet worden sind, so sind Wir es doch nur, weil Wir als Seele schon zuvor überredet waren, nämlich durch den Segen, damit Uns Christus einst gesegnet hat in der

Stunde, da Wir ihm auf dem Schloß Trebico die böse Gewalt antaten. Dieser Segen *unter* der Gewalt, so meinen Wir, ist *über* aller Gewalt gewesen, sie sei des Königs, des Kaisers oder wessen immer, und also haben Wir diesem Segen Zeugnis geben wollen vor Unsrem Ende.‹ –

Darauf habe ich mit lauter Stimme Jesus Christus gepriesen, der das geheime Opfer unsres Heiligen Vaters Paschalis also angenommen, gekrönt und verkündigt hat. Unser Herr aber hat mich reden lassen, bis ich von selbst geschwiegen habe. Alsdann ist er wiederum auf den Kardinal Pier Leone gekommen und hat seine Klugheit, sein Geschick und seinen Eifer um das Wohl der heiligen Kirche gerühmt.

Unser Herr: Ob es mir bekannt sei, daß viele sprechen, er sei der zukünftige Papst, andere aber, er strebe nach der Papstkrone.

Ich: Es sei mir bekannt, doch lebe ich der Gewißheit, wir dürften noch lange ohne Sorge um den zukünftigen Papst sein.

Unser Herr, auf den Brief deutend, lächelnd, aber wunderlich bewegt in seinem Antlitz: »Kaiser Heinrich ist jünger denn Wir.«

Indem ist mir klar geworden, daß dieser ganze Abspruch um die künftige Papstwahl gehe, und daß unser Herr mich auserkoren habe, seinen Rat zu empfangen, wie die Päpste ihren Brüdern zu raten pflegen, wenn sie meinen, daß sie abgerufen werden.

Darauf ich mit Erschrecken: »Wenn es also stehet, Heiliger Vater, so solltet Ihr einen Arzt befragen.«

Er (mit der Hand über meine Worte hinweg): »Weil dieses bereits geschehen ist, darum sprechen Wir.« Alsdann:

»Wir geben nichts auf die Verleumdung des Kardinals Pier Leone, aber Wir geben darauf, wie jener die Verleumdung aufnimmt. Haben Wir Euch zuvor recht verstanden, mein Bruder, so ist Eure Meinung diese: Der Purpur jenes Kardinals ist eine Frage gewesen, wie der Segen über König Heinrich eine Frage war, nämlich die Frage nach Christus. Der eine, der gefragt war, hat geantwortet – der andere noch nicht.«
Ich: »Ja, der eine hat geantwortet.«
Unser Herr: »Nun aber ist Unsre Meinung diese, daß die Fragen des Papstes Paschalis nicht ohne Antwort bleiben. Es ist nämlich noch ein Dritter, den der Papst Paschalis befragt hat, nämlich der Erzbischof Guido von Vienne, welcher sich einst über ihn erhoben hat, derselbe gibt in dieser Stunde Antwort. Die Antwort ist diese: Wer Christus noch nicht vollkommen liebt, den liebet Christus um so vollkommener. Wisset, mein Bruder, daß Wir den Kardinal Pier Leone nicht ausschließen, denn Wir sind selbst nicht ausgeschlossen worden.«
Darnach hat er mich schnell entlassen.
Von diesem Tage an sage ich nicht mehr: Unser Herr aus Frankreich, sondern ich sage: Es möge mir verziehen werden, daß ich nicht von Anfang an gesagt habe: Unser Heiliger Vater Kalixt.

Es wird berichtet:
In den Tagen, da es zu Roma bekannt wurde, der Heilige Vater Kalixt sei tödlich erkrankt, begannen die beiden Frangipani den Schutt von ihrer Burg bei Sankta Maria Nova abzuräumen, und da man erfuhr, er liege im Sterben, kamen die Frangipani von Septemsolia mit ihren

Leuten herüber, um ihnen zu helfen, und da man ihn zu Grabe trug, erschienen auch die von Gradellis und von der Insel Lycaonia mit den Ihren und trugen sich ihnen ebenfalls an. Also hat man auf dem Forum plötzlich ein Wimmeln und Krabbeln von Händen und Füßen erblickt, als solle die Burg daselbst aus ihrem Schutt gleichsam emporspringen. Wir haben Tag und Nacht die Äxte krachen hören bis hoch hinauf zum Palatin, daselbst brach man Steine im Gemäuer der Kaiserpaläste, daß es war, als gingen Lawinen zu Tal. Also sind unsre Grammatiker wieder einmal mit jammernden Händen herumgelaufen, um Gnade bettelnd für die alten Säulen, die man wie das schlichte Holz in den Wäldern herunterschlug. Die Bauleute aber haben an ihnen ihren Spaß gehabt, etliche auch ihren Verdienst, denn wie es immerdar gehet, wenn wir zu Roma bauen, so haben die Grammatiker alsbald untereinander zusammengelegt, daß sie einige der Säulen, die ihnen besonders wohlgefallen, von den Äxten loskauften. Es scheint uns aber, die Bauleute wissen bereits, um welche es ihnen geht, denn sie stellen sich immer zuerst bei diesen an. Hieran haben wiederum wir unsren Spaß gehabt.

Inzwischen ist aber auch das Volk zusammengelaufen und hat ebenfalls jammernde Hände aufgehoben, also sprechend: »Nirgends in der ganzen Welt verschafft man sich freiwillig zweimal das gleiche Übel. Weshalb sollen wir zu Roma immer wieder in denselben reißenden Fluß springen?«

Darnach sind sie drohend durch alle Straßen gelaufen: Es solle zu Roma werden wie in den Städten der Lombarden! Das Volk müsse über die Capitane Herr werden, ansonst gebe es keinen Frieden! –

Die Tusculaner, da sie solches vernahmen: »Die Menge beginnt jetzt allenthalben ihre Macht zu fühlen, die wir ihr nimmermehr gewähren können. Denn, so meinen wir, auch in der großen Zeit unsrer heidnischen Väter, welche immerdar Romas Vorbild bleiben muß, haben die Köpfe regiert und nicht die Füße und Hände. Aber damit diese sich beruhigen, wollen wir Sorge tragen, daß der Adel kein Ärgernis gibt wie zu Sankta Maria in Palara. Schlagen wir also den Kardinälen vor, sie möchten ihre Wahl im Bezirk der Pier Leoni halten, also werden wir den Frangipani am ehesten dartun, daß wir nicht gewillt sind, ihren Aufruhr abermals zu dulden.«
Darnach trugen sie diesen Rat dem Kardinal Heimericus vor; dieser war der Kanzler des Papstes Kalixt.

Aus den Büchern unsrer goldenen Stadt Roma.
Man hat aber damals überall bei uns hören können: Gebt nur acht, die Frangipani werden abermals das Glück der Pier Leoni machen, denn wir haben freilich gemeint, es bleibt nun den Kardinälen gar nichts anderes übrig, als sich eilend unter die großen Mauerflügel der Pier-Leoni-Burg zu flüchten, auf daß diese ihre Wahl vor den Einsprüchen der Frangipani beschütze. An solcher Meinung aber sind unsre eigenen Wünsche also schnell und freudig emporgesprungen wie an einer Himmelsleiter, alle Nächte hindurch träumend, wir sehen den Kardinal Pier Leone mit der Tiara geschmückt durch unsre armseligen Trümmerstraßen einziehen, diese vom Gold seiner Hände erfunkelnd, daß uns das Herz vor Freude gelacht hat. Damals ist zum ersten Mal bei uns das Wort von dem ›goldenen Papst‹ umgesprungen, gleichsam als rolle ein

schwerer, blanker Byzantiner durch alle Straßen unsrer Stadt.
Indessen hat der Kardinal-Kanzler die beiden Tusculaner und Stephanus Normannus befragt, ob sie wüßten, woher die Frangipani das Geld zum Aufbau ihrer Burg nehmen?
Die Tusculaner: Sie hätten erfahren, Petrus Leonis sei Jacoba Frangipane beim Verkauf etlicher Ringe zu Hilfe gekommen, und zwar mit einer Summe, um die man leicht alle Geschmeide in ganz Roma an sich bringen könne. Sie wüßten nicht, ob dieses aus christlicher Barmherzigkeit geschehen sei oder ob sich Petrus Leonis seinen Frieden mit den Frangipani habe erkaufen wollen.
Darauf schwieg der Kanzler Heimericus.
Stephanus Normannus vor der Tür zu den Tusculanern: »Es gibt noch einen dritten Rat darüber, wie man Petrus Leonis an diesem Stück verstehen könnte, aber wir sind nun einmal auf seine Seite hinübergetreten, und also steht es uns nicht mehr an, ihn bloßzustellen.«
Darauf der eine Tusculaner: »Dieses war auch nicht notwendig, denn wenn Petrus Leonis, wie Jacoba Frangipane anjetzt ausbreitet, die Rüstungen ihrer Vettern wirklich bezahlt hat, auf daß er die Kardinäle unter seine eigenen Flügel treibe, so wird es der Kanzler Heimericus am ehesten herausbringen, denn dieser ist nicht nur klüger als wir, sondern ich erachte auch klüger noch als Petrus Leonis.«

Der Kardinal-Kanzler Heimericus vom Titel Sankta Maria Nova.
Er war anzusehen gleich einem Bildnis wie wir wissen,

daß sie stehen über den Toren der Dome in dem Lande Frankreich und am Rhein: steil auf von Gestalt, das Gesicht wie aus einem feinen, blassen Stein geschnitten, still, aber kühn, seine Feinde sagten auch verschlagen, unter seiner Stirn gleichsam nistend zwei nordisch-graue Falken wie die Augen des Papstes Kalixt; mit diesem war er aus Frankreich gekommen.

Es ist gesagt worden, sein Herr habe ihn einst mit scharfem Befehl aus dem Kloster hervor nach Roma gezogen, sein eigener Sinn stehe noch heute in die Verborgenheit von Zisterz oder Claravallis, und er bringe sich nur aus Gehorsam der Kurie zum Opfer dar. Wir haben aber zu Roma den Kopf über solche Stimmen geschüttelt, denn es trug keiner unsrer Kardinäle, auch keiner derer, die von auswärts kamen, seinen Purpur so fürstlich wie der Kardinal-Kanzler Heimericus.

Der Kardinal-Kanzler Heimericus vom Titel Sankta Maria Nova.

Dennoch haben wir nicht sogleich erkennen können, was es eigentlich um diesen Kardinal war, sondern wir haben im Anfang von ihm gesprochen: »Große Herrn (damit meinten wir den Papst Kalixt) wollen nun einmal nur willige Hände um sich dulden, die ihre eigenen Befehle ausrichten. Unser Herr hat einen Kanzler haben wollen, der von Person etwas vorstellt, aber Rat sucht er nicht von ihm zu nehmen«; so wenig nämlich haben unsre eigenen Ohren den Kanzler allezeit sprechen hören; sprach er aber, so fielen seine Worte mit farbloser Stimme und schwerer Zunge sparsam und schmucklos nieder.

Da nun aber der Papst Kalixt verstorben war, nahm der

Kanzler sofort alle Dinge an sich, daß niemand ihm widerstehen konnte. Also ist es auch hernach gewesen, da der Papst Honorius verstarb und zuvor während dessen langer Krankheit. Dazwischen aber, da der Papst Honorius regierte, verschwieg der Kardinal-Kanzler wieder wie unter dem Papst Kalixt. Wir haben ihn damals immerdar nur mit unsren Augen wahrgenommen.

Der Kardinal-Kanzler Heimericus vom Titel Sankta Maria Nova.

Wir haben aber diesen Kardinal nicht sonderlich geliebt, denn wir glaubten zuweilen, daß er uns im stillen verachte, also übermächtig war allezeit seine Haltung. Diese vermochte er aber nicht zu ändern, denn Gott hatte sie ihm also gegeben.

Es wird erzählt, es habe ihn einmal einer seiner Brüder im Unmut gefragt, ob er sich denn nicht fürchte, der superbia schuldig zu werden, wenn er also großmächtig daherschreite.

Darauf der Kanzler: Gott habe ihm gegeben, in Geduld und Demut zu ertragen, daß jedermann sie sein Leben lang leibhaftig in ihm zu erblicken meine.

Der Kardinal-Kanzler Heimericus und der Kardinal Pier Leone.

Der Kardinal Pier Leone hatte eine besondere Vorliebe für den Kardinal Heimericus, denn, so sagte er, jener ist die Gerechtigkeit und Billigkeit selbst in allen Stücken und gegen jedermann. Man konnte ihm keine höhere Freude machen, als wenn man ihn mit ihm zusammen nannte. Der Kanzler aber hatte im Anfang keine Vorliebe für den Kardinal Pier Leone, sondern er wurde erst sein Freund und Beschützer nach der Wahl des Papstes Honorius. Also sagen wir von dieser: Die einzige große Niederlage der Pier Leoni war ihr letzter, entscheidender Sieg.

Der Kardinal-Kanzler Heimericus zu seinen Brüdern.
Er sprach also:
»Man gibt hier zu Roma wie allenthalben auf Erden viel Geld aus für mancherlei nichtige, ja schädliche Dinge. Sollen wir es verwerflich nennen, wenn auch einmal einer sein Geld hinlegen mag, um sich und den Seinen das edle Gut des Friedens zu verschaffen? Oder sollen wir es tadeln, wenn einer seinen bezwungenen Feinden beisteht, sie wieder auf die Füße zu bringen? Es ziemt uns nicht, von jemand Übles zu denken, das nicht erwiesen wäre, aber auf daß wir mit dem Ruf unsres Bruders Pier Leone vorsichtig umgehen, lasset uns unsre Wahl an einer Stätte halten, die nicht im Bereich seines Geschlechtes liegt.«
Darauf erinnerten einige der Kardinäle wie die Tusculaner an die Wahl zu Sankta Maria in Palara, sprechend wie zuvor das Volk: »Niemand verschafft sich zweimal freiwillig dasselbe Ungemach.«
Der Kanzler: Die heilige Kirche fürchte sich nicht vor Ungemach, sondern sie fürchte sich davor, daß der Wille Christi durchkreuzt werde. Auch wisse er, die Frangipani hätten erfahren, man spreche, ihre Rüstungen seien von Petrus Leonis gekauft, also erachte er, ihre Hände seien hinfort gebunden.
Darauf sprachen die Kardinäle untereinander: »Unser Bruder Heimericus mißtraut unsrem Bruder Pier Leone mehr denn den Frangipani, obwohl unser verstorbener

Herr und Vater jenen nicht von unsrem Vertrauen ausschließen wollte.«

Alsdann der Kanzler: Auch er schließe niemand aus, aber Gott habe ihm nicht die Unterscheidung der Geister gegeben, sondern es sei ihm nur geworden ein allezeit wacher und nüchterner Verstand, also müsse er von diesem Rat nehmen. So er sich irre, möge es Gott ans Licht ziehen, er werde sich nicht scheuen, darzutun, habe er Unrecht gehabt.

Darnach beschlossen sie, nach der Kirche Sankt Pankratius zu ziehen; dieselbe liegt jenseits des Tibers.

Es wird berichtet:

Da sie nun nahe an ihre Stätte herangekommen waren, stand daselbst bereits die ganze Streitmacht der Pier Leoni von den Tusculanern in Eile aufgeboten und versammelt (denn also groß war deren Besorgnis); voran Petrus Leonis selbst mit seinen sechs Söhnen. Von diesen sprechen unsre Capitane sonst: Sie stehen in weichlichen Kleidern auf den Zinnen ihrer Türme und belustigen sich über unsre Kämpfe, prahlend, sie schlügen sich nicht außer zum Schutz der heiligen Kirche. Also sah man sie heute alle, schlecht auf ihren prächtigen Pferden sitzend, das ungewohnte Kettenhemd schleppen gleich ihrem Vater.

Dieser, das Schwert vor den Heranziehenden senkend: Es sei ihm Freude und Stolz, die ehrwürdige Versammlung der Kardinäle zu beschützen; sie möge über ihn und seine Reiter bestimmen, wie es ihr gefalle und recht dünke.

Darnach senkten auch die Reiter ihre Schwerter, daß es war, als biege sich ein eisernes Ährenfeld unter einem

Windstoß, also erschimmerten und rieselten die Maschen der Kettenhemden rings um die Mauern von Sankt Pankratius gleich einem Strom grauen Wassers. Da ward manchem in der Versammlung das Herz bange wegen der Gewaltigkeit eines solchen Schutzes.
Indessen erhob der Kardinal Pier Leone seine geschmeidige Stimme also: Seine Brüder und er dankten seinem Vater für dieses große und willige Aufgebot, aber sie bedürften seiner nicht, und so man sie frage, wohin diese Reiter ziehen sollten, so erwiderten sie, es sei am besten, sie kehrten ohne Sorge um diese Versammlung in ihr eigenes Haus zurück.
Darauf Petrus Leonis ruhig zu den Seinen: Sie möchten dem Befehl des Kardinals gehorsamen und heimreiten.
Die Kardinäle untereinander: »Siehe, diesen Pier Leoni geschieht immerdar Unrecht, sogar von uns, die wir doch niemand Unrecht tun möchten, aber es scheinet uns, sie wissen, wie man solches als Christ aufnehmen muß. Dieses aber war das Zeichen, auf das uns unser sterbender Herr merken hieß, wenn wir anders unsren Bruder Petrus von Portus recht verstanden haben.«

Es wird berichtet:
Inzwischen sprang die Schlange der Jacoba Frangipane in den Schoß ihrer Herrin zurück; nämlich das Gerücht, die Frangipani seien von den Pier Leoni gekauft, wurde in der Burg bei Sankta Maria Nova bekannt. Also schrien Cencius und Leo vor Schmerz und Zorn laut auf: »Das hat uns Petrus Leonis angetan! Wahrlich, eines schlauen Juden Rat!«
Darauf Jacoba: »Das hat euch jemand angetan, der euch

sehr wohl will. Merket ihr denn nicht, daß dieses Gerücht die Versammlung der Kardinäle von Petrus Leonis hinwegtreibt?«

Sie: »Aber es beschützt sie auch an dem fernen Ort, dahin sie ziehen, denn wenn wir ihnen nachsetzen, so wird es alsbald von uns heißen: Sehet, sie zwingen sie zu Petrus Leonis zurück, daran erkennen wir, er hat sie wahrhaftig gekauft und bezahlt! Dieses aber vermag unsre Ehre nimmermehr zu überstehen! So müssen wir denn ohnmächtig zuschauen, und wenn man zu Sankt Pankratius einen Pier Leone zum Papst erhebt!«

Jacoba: »Das müsset ihr nicht, aber ihr müsset eure Einsprüche anders vorbringen denn zu Sankta Maria in Palara. Nehmet doch ein Vorbild an Petrus Leonis, welchem viele Dinge gelingen, weil er immerdar in das Horn der Frömmigkeit stößt.«

Darauf Cencius und Leo: »Jacoba, wir können nicht lügen!«

Sie: »Alsdann müsset ihr eben Roma verraten.«

Also fingen sie beide an, bitterlich zu weinen.

Aus den Aufzeichnungen des Kardinal-Bischofs Petrus von Portus.

Nun aber gehört auch dieses mit zum Kreuz Jesu Christi! Denn wir wissen wohl, daß sich an seiner Braut, unsrer heiligen Kirche, immerdar und an allen Stücken wiederholen muß das Los ihres Bräutigams auf Erden, damit Geschlecht auf Geschlecht erfahre, glaube und erkenne: gegeben in die Hände der Menschen und von diesen verstrickt in das Spiel ihrer irdischen Ziele – sie haben aber auch Christus zum König dieser Welt machen wollen –

ist sie in Wahrheit mitgegeben in das Leiden ihres Herrn und Anverlobten: mit ihm ausgesetzt in seiner Aussetzung, mit ihm verspottet in seiner Verspottung, mit ihm vergewaltigt in seiner Vergewaltigung, auf daß sie dereinst mit ihm siege in seinem Sieg!

Und also schreibe ich auch die Wahl unsres Heiligen Vaters Honorius II. (Ich schreibe sie aber auf wegen der Frage des Papstes Paschalis an unsren Bruder Pier Leone.)

Das Volk ist ergrimmt, weil es nicht seinen ›goldenen Papst‹ empfangen hat, und also spricht es: Die Frangipani sind Bösewichte. Ich aber meine, sie sind noch immerdar große und ungestüme Kinder, wenngleich sie älter und klüger wurden. Also haben sie nicht mehr geschrien wie zu Sankta Maria in Palara: »Wir wollen den falschen und fremden Bischof von Roma fangen!« Sondern sie haben mit ihren schmetternden Stimmen den Ruf erhoben: »Wir wollen keinen Papst aus jüdischem Blut! Sondern der weise und heiligmäßige Bischof Lambert von Ostia ist würdig, daß er der Vater der Christenheit werde!«

Nun aber sprechen wir alle von unsrem Bruder Lambert: Wahrlich, ein großer und frommer Priester Jesu Christi, ein standhafter und geschickter Diener seiner heiligen Kirche, welche ihm das Konkordat mit Kaiser Heinrich verdankt! Also hat niemand von uns den Frangipani widersprechen können, indessen es hat ihnen auch niemand zugestimmt, denn das Dekret des Papstes Niccolaus verbietet den Laien, bei der Wahl unsres Herrn und Vaters ihre Stimme abzugeben, diese Stimme sei noch so wohl beraten. Also hat unser Bruder Heimericus die Frangipani aufgefordert, zu schweigen und uns eilend zu verlassen.

Darauf sie nur um so lauter: Wenn der weise und heiligmäßige Bischof Lambert nicht erwählt werde, so seien wir allsamt Feinde der heiligen Kirche; sie aber (ihre Schwerter herausreißend) würden für sie streiten.

Darauf ist einigen unsrer Brüder das Herz entsunken, und sie haben den purpurnen Papstmantel herzugetragen und unsrem Bruder Lambert um die Schultern geworfen (er brach unter ihm zusammen wie unter einem roten Schwerthieb), auf daß wir nicht alle wie zu Sankta Maria in Palara von den Tobenden hinweggerissen würden.

Alsdann sind diese mit Jubelschall abgebraust, um der Stadt ihren vermeintlichen Papst zu verkündigen.

Da wir nun allein waren, hat unser Bruder Lambert – er lag noch immer wie von dem Mantel zu Boden gestreckt auf seinen Knien – uns mit Tränen in der Stimme angerufen, wir möchten doch die unerträgliche Last dieser erzwungenen Bekleidung von seinen Schultern nehmen, auf daß wir nicht teilnehmen an dem Frevel der ruchlosen Eindringlinge. Es ist uns aber hart angekommen, ihm zu willfahren, denn es hat unsren Herzen weh getan, diesen unsren ergrauten und ehrwürdigen Bruder wieder abzukleiden, nachdem wir ihm doch selbst den Mantel umgelegt hatten.

Also haben wir alle unsren Bruder Heimericus angeblickt.

Inzwischen aber ist es gewesen, als ob unser Bruder Lambert den Mantel nicht länger zu tragen vermöge, und er hat ihn selbst von sich getan, als risse er einen Feuerbrand von seinen Schultern hinweg, diesen gleichsam mit den

Händen zerdrückend; also hat der Mantel wie ein Strauß roter Glut neben dem Knienden gelegen; uns allen aber sind die heißen Tränen in die Augen gesprungen.
Plötzlich hat man wiederum die geschmeidige Stimme unsres Bruders Pier Leone vernommen. Indem sahen wir ihn (denn er hatte rückwärts gesessen) ungestüm nach vorne drängen.
Dort angekommen und den Mantel aufraffend: »Ehrwürdige und geliebte Brüder! Ich erachte, die Würdigkeit unsres Bruders Lambert von Ostia stehet so hoch, daß sie weder vor Gott noch vor den Menschen leidet oder verliert, wenn auch wilde und unbotmäßige Laien sie zu ihrem Kampfgeschrei machen. Und also gebe ich meine Stimme diesem unsrem weisen und ehrwürdigen Bruder Lambert von Ostia!«
Darauf haben wir alle freudig unsrem Bruder Pier Leone zugestimmt. Also hat man unsren Bruder Lambert zum zweiten Mal mit dem roten Papstmantel bekleidet.
Alsdann haben wir das Tedeum angestimmt. –

Nach diesem:
Unser Bruder Heimericus zu mir: Er habe zuvor gesprochen, er werde sich nicht scheuen, darzutun, wenn er sich irre. In den Frangipani habe er geirrt. Wie ich nun aber die Pier Leoni verstehe?
Darauf ich (verwundert, daß er noch frage): Ich meine, unser Bruder Pier Leone habe würdig und eifrig gehandelt vor unser aller Angesicht.
Er: Ja, eifrig habe er gehandelt.
Ich: Es sei eben einem jeglichen seine Art eigen. Die Tat und das Wort selbst aber lobten unsren Bruder.

Er: Das wohl; indessen der Verstand könne sich aller Dinge annehmen, solches sei seines Wesens Zeichen.
Ich: Von dem Zeichen des Verstandes wisse er (unser Bruder Heimericus) mehr denn ich.
Er (sonderbar demütig in seinem stolzen Antlitz): Eben deshalb frage er mich.
Ich: Wenn er mich also um meines Herzens Stimme frage, so sei meine Antwort diese: es scheine mir, der Verstand, wenn er sich wirklich aller Dinge annehmen könne, so vermöge er doch niemals zu bewirken, daß einer in seinem Innersten ergriffen werde.
Er: Ob mich unser Bruder Pier Leone heute ergriffen habe?
Ich: Ja, er habe mich ergriffen, nämlich in dem Schmerz seines Angesichts, da die Frangipani gerufen: sie wollten keinen Papst aus jüdischem Blut.
Darauf er: So sei es auch ihm ergangen. Alsdann leise: »Auch der heilige Petrus war ein Sohn Israels!«
Von dieser Stunde an hat sich unser Bruder Heimericus unsres Bruders Pier Leone an allen Stücken angenommen, also nachdrücklich sein ganzes Ansehen für ihn und seine glänzenden Gaben aufbietend, daß viele alsbald gesprochen haben, er werde ihn noch einmal zum Papst vorschlagen.

Aus einem alten Brief, den Rabbi Nathan ben Jechiel geschrieben hat:
›Wir aber sind gleich den versunkenen Schiffen in den Meeren, und über unsre Köpfe hinweg ziehen die Schiffe der anderen.‹

Die Frauen der Juden:
Zu Roma zählt man keine Jahre, denn es ist viel daselbst geschehen; wir sind alle, Alte und Junge, nur wie Spreu in den Zeiten, und die siebenzig Jahre auf dem Haupt tragen, sind im Antlitz dieser Stadt gleich den neugeborenen Kindern. Und auch Israel zählt keine Jahre. (Denn wo sollten wir zu zählen beginnen? Sollen wir bei den Sternen über dem Haupt unsres Vaters Abraham anfangen oder bei den Sandkörnern der Wüste Bersaba?) Dennoch ist es uns manchmal gewesen, als sei viel Zeit vergangen seit dem Tage, da Ibn Mischal an Mirjams Lager weissagte. Wenn wir zu Nathan ben Jechiel sprachen: »Rabbi, Ihr seid sehr alt«, so erwiderte er: »Ja, ich bin sehr alt, denn es stehet geschrieben: Unser Leben währet siebenzig Jahre, und wenn es hoch kommt, so sind es achtzig Jahre.« Und wenn wir zu Hannah Naemi sprachen: »Hannah Naemi, Ihr seid sehr alt«, so erwiderte sie: »Ja, ich bin sehr alt, und der Herr wird mich bald

heimholen.« Aber wenn wir zu Mirjam sprachen: »Mirjam, auch Ihr seid nun alt geworden«, so erwiderte sie: »Ich bin schon lange alt gewesen.« Denn Mirjam wollte nicht daran erinnert werden, daß die Weissagung noch immer verzöge. Wenn wir aber zu Trophäa sagten: »Du bist älter geworden«, so erwiderte sie: »Ich bin wohl noch nicht alt genug.« Denn auch Trophäa hatte sich noch immer nicht in ihr Schicksal gefunden. Wir aber schwiegen, wenn Mirjam und Trophäa also sprachen, denn wir glaubten weder an die Hoffnung der einen noch der anderen.
Wir untereinander: »Diese beiden vergehen wie Israel in seiner Erwartung. Es sinken Männer ins Grab, und Frauen sterben alle Tage, ohne daß Messias erscheint. Also sinkt auch die Kraft dieses Weibes nieder, und die Blüte dieses Mädchens stirbt dahin.«

Die Frauen der Juden erzählen:
Wenn die fremden Juden nach Roma kamen und Mirjams Brautgeschmeide zu erblicken verlangten, so geschah es jetzt oftmals, daß man es ihnen nicht zeigen konnte, denn Trophäa hatte es heimlich in ihre Kammer getragen und versteckt. Mirjam glaubte, sie schmücke sich wohl im Verborgenen damit, also wenigstens im Spiel ertrotzend, daß sie die goldenen Ringe und Ketten an ihrem Halse und die Krone auf ihrem Haupte spüre. Aber da sie durchs Schlüsselloch spähte, sah sie Trophäa nur mit den Händen die Dinge zärtlich und scheu betasten und ihre Tränen auf das alte, stumpfe Gold streuen.
Hannah Naemi zu Mirjam: »Laß sie gewähren, Mirjam, sie hat nur noch ihren Schmerz, sich zu trösten, und die Härte ihres Schicksals, weich zu werden.«

Indessen war Trophäas Mund, als reiche ihm jeder Tag einen Becher mit Myrrhen. –

Die Frauen der Juden erzählen:
Hannah Naemi zu Trophäa (da sie mit den alten Ketten spielte): »Trophäa, ich bin alt und dem Grabe nahe, aber glaubst du, ich hätte so alt werden können, wenn ich nicht auch meinen toten Gatten noch lieben könnte? Denn es ist nicht notwendig für ein Weib, daß es geliebt wird, aber es ist notwendig, daß es liebt. Vermöchtest du nur selbst jemand zu lieben, so wäre dir geholfen.« Darauf Trophäa: »Muhme, ich kann niemand mehr lieben.«

Die Frauen der Juden erzählen:
Hannah Naemi zu Rabbi Nathan ben Jechiel: »Bruder, sprich mir zu, damit ich mich nicht noch in meinen alten Tagen an dem Herrn versündige! Dieses Mädchens Herz war gleich einem offenen Schrein des Vertrauens und gleich einem köstlichen Gefäß der Zärtlichkeit. Der Schrein ist leer, und das Gefäß ist zerbrochen – wir alle sind an ihr zu Blinden geworden in einer blinden Welt! Bruder, sprich mir zu, daß ich mich nicht an dem Herrn versündige, denn ich meine, er spottet unser!«

Die Juden von Roma erzählen:
In jenen Tagen kam Rabbi Elchanan zum letzten Mal nach Roma, begleitet von seinen beiden Lieblingsschülern. Diese ließen ihn damals nicht mehr allein ziehen, denn Rabbi Elchanans Nase hing zwar noch immer gleich einer kühnen Klinge über seinem Antlitz, dieses selbst aber war durchfaltet und durchwühlt wie ein Schlachtfeld,

wenn der Abend sinkt. Seine Schüler sprachen: »Unser Meister ist alt, und wir wollen nicht, daß er hinwegstirbt, ohne daß er uns seine letzte Wahrheit vertraut hat. Denn wir wissen, daß er noch eine solche in seiner Brust hütet, köstlicher als jede andre, die er uns zuvor vertraut hat. Fragen wir ihn aber: ›Meister, warum verbirgst du deinen Schatz vor unsren Augen? Sind wir noch nicht würdig, ihn zu erblicken?‹, so erwidert er: ›Habet noch ein wenig Geduld! Denn alle Wahrheit besteht aus zwei Stücken, nämlich aus der Erkenntnis und aus der Einwilligung. Ich aber habe noch nicht eingewilligt.‹ Und also ziehen wir ihm nach, wohin er auch immer wandert, auf daß wir jede Stunde bereit sind, seine Wahrheit zu vernehmen, sobald er uns ruft.«
Es ist aber damals noch ein dritter hinter Rabbi Elchanan hergezogen, nämlich der, welchen wir hernach den ›Hasser‹ genannt haben.

Die Juden von Roma erzählen:
Wir wissen nicht, wer die Rede aufgebracht hat, Rabbi Elchanan sei damals um Trophäas willen nach Roma gekommen, denn es habe ihn verlangt, noch einmal vor seinem Ende die zu sprechen, die einst als Kind zu ihm gesagt hatte: Die Krone Davids hat Flügel. Da er nun mit seinen Schülern bei Rabbi Nathan ben Jechiel zu Tisch saß – es war Abend, und die Kerzen entzündeten bereits den Raum –, fragte er Mirjam nach ihrer Tochter und ob man wohl seinen Rat befolgt und sie unterwiesen habe. Trophäa nämlich saß nicht mit zu Tisch, sondern einsam in ihrer Kammer, denn sie hatte wiederum den Tag ihrer Schwermut.

Darauf Mirjam: »Wohl, Rabbi Elchanan, wir haben Euren Rat befolgt; wir haben meine Tochter in der heiligen Lehre der Meister unterwiesen gleich den Jünglingen in der Schule. Es ist nichts an ihr versäumt noch versehen worden, daß wir sie zum Werkzeug des Herrn zurichteten. Und auch der Herr – er sei gelobt – hat nichts an ihr versäumt, sondern er hat ihr mit ihrer Blindheit das Zeichen seines Willens aufgedrückt. Aber sie selbst ist gegen den Herrn aufgestanden – er sei gelobt –, und also ist alles, was wir an ihr getan haben, umsonst gewesen bis zur heutigen Stunde. Denn der Herr – er sei gelobt – gibt zwar die Verheißung, aber der Mensch soll sie erfüllen.«

Darauf Rabbi Elchanan: »Ja, Mirjam, der Herr – er sei gelobt – gibt die Verheißung, und der Mensch soll sie erfüllen, aber den Namen der Erfüllung hat sich abermals der Herr vorbehalten – er sei in Ewigkeit gelobt.«

Indem Rabbi Elchanan das sagte, ging die Tür auf, und es trat herein die unerleuchtete Nacht.

Die Juden von Roma erzählen:

Es ist aber schon zuvor von uns gesagt worden, Rabbi Elchanan sei nicht der einzige Jude gewesen, welcher aus der Stadt Jerusalem errettet wurde, da diese in die Hand des Kreuzheeres fiel, sondern wir hätten hernach noch einen anderen erblickt, von dem gesagt werde, er sei damals in die Rache entkommen wie Rabbi Elchanan in die Liebe.

Da nun also der Fremde hereintrat, leise und unversehens gleich den Dieben oder Mördern, die bei der Nacht in ein Haus fallen, sprangen die beiden Schüler Elchanans vor

Entsetzen von ihren Stühlen auf, denn sie wußten wohl, daß jener ihren Meister verfolgte; Rabbi Nathan ben Jechiel und die Seinen aber sprangen vor Entsetzen auf, denn sie meinten, Rabbi Elchanan stehe zum zweiten Male vor ihnen.

Dieses war Rabbi Elchanan, und dieses war der Fremde.
Rabbi Elchanans Nase, so haben wir gesagt, war gleich einer edlen Klinge aus Damaskus, des Fremden Nase aber war gleich dem scharfen Schnabel eines Geiers. Rabbi Elchanans Antlitz war zerwühlt gleich einem Schlachtfeld, das Antlitz des Fremden aber zerwühlt gleich einer Richtstätte. Rabbi Elchanans Augen waren wie zwei verlöschende Fackeln, aber des Fremden Augen waren wie loderndes Pech. Und also waren sie gleich zwei Gefäßen, aus einer Werkstatt kommend und gebildet aus dem gleichen Ton, das eine zur Ehre, das andere zur Unehre, daß jeder, der sie erblickte, darüber erschrecken mußte, wie ähnlich und wie unähnlich sie einander waren.

Die Juden von Roma erzählen:
Indessen sprach der Fremde also zu Rabbi Elchanan: »Habe ich dich endlich gefunden, du Abtrünniger! Wahrlich, lange genug bin ich hinter dir hergezogen, aber jetzt sollst du mir nimmermehr entkommen!« Darnach zu Rabbi Nathan ben Jechiel: »Wehe Euch, Rabbi Nathan, denn Ihr ahnet nicht, wen Ihr unter Eurem Dach beherbergt, aber ich will es Euch sagen. Wisset, dieser ist mit mir in der Stadt Jerusalem gewesen, da die grausamen Kreuzfahrer sechshundert unsrer Brüder und Schwestern in ihrer brennenden Synagoge einschlossen. Aber ihn selbst

hat einer jener mörderischen Gojim in seinem Hause verborgen und errettet (wie ich erachte, wird er ihm viel Geld dafür abgefordert haben), und also trotzt er nun darauf, jener habe mit ihm zu demselben Gott gebetet, welchen Israel anbete. Der Segen über unsrem Vater Abraham sei erfüllet worden in den Kindern Edoms, Israel aber möge willig mit seinem Blut zahlen, wenn nur der Name des Herrn unter den Völkern gepriesen werde. So stoßet ihn nun aus der Synagoge aus, Rabbi Nathan, und sprechet über ihn das Gericht, denn er lästert das Gesetz und den Namen des Herrn!«

Darauf Rabbi Nathan ben Jechiel unter seinen weißen Haaren: »Es rede Rabbi Elchanan!«

Rabbi Elchanan, in seinem abendlichen Angesicht noch einmal aufgewogt die ganze Schlacht des vergangenen Tages: »Rabbi Nathan ben Jechiel, ich habe noch nicht eingewilligt.«

Alsdann Rabbi Nathan ben Jechiel: »Also gehet in Frieden unter meinem Dach schlafen, Rabbi Elchanan!«

Die Juden von Roma erzählen:

Da nun Rabbi Elchanan hinausgegangen war (seine Schüler aber waren mit dem Fremden hinausgegangen, denn sie wollten mit ihm für ihren Meister streiten), sprach Rabbi Nathan ben Jechiel also: »Hannah Naemi und Mirjam, ich gebiete, daß ihr heute abend das Tor des Hauses unverschlossen lasset, und so ihr bei der Nacht meinet, es gehe jemand heimlich hinaus oder hinein, so sollt ihr nicht aufstehen und nachsehen, sondern ihr sollt in euren Kammern bleiben, der Herr selbst wird diese Nacht das Haus bewachen.« Rabbi Nathan ben Jechiel nämlich meinte, daß Rabbi Elchanan in der Nacht heimlich entfliehen werde. Und also ließen Hannah Naemi und Mirjam das Tor des Hauses unverschlossen, und da sie die Schritte Rabbi Elchanans hörten, standen sie nicht auf, sondern blieben gehorsam auf ihren Lagerstätten liegen. Rabbi Elchanan nämlich hatte wohl verstanden, was Rabbi Nathan ihm vorschlagen wollte, als er ihn noch diese eine Nacht unter seinem Dache schlafen hieß. Da er nun aber mit seinen müden, alten Füßen hinweghasten wollte, geschah es, daß der ›Hasser‹ ihn im Dunkeln niederstieß. Und also hielt der Herr Rabbi Elchanan fest, daß er noch einmal das Angesicht Trophäas erblickte.

Da nämlich diese, welche das Gebot Rabbi Nathans nicht vernommen hatte, das Stöhnen auf der Diele hörte, stand sie auf und ging hinaus, denn sie meinte, es sei vielleicht Hannah Naemi wieder ein Schwindel zugestoßen. Also tastete sie sich zu dem Stöhnenden am Boden hin und kniete bei ihm nieder.

Trophäa (mit der Hand über den Liegenden hin):

»O Rabbi Elchanan, Ihr seid es! Sprecht, was ist Euch widerfahren?«

Indem ging der Mond draußen aus den Wolken hervor und fiel durch das Fenster der Diele in Trophäas Antlitz.

Rabbi Elchanan: »O du schönes, blindes Antlitz! Blindes Antlitz, das die Krone Davids sah!«

Trophäa, wunderlich von seinem Ton ergriffen: »Ach, Rabbi Elchanan, ich sehe keine Krone und keine Flügel mehr! Um mich ist nichts denn Nacht.«

Darauf Rabbi Elchanan dreimal: »Ja, ja ja!«

Trophäa: »Rabbi Elchanan, was meint Ihr? Zu wem sagt Ihr so inbrünstig ja?«

Rabbi Elchanan (sterbend): »Zu dir, Trophäa.«
Indem rief Rabbi Nathan ben Jechiel aus der Kammer: »O Rabbi Elchanan, ich höre Euch ja sagen, habt Ihr dennoch eingewilligt?«
Darauf gab Rabbi Elchanan keine Antwort mehr.
Da merkte Trophäa, daß Rabbi Elchanan sterbend war, und nahm seinen Kopf von der harten Diele hinweg in ihren Schoß. Also verstarb Rabbi Elchanan. — — —
Dieses begab sich kurze Zeit, bevor Trophäa in den Palast des Petrus Leonis ging.

Aus den Büchern unsrer goldenen Stadt Roma.

Petrus Leonis war jetzt alt und dick geworden, die Kämpfe lagen hinter ihm, und die erfüllten Wünsche lagen hinter ihm, diese alle ebenso pünktlich und sicher eingetroffen wie die großen Zahlungen und Rückzahlungen, die in den schweren Pergamentrollen seiner Kanzlei verzeichnet standen seit den letzten dreißig Jahren und darüber hinaus. Denn Petrus Leonis war es noch niemals widerfahren, daß er einen Verlust buchen mußte, denn er hatte sich noch niemals verrechnet; wohl aber hatte er oftmals aus Einsicht und Billigkeit seine Forderungen lange gestundet.

Als der Papst Kalixt starb, hat man im Volk gesagt, Petrus Leonis habe seine Forderungen gestundet, aber da der Papst Honorius zum Sterben kam, hat man unter uns gesagt: Dieses Mal wird er sein Ziel erreichen, denn er hat den Kardinal-Kanzler Heimericus für sich. Dieser nämlich war damals der mächtigste Mann an der Kurie, denn der Papst Honorius lag seit Jahr und Tag krank darnieder, und jedermann blickte nur auf die Hände seines Kanzlers, darinnen alle Geschäfte der heiligen Kirche geborgen und verwaltet lagen.

Also freute sich die ganze Stadt Roma wiederum auf den ›goldenen Papst‹. Im Palast Pier Leone aber freuten sich alle außer der alten Rachel, denn diese dachte gleich Mirjam Tag und Nacht an den Sohn des Petrus Leonis, um dessentwillen sie einst in die steinernen Fliesen der Kirche gebissen hatte, da man sie taufte.

Die alte Rachel.
Es ist aber später viele Male gesagt worden, man hätte Rachel schon vor Jahren aus dem Palast weisen müssen, nämlich damals, da die Rede aufkam, der ihr anvertraute Knabe sei durch ihre Vermittlung heimlich beschnitten worden. Aber Petrus Leonis hatte Rachel damals nicht hinausgewiesen, einige sagen aus christlicher Barmherzigkeit, andere aber: Es läßt kein jüdisches Blut jüdisches Blut umkommen, und wenn es ihm auch noch so hart ankommt. Petrus Leonis aber kam die alte Rachel hart an.

Die alte Rachel.
Unter den Dienern des Palastes ging die Rede, Petrus Leonis wollte niemals gern der alten Rachel begegnen, Rachel dagegen suchte beständig Petrus Leonis zu treffen, und je weniger er von ihr wissen wollte, um so zudringlicher wurde sie.
Rachel war jetzt uralt; sie hatte keine Zähne mehr, um wie einst bei ihrer Taufe zu beißen. Das gab ihr einen guten Grund, zu sagen, sie könne kein Schweinefleisch essen. Auch war sie so verfallen, daß man Nachsicht haben konnte, wenn man sie morgens nicht in der heiligen Messe erblickte oder wenn ihre Hände auch am Wochentag (nämlich am Sabbat) ruhten. Aber trotzdem sagten die Leute des Palastes ihr nach, sie sei eine heimliche Jüdin, und die anderen Dienerinnen weigerten sich, mit ihr ge-

meinsam zu hausen. Donna Bona hatte ihr daher ein kleines Gemach angewiesen, liegend am Eingang des langen Ganges, durch den man zu dem östlichen Turm gelangt. Wenn Petrus Leonis dort hinaufgehen wollte, so sprang Rachel unversehens aus ihrer Tür hervor und ihm in den Weg.

Die Diener, welche Petrus Leonis auf den Turm begleiteten: »Mach dich fort, alte Eule, der erlauchte Konsul mag dich nicht erblicken!«

Aber Rachel machte sich nicht fort, sondern flatterte wie eine alte, kranke Fledermaus die Treppe empor, vor Petrus Leonis hin. Petrus Leonis aber schlug die Augen abwärts, als ob er sie nicht gewahre. »Unser Herr ist gut gegen die alte Närrin«, sagten die Diener untereinander, einer aber, der Petrus Leonis scharf angesehen hatte, sagte: »Nein, unser Herr schämt sich.«

Darnach der erste: »Warum sollte unser Herr sich schämen? Er hat alles erreicht, was es auf Erden zu erreichen gibt, und wenn sein Sohn einmal Papst ist, wie alle Welt sagt, so wird er ihm auch noch den Himmel aufschließen.«

Um dieses Wortes willen, so glauben wir, ist Rachel zu Mirjam gegangen, nämlich da Petrus Leonis im Sterben lag. Denn wie es zuweilen gehet, wenn ein Mensch meint, er stehe nun am Ziel aller seiner Wünsche, so auch hier: Gott setzt alsdann des Menschen eigenes Ziel.

Und also verstarb Petrus Leonis noch vor dem Papst Honorius.

Der merkwürdige und erschreckende Tod des großen Petrus Leonis.

Petrus Leonis starb wenige Tage vor dem Papst Honorius, aber nicht wie jener an einer langen und mühseligen Krankheit, sondern er fiel ganz plötzlich auf den Zinnen der Moles Hadriani um, wo er die Pläne für die Milizen und Bannerschaften aufstellte, welche bestimmt waren, die nahende Papstwahl zu beschützen; denn der Leibarzt des Heiligen Vaters hatte an diesem Tage erklärt, der Tod des hohen Kranken stehe unmittelbar bevor.

Es wird berichtet:

Als Petrus Leonis umfiel, stand niemand bei ihm als ein fremder Kreuzritter, der aus dem Heiligen Land gekommen war, um der Christenheit von dem Königtum Jerusalem zu berichten. Er hatte Petrus Leonis schon am Tage zuvor sprechen wollen, aber er war nicht vorgelassen worden. Einige sagen, Petrus Leonis habe geahnt, daß jener bestimmt gewesen, seiner Todesstunde beizuwohnen; doch ist dieses nicht richtig, denn Petrus Leonis war allezeit klar und ohne Schauer und Ahnungen gewesen, wie sie uns zuweilen ergreifen. Nur hatte er niemals gern Kreuzritter erblickt, obwohl er doch einst so viel für die Überfahrt des heiligen Heeres ins Morgenland aufgewandt hatte. Nach anderen freilich ist jener Kreuzritter gar kein wirklicher Kreuzritter gewesen, sondern ein verkleideter Jude, nämlich jener, welcher auch Rabbi Elchanan verfolgt hatte. Es ist auch jener Ritter hernach nicht mehr zu Roma erblickt worden, sondern er ist daraus entschwunden, ohne doch, wie er zuvor gesagt hatte, die Kardinäle und die anderen Fürsten der Römer aufgesucht zu haben.

Der fremde Kreuzritter (die Rede, die darüber im Volke geht).

Als Petrus Leonis mit seinem Gefolge an der Moles Hadriani ankam, stand der fremde Kreuzritter im Schatten dieses alten Grabes, und in dem Augenblick, da jener durch das Tor gehen wollte, trat er unversehens schnell daraus hervor. Dabei fiel es denen auf, die mit Petrus Leonis waren, daß er ihm sonderbar ähnlich sah, so, als könne er leicht sein Anverwandter sein, oder als werde Petrus Leonis plötzlich ein Spiegel vorgehalten, darinnen er sein eigenes Angesicht erblicke. Petrus Leonis selbst stockte auch zuerst; darnach wollte er an dem fremden Ritter vorübergehen. Aber dieser bat ihn, daß er ihn begleiten dürfe; sein Anliegen sei von der Art, daß man es schnell vorbringen könne. Darnach nahm Petrus Leonis, welcher stets höflich und zuvorkommend war, ihn mit sich auf die Zinnen. Dort blieb er einige Augenblicke im Gespräch mit ihm allein. Von diesem haben wir keine Kunde. Der Wächter, der die beiden aus der Ferne sprechen hörte, hat nichts vernommen als von dem fremden Ritter das Wort ›Gerechtigkeit‹. Gleich darnach, so sagt er, sei Petrus Leonis umgefallen.

Es wird berichtet:

Man trug den kleinen, weder schönen noch stattlichen Körper, der sich aber immer mit großer Würde aufrecht erhalten hatte, aus der Moles Hadriani heim, denn man erinnerte sich, daß Petrus Leonis früher oftmals gesagt hatte, er wünsche das eigene Sterbelager einmal dort zu halten, wo er einst die feierliche Ehre gehabt habe, dem Heiligen Vater Urban II. den Frieden des seinen zu bereiten.

Unter dem Weinen und Klagen seiner Kinder und seines Gesindes (denn Petrus Leonis war in seinem Hause von allen bis zum letzten Knecht herab geliebt und geehrt worden) holte man den Sterbenden in den großen Saal seines Hauses ein, stülpte ihm die goldene Senatorenmitra, die ihm beim Sturz entsunken war, auf das mächtige Patriarchenhaupt und legte ihn feierlich auf das Prunklager nieder, darauf einst der Heilige Vater Urban II. verschieden war.

Indessen war das Gerücht von dem Geschehnis durch die ganze Stadt geflogen, und es hatte sich eine große Anzahl Personen im Palast Pier Leone eingefunden, also daß der ganze Saal und die Treppe hinab bis in den Hof von solchen erfüllt war, welche für den Sterbenden beteten. Sogar der Kardinal-Kanzler Heimericus war vom Krankenlager seines Herrn hinweggeeilt, um dem Sterbenden die Ehre seiner Anwesenheit und den Trost seiner Fürbitte zu schenken. Unter dem Adel aber konnte man manche erblicken, die hier noch nicht erblickt worden waren, weil nämlich alle meinten, man werde in wenigen Tagen den Kardinal Pier Leone zum Papst erheben, und also schien die Sterbestunde des großen Petrus Leonis in ihrer Weise nicht minder glorreich zu werden als die des Papstes Urban.

Der sterbende Petrus Leonis.

Indessen schwebten die vergoldeten Säulen des herrlichen Lagers leicht und unbekümmert über dem Sterbenden empor, der schwer wie ein Stein darunterlag. Sein Gesicht war bläulich und gedunsen, es stand Schweiß auf seiner Stirn; sein großer, wulstiger Mund hing abwärts,

es floß Speichel daraus hervor über die purpurnen Kissen, auf denen sein Kopf ruhte; er konnte nicht sprechen.
Man reichte ihm die Letzte Ölung. Der Kardinal, sein Sohn, tat es mit eigenen Händen, dabei weinte er wie alle andren, denn er glaubte seinen Vater schon dem Verscheiden nahe. Aber als er ihm das Kreuz auf die Stirn zeichnete, riß Petrus Leonis plötzlich die Augen weit auf und rollte den Blick über die Anwesenden hin wie ein Mensch, der deutlich, aber staunend wahrnimmt, daß etwas mit ihm geschieht, darinnen er gar keinen Sinn erkennen kann.
Der Sterbende mit röchelnder Stimme (es war aber, als mache ein Gefesselter eine Riesenanstrengung): »Segnen – ich will segnen –«
Man winkte seinen Kindern. Sie traten paarweise herzu, während man den Sterbenden stützte, also daß er die Hand den Knienden auflegen konnte. Dabei rang und erkeuchte wiederum der Gefesselte auf seinen Lippen, aber es kam kein Laut aus ihm hervor denn unverständliches Lallen und Gurgeln. Plötzlich aber wurde der zähe Wille des Sterbenden noch einmal über seinen Körper Herr; aus dem schrecklichen Gurgeln seines Mundes entrangen sich vernehmbare Worte.
Der sterbende Petrus Leonis: »Meine Kinder, es segne euch der Segen Abrahams und Isaaks und Jakobs! Meine Kinder, es erfreue euch der Gott unserer Väter! Meine Kinder, bewahret das Gesetz! Meine Kinder, haltet Treue Israel, eurem Volk –«
Indessen erbleichten alle bis zum Gesinde herab, das sich betend in den Türen drängte, denn jeder hatte vernommen, was Petrus Leonis sagte, aber keiner wagte vor Ent-

setzen sich zu bewegen. Und also standen und knieten sie alle von Grauen aneinandergepreßt, daß man das Schlagen ihrer Herzen zu hören vermeinte.

Es wird berichtet:
Endlich stand der Kardinal Pier Leone auf (dieser war von allen der einzig Besonnene geblieben) und sprach also: Er bitte, jetzt seinen Vater zu verlassen, er werde mit den Klerikern seiner Begleitung die Sterbegebete beginnen, denen man sich im Vorgemach vereinen möge. (Es ist aber nicht gehört worden, daß er gesagt hat, sein Vater sei nicht mehr bei Sinnen, sondern er tat so, als sei das, was man eben vernommen hatte, überhaupt nicht gewesen, geschweige denn, daß man es zurechtrücken müsse.) Indem er aber noch sprach, ist schon alles von seinen Knien emporgesprungen, er hat nichts mehr erblickt denn ein Gewimmel von Rücken und Röcken; also sind die Menschen ohne Anstand und Würde hinweggestürzt vor Entsetzen darüber, daß der große, fromme Petrus Leonis sich auf seinem Sterbebett zum Judentum bekannt hatte. Einzig der Kardinal-Kanzler Heimericus blieb stehen, hoch und kühl, die beiden Falken unter seiner Stirn hervorgebrochen, als wollten sie dem Kardinal Pier Leone mitten durch Herz und Nieren dringen.
Indem machte der sterbende Petrus Leonis eine Bewegung: die große goldene Senatorenmitra entsank zum zweiten Mal seinem Haupte und rollte gleich einer steifen, leeren Tüte zwischen den beiden Kardinälen hindurch, mitten hinein in den verlassenen Saal.

Der Kardinal Pier Leone allein mit seinem sterbenden Vater:

Er starrte immerfort auf die am Boden liegende Mitra, so, als sei sie gar nicht diejenige des Sterbenden, sondern jene andere dreifache Krone, die er bereits auf seinem Haupt gefühlt hatte. Aber die Verwirrung in seinem Innern galt nicht zuerst dieser entsunkenen Mitra, sondern sie war von einer viel tieferen, gefährlicheren Art.

Es waren zwei Türen im Saal nach der Vorhalle hin, groß wie Tore, jede mit doppelten Flügeln und beschlagen mit bronzenen Löwenköpfen, wie man sie findet an den alten Tempeltüren der Heiden. Dieselben schloß der Kardinal Pier Leone zu, damit niemand wieder eintreten könne, bevor sein Vater verschieden sei. Er tat es mit eigenen Händen, denn auch die beiden jungen Kleriker, die ihn begleitet hatten, waren plötzlich gleich allen übrigen verschwunden. Er dankte ihnen das. Alsdann ergriff er das Kruzifix, das auf dem Tisch neben dem Lager stand, um es seinem Vater zu reichen, wie es einem Priester zukommt, einem Sterbenden zu tun. Aber da er es nun in seinen Händen hielt, fiel ihm plötzlich ein junger Patarener ein, der sich einst vor ihm wegen des Kreuzes hatte verantworten müssen. (Denn bekanntlich weigern sich diese Häretiker, einem Kruzifix, ja den Partikeln des heiligen Kreuzes selbst die schuldige Ehrfurcht zu erzeigen, weil sie nämlich sprechen, der Sohn Gottes sei nicht allein der Heiland am Kreuz, sondern ein jeglicher ihrer Sekte, welcher das ›Consolamentum‹ – das ist ihr häretisches Sakrament – empfangen habe.) Das Eisen, das der Patarener bei der Gottesprobe getragen, hatte gegen ihn gezeugt, und das Volk war wegen seiner Überführung froh geworden, aber er selbst hatte eine absonderliche Zuneigung zu dem jungen Ketzer gefühlt.

Der Kardinal Pier Leone bei sich selber: »Bin ich denn ein Patarener wie jener? Bin ich denn ein Ketzer?«

Indessen hatte der Sterbende bereits das Kreuz in der zögernden Hand des Kardinals erblickt. Sein kleiner, zäher Körper bäumte sich auf seinem Lager steil auf: »Fort – fort – was soll dies?«

Der Kardinal (sein Gesicht war jetzt so weiß, als liege nicht Blut, sondern Schnee unter seiner Haut): »Mein Vater, schickt Ihr mich fort, damit ich Donna Bona, Eure Gattin, rufe?«

Aber der Name Donna Bonas schien Petrus Leonis gar nicht mehr bekannt zu sein. Wie in schrecklicher Ratlosigkeit röchelnd: »Mirjam -- wo ist meine Gattin Mirjam?«

Plötzlich, immer noch steil aufgerichtet, fiel er wie ein Tier auf Hände und Füße nieder und kroch, gleichsam getragen von den Zuckungen des nahen Todes, mit grausiger Eilfertigkeit ans Fußende des Lagers, wo man zwischen den beiden Säulen des offenen Söllers hindurch in der Tiefe des Strombettes die kleine Judenstadt erblickt.

Auf einmal war es dem Kardinal, als vernähme er das Wimmern eines Kindes im Saal. Er umfaßte seinen Vater mit beiden Armen voller Liebe und Angst (Angst wiederum in einer sehr großen und gefährlichen Tiefe); Blut pochte an Blut, Antlitz lag an Antlitz, Brust an Brust, so, als neige sich eine verlöschende Fackel in eine lodernde hinab, einen Augenblick lang mit ihr zu einer einzigen Flamme verbunden. Indem wurde das Wimmern des unsichtbaren Kindes zum gellenden Aufschrei.

Im Innern des Kardinals diese Worte: ›Dort ist die Tür, wo der Normanne den Fall Jerusalems verkündigte – – dort ist der Hof, wo das Volk Allelujah rief – – dort ist die Treppe, über die der schreiende Knabe hinabfloh – und hier im Zimmer ist die Gerechtigkeit!‹
Indem sprang der verlöschende Funke noch einmal auf den Sterbenden zurück.
Petrus Leonis, die Arme gegen die Judenstadt ausbreitend, inbrünstig, wie man den nüchternen Zähler und Rechner niemals vernommen hatte: »Mein Volk Israel! Mein Volk Israel!«
Der Kardinal in seinem Innern (in Abständen, aber sehr schnell, so, als flamme Blitz auf Blitz in ihm nieder): ›Ich bin kein Patarener, ich bin ein Jude! Ich habe Christus nie geliebt, und in diesem Augenblick hasse ich ihn, denn –‹
Der Gedanke stürzte steil vor ihm ab. Wie aus weiter Ferne: ›Wo ist denn in dieser Stunde Christus, den du hassest?‹
Indessen rief der Sterbende abermals, lauter und inbrünstiger noch als zuvor, sein schmerzlich-schreckliches: »Mein Volk Israel! Mein Volk Israel!«
Plötzlich war es dem Kardinal, als sage neben ihm eine Stimme: ›Gesta Dei per Petrum Leonis –‹ Jäh zu sich kommend: »Was soll dies alles? Liegt mein Vater, oder liege ich in der Agonie? Was heißt Christus hassen? Mein Geschlecht hat der Kirche, die sich nach ihm nennt, mit besten Kräften gedient. Ist nicht das Volk im Recht, wenn es nach einem mächtigen Papst verlangt?«
Er umschlang abermals seinen Vater, um ihn mit Gewalt auf die Kissen niederzuziehen. Aber jetzt schlug nicht mehr wie vorhin Flamme in Flamme, Blut an Blut, son-

dern der Sterbende schien ein fremdes Element zu spüren. Mit der Furchtbarkeit der letzten Lebenskraft erwehrte er sich des Sohnes. Lauter noch als zuvor: »Mein Volk – mein Volk Israel!«
Der Kardinal bei sich selbst: ›Man wird seinen Ruf draußen in der Halle vernehmen – die Türen sind umsonst geschlossen worden, wenn er nicht schweigt. Aber wie soll ich ihn zum Schweigen bringen?‹
Indem erblickte er die alte Rachel.

Die alte Rachel.
Sie trat von rückwärts in den Saal ein, dort, wo keine Tür ist, sondern die beiden roten Teppiche, zwischen denen hindurch man in Mirjams einstiges Gemach geht. Rachel kam mit ihren alten, schlürfenden Schritten geradenwegs auf ihren Herrn zu, so, als habe er, der ihr so viele Jahre lang ausgewichen war, in Wirklichkeit viele Jahre lang auf sie gewartet.
Der Sterbende: »Rachel, kommst du endlich? Wo ist meine Gattin Mirjam?«
Rachel: »Herr, sie ist zu ihrem Vater Rabbi Nathan ben Jechiel geflohen, da Ihr Euch taufen ließet.«
Doch dieses alles war dem Sterbenden völlig entsunken. Mit seinen unklaren Augen, als blicke er die Sprecherin aus einem Netz hervor an, abermals: »Rachel, rufe mir meine Gattin –«
Plötzlich war es dem Kardinal, als flüstere neben ihm die Hölle. Laut: »Rachel, sage ihm doch, was er begehrt! Sprich ihm von seiner Gattin – tu, als wolltest du sie holen –«
Darnach neigte sich Rachel abermals zu dem sterbenden Petrus Leonis, und es wurde still im Saal. Alsdann ging

Rachel wieder hinaus. Sie ging aber nicht, wie der Kardinal meinte, um Petrus Leonis also zu täuschen, sondern sie ging, um Mirjam wirklich zu rufen, nämlich um die Hoffnung des Kardinals zu verderben.

Es wird berichtet:
Währenddessen fuhren die in der Vorhalle Versammelten noch immer fort, laut zu beten, wie ihnen der Kardinal Pier Leone geboten hatte zu tun, von Zeit zu Zeit unterbrochen durch das wilde Schluchzen Donna Bonas, die sich vor Scham und Zorn nicht zu fassen vermochte. Nur der Kanzler Heimericus verließ in aller Stille die Halle, um an das Krankenlager des Papstes Honorius zurückzukehren.
Da er nun durch einen der großen, dunklen Höfe des Palastes schritt – es wimmelte daselbst von den Pferden und Reitern des versammelten Adels –, traten ihm plötzlich Cencius und Leo Frangipane in den Weg. (Diese waren bereits von dem Vorgang am Sterbebett des Petrus Leonis unterrichtet worden.)
Der Kanzler verharrte schweigend, denn er glaubte zu wissen, daß sie ihm ihre Hilfe anbieten wollten.
Sie gingen abermals durch dunkle Höfe, die beiden Frangipani immer Seite an Seite mit dem Kanzler, wartend, daß er sie ansprechen werde; der Kanzler aber, als sei er gewillt, stumm zu bleiben, und müsse er mit seinen Begleitern bis ans Ende der Welt gehen. Einer der Höfe – es war das alte Theater des Marcellus – lag wie ein aufgebrochener Krater in der Mitte eines hohen Gebirges. An den Ausgängen standen bewaffnete Posten, hinter ihnen auf den steinernen Stufen des Theaters schliefen

andre. Die Kettenhemden klirrten, während die Wächter vor dem Kardinal die Waffen zum Gruß senkten. Es waren sehr viel Bewaffnete im Palast, denn die Moles Hadriani hatten nicht alle fassen können, die Petrus Leonis zum Schutz der nahenden Papstwahl aufgeboten hatte.
Endlich Leo Frangipane, da er sah, daß er und sein Bruder umsonst warteten: Was der Kardinal-Kanzler wohl von den letzten Eindrücken am Sterbebett des frommen Christen Petrus Leonis halte?
Der Kanzler mit seiner farblosen Stimme schlicht, aber unnahbar: Er halte dafür, daß der Sterbende in der Verwirrung der Todesstunde noch einmal in die Sprache und Vorstellungswelt seiner Jugend zurückgesunken sei.
Leo Frangipane: Ob es den Kardinal-Kanzler nicht verlange, zu erfahren, was sich hinter den verschlossenen Türen begebe?
Der Kanzler: Es verlange ihn nicht darnach.
Leo Frangipane: Aber ihn und seinen Bruder verlange es darnach, und sie seien willens, die Türen aufzubrechen.
Darnach verließen sie den Kanzler.

Die Juden von Roma erzählen:
Als Rachel zum Hause Nathan ben Jechiels kam, saßen Hannah Naemi und Mirjam allein beieinander. Der Rabbi war in der Schule und Trophäa in ihrer Kammer; aber sie spielte nicht mit den alten Brautketten, sondern sie dachte an Rabbi Elchanan.
Trophäa bei sich selber: »O Rabbi Elchanan, warum seid Ihr verstorben, ohne mich zu lehren? Ich wollte Euch fragen: Was sagt Ihr so inbrünstig ja zu meinem armen

Leben? Könnte ich doch sprechen wie Ihr! O Rabbi Elchanan, warum seid Ihr also schnell verstorben?«

Die Juden von Roma erzählen:
Da nun Hannah Naemi die alte Rachel in der Tür erblickte, erschrak sie heftig und stieß einen kleinen Schrei aus, denn sie kannte Rachel wohl; aber die Juden dürfen keinen Umgang haben mit den Getauften aus Israel.
Rachel: »Du brauchst nicht vor mir zurückzuweichen, Hannah Naemi; man hat es nicht für der Mühe wert gehalten, mich zu bannen; auch bin ich nicht gekommen, mit dir zu reden, sondern ich suche meine einstige Herrin Mirjam.« (Auf sie zu.)
Rachel zu Mirjam: »Frau, Petrus Leonis, Euer Gemahl, liegt im Sterben, und Ihr sollt zu ihm kommen.«
Mirjam, ohne Rachel anzublicken: »Ich kenne keinen Petrus Leonis, der mein Gemahl ist, sondern ich bin unvermählt, nur zu eigen meinem Volke Israel.«
Rachel: »Wenn Ihr unvermählt seid, Frau, so habt Ihr doch einen Sohn, und dieser, nicht Petrus Leonis, ist es, der mich sendet.«
Als Mirjam das hörte, sprang sie empor wie eine junge Gazelle.
Mirjam zu Rachel: »Wenn mein Sohn es ist, der dich sendet, so meinet er nicht mich« (die Tür zur Kammer aufreißend, darinnen Trophäa saß), »sondern jene!«
Zu Trophäa: »Stehe auf, Tochter, die Stunde ist gekommen: du sollst zu deinem Bruder gehn!«
Hannah Naemi: »O Mirjam, dieses kann nicht dein Ernst sein. Vermessen wäre es, deine Tochter in das Haus Edoms zu senden.«

Mirjam: »Nein, vermessen wäre es nicht, zu senden, die der Herr ruft.«
Hannah Naemi: »O Mirjam, sie ist noch immerdar zu schön!«
Mirjam (gleich einer Berauschten): »Nein, sie ist noch nicht schön genug; mein Sohn soll wissen, daß Israel seiner harret gleich einer Braut!« Zu Trophäa: »Mädchen, nestle dein Kleid auf!«
Darnach ging sie zu ihrer Brauttruhe, schloß sie auf und nahm das Gewand heraus, darinnen sie einst Petrus Leonis vermählt worden war.
Hannah Naemi, inne werdend, was sie vorhatte: »O Mirjam, schone deines blinden Kindes! Warte auf deinen Vater, daß du von ihm Rat nimmst!«
Mirjam: »Ich warte nicht auf meinen Vater, sondern ich warte auf meinen Sohn!« Abermals: »Mädchen, nestle dein Kleid auf!«
Da umschlang Hannah Naemi Trophäa, um sie mit ihren alten, gebrechlichen Armen zu beschützen.
Hannah Naemi: »O Mirjam, wir armen, schwachen Frauen!«
Plötzlich Trophäa in den Armen Hannah Naemis wie eine, die im Schlaf anfängt zu reden: »Mutter, hier bin ich!«
Hannah Naemi: »Trophäa, du hast deiner Mutter lange widerstanden, widerstehe ihr noch diese eine Stunde!«
Trophäa abermals: »Mutter, hier bin ich!« Plötzlich, die Arme unter den Armen Hannah Naemis ausstreckend, hell und stark gleich der Stimme Mirjams: »Mutter, hier bin ich!«
Da riß Mirjam ihre Tochter in ihre Arme und küßte sie auf Mund und Stirn.

Mirjam: »Heute bist du zum zweiten Mal mein Kind geworden! Der Herr hat mich Mutter werden lassen in meinen alten Tagen!« Aber da nun Trophäa gehorsam anfangen wollte, ihr Kleid aufzunesteln, zog sie ihr die Hände fort.
Mirjam: »Laß sein, Tochter; ich, deine Mutter, will dir selbst dienen, also geziemt es mir, an deinem Ehrentag zu tun!«
Und also zog Mirjam Trophäa das Kleid aus und streifte ihr ihr eigenes Brautkleid über.
Da nun Trophäa die schwere Purpurseide, die sie so oft zärtlich betastet hatte, an ihren Gliedern fühlte, begann sie zu beben; dergestalt ergriff es sie, daß sie dieses Kleid nun dennoch tragen sollte.
Trophäa: »O Mutter, was tust du, daß du mir dies Kleid überstreifst? Der Herr hat es mir nicht bestimmt.«
Mirjam: »Weil du es weißt, darfst du es tragen.«
Darnach legte ihr Mirjam die Ketten und Ringe ihres Brautschmucks um, und bei jedem einzelnen Stück sprach Trophäa ihr leises, demütiges: »Der Herr hat es mir nicht bestimmt.« Und jedesmal erwiderte Mirjam: »Weil du es weißt, darfst du es tragen.« Zuletzt hob Mirjam auch die Krone zu Trophäas Scheitel empor; aber nun sagte Trophäa nicht mehr: »Der Herr hat sie mir nicht bestimmt«, sondern sie neigte nur den Kopf tiefer, denn sie konnte nicht mehr sprechen.

Die Juden von Roma erzählen:
Mirjam, da sie Trophäa geschmückt hatte:
»Schön bist du, Mädchen, aber verblüht; geschmückt bist du, aber dein Schmuck ist verblichen. Blind bist du, denn

dein Volk hat viel geweint; verlassen bist du, denn dein Volk hat viel erlitten.« Alsdann: »Empfange deiner Mutter Segen!«

Da Hannah Naemi das hörte, konnte sie es nicht länger ertragen, sondern lief auf die Straße, ob sie ihren Bruder aus der Schule herbeibrächte, daß er Mirjams Wahnwitz wehre. Indessen sprach Mirjam den Segen über Trophäa.

Und Mirjam segnete ihre Tochter mit dem Segen Aarons: »Der Herr segne dich und behüte dich! Der Herr lasse leuchten sein Angesicht über dir und sei dir gnädig! Der Herr erhebe sein Angesicht auf dich und gebe dir Frieden!«

Trophäa: »Der Herr ist über mir, der Herr ist mit mir!«

Und also ging die Tochter Mirjams in das Haus des Petrus Leonis, angetan mit demselben Brautkleid, in dem ihre Mutter einst aus ihm hervor zum Martyrium gegangen war.

Canticum canticorum, Kapitel I (Trophäa, da sie in den Palast Pier Leone ging):

»Der Herr küsse mich mit dem Kusse
seines Mundes,
Denn seine Liebe ist köstlicher denn Wein!
Ziehe mich dir nach, so laufe ich — — —
Wir freuen uns und sind fröhlich!

Ich bin schwarz, aber gar lieblich ihr
Töchter Jerusalems,
Wie die Hütten Cedars,
Wie die Teppiche Salomos — — —«

Canticum canticorum, Kapitel I (Trophäa, da sie in den Palast Pier Leone ging):

»Denn siehe, der Winter ist vergangen,
der Regen ist weg und dahin!
Die Blumen sind hervorgesprossen im Lande,
der Lenz ist herbeigekommen,
und die Turteltaube läßt sich hören!«

Canticum canticorum, Kapitel VIII (Trophäa, da sie in den Palast Pier Leone ging):

»O daß ich dich fände, mein Bruder,
der du lagst an meiner Mutter Brüsten!
O daß ich dich küssen dürfte und mich
niemand höhnte!
Ich wollte dich führen in meiner Mutter Haus;
da wollte ich dich mit Wein tränken
und mit dem Most der roten Granaten.«

Trophäa im Palast Pier Leone.
Dieses ist die Sage, die darüber im Volke geht:
Als Petrus Leonis im Sterben lag, ist erblickt worden die schöne, tote Frau Mirjam, die ihn einst am Tage seiner Taufe verlassen hatte, in den Palast zurückkehrend, angetan mit ihrem Brautkleid, die Krone, die sie damals in den Händen getragen, wiederum auf ihrem Haupt, Kleid und Krone verblichen wie nach vielen Jahren, aber deutlich kennbar: Also haben die Wächter drunten im Hofe sie erblickt, auch einige der Diener in den rückwärtigen Gängen, wie sie hinaufgestiegen ist über die Treppe in ihr altes Gemach, daraus man zwischen den roten Vor-

hängen hindurch in den Saal geht zu dem Ruhelager, darauf sie einst mit ihrem Gemahl geruht hat.

Trophäa im Palast Pier Leone.
Als sie hinter dem Vorhang hervortrat, sah sie ihrer Mutter so ähnlich, daß der Kardinal Pier Leone sie auf den ersten Blick erkannte, denn man hatte ihm, da er Legat in Frankreich gewesen war, die Statue am Dom zu Chartres gezeigt, welche genannt wird ›Reine de Juda‹ und gebildet ist nach dem Antlitz Mirjams, der Schönen.
In seinem Innern erschütternd und wie taumelnd: »Ich sehe meiner Mutter Antlitz! Ich sehe meine eigene, wirkliche Mutter!« Dabei sagte er sich aber mit aller Deutlichkeit, daß die Eintretende dies unmöglich sein könne, denn er schätze sie nicht älter als sich selbst. Auch hatte man ihm immer gesagt, seine Mutter sei gleich nach seiner Geburt verschieden. –
Trophäa wußte indessen nicht, daß sie angekommen war, sondern sie fühlte nur, wie die Krone auf ihrem Haupt ein wenig schwankte und die Ketten und Ringe auf ihrer Brust stärker klirrten; also laut schlug ihr das Herz in dem Gedanken, sie müsse nun gleich da sein. Sie ging, von der Hand der alten Rachel gezogen, vorsichtig und gleichsam tastend, wie man gehet, wenn man blind ist, aber gleichzeitig schwebend, als fühle sie keine Erde unter sich vor großer Freude. Der Kardinal sah die wunderbare Erscheinung an sich vorüber auf das Bett des Sterbenden zu wandeln, aber es kam ihm gar nicht in den Sinn, sie anzurufen, also maßlos ergriff und erstaunte ihn ihr Anblick. Erst als sie schon ganz dicht an das Lager heran war, kam er zu sich.

Der Kardinal Pier Leone aufspringend:
»Mädchen, zurück von diesem Sterbenden, du kannst nicht meine Mutter sein!«
Indem ließ Trophäa die Hand Rachels los und ging auf ihn zu. Der Kardinal sah in ihrem Angesicht etwas vorgehen, was ihn noch viel wunderbarer dünkte als ihr Erscheinen.
Zurückweichend: »Wer bist du?«
Trophäa: »Deine blinde Schwester.«
Der Kardinal (abermals einen Schritt zurück; ihm war, als breche die Angst von vorhin in anderer Gestalt, rührender, aber unentrinnbarer noch, herein): »Was willst du? Wen suchst du?«
Trophäa: »Dich, mein Bruder.«
Der Kardinal (außer sich): »Wer gibt dir das Recht, hier einzudringen?«
Trophäa (unbeirrt): »Dein Volk Israel, das mich sendet.«
Auf ihre Knie nieder: »Mein Bruder, höre die Stimme des Herrn deines Gottes! Laß ab von dem falschen Glanz, der deinen Vater verblendet hat! Steig hernieder zu deiner armen Mutter und zu deiner blinden Schwester!«
Indem war es dem Kardinal, als flamme abermals ein Blitz vor ihm nieder.
In seinem Innern: ›Diese sendet mir nicht Israel, sondern — Christus.‹
Gleich darauf krachten die ersten Schläge der Frangipani gegen die Türen des Saals.

Trophäa, da die Türen einstürzten.
Sie wußte nicht, was geschah, sondern in ihrem Innern waren diese Worte: ›Es kann nichts mehr geschehen,

denn ich habe das Herz meines Bruders getroffen!‹ Gleich darnach fühlte sie, daß dieser ihre Hand ergriff und sie hinwegriß. Dann fiel eine Tür zu, und sie war allein.

Aus den Büchern unsrer goldenen Stadt Roma.
Von all diesem, was wir jetzt erzählen, ist aber nichts, wie man billig meinen könnte, übertrieben oder gar erfunden worden, wiewohl wir alle, die wir damals in der Vorhalle des Palastes versammelt waren, hernach nicht haben verstehen können, wie es nur möglich wurde. Denn die beiden Türen des Saales, die der Kardinal Pier Leone zuvor verschlossen hatte, sind wahrhaftig vor unser aller Augen gewaltsam von den Frangipani geöffnet, nämlich eingeschlagen worden wie einst die Tore von Sankta Maria in Palara; aber nicht wie jene unter dem Schutz großer Massen nachsetzender Reiter und Reisige, sondern von einer Handvoll verwegener Männer, die also frech und unbekümmert in die Halle eintraten, daß wir nichts anders vermeinten, als wir hätten Leute des Palastes vor uns, welche im Auftrag der Pier Leoni irgendein Werk an den Türen angreifen sollten. (Es möge uns aber zugute gehalten werden die große Verwirrung, darinnen wir uns seit dem Vorfall am Sterbelager des Petrus Leonis immer noch befanden.) Auch ging alles so überaus schnell vor sich, daß es gleichsam schon vorüber war, bevor es noch recht angefangen hatte. Darnach aber, als die Türen nach rechts und links splitternd eingesunken lagen, sahen wir einen Augenblick lang alle die schöne, tote Frau Mirjam neben dem Lager ihres sterbenden Gemahls, wie wir sie zuvor beschrieben haben, angetan mit ihrem purpurroten Brautkleid, darinnen sie einst ihren Gatten verlassen

hatte, die Krone, die sie damals in den Händen getragen, wieder auf dem Haupt, beide, Krone und Kleid, dazu das Gold ihrer Ketten und Ringe, verblichen von der Zeit, wie wenn Kerzen in dunstiger Nacht brennen, alles aber, dazu sie selbst deutlich erkennbar, wie viele unter uns es noch erinnern aus den Zeiten ihres Lebens. Und also haben wir vor Staunen über der Erscheinung gar nicht mehr an die eingeschlagenen Türen gedacht, bis die Leute der Pier Leoni in den Saal eingedrungen sind, um die Täter zu ergreifen. Diese sind hinter ihren vorgehaltenen Waffen nach rückwärts in den Saal hinein gewichen, und zwischen ihren Schwertern – so meinen wir – ist die schöne, tote Frau Mirjam unsren Augen entschwunden. Alsdann sind uns auch die Kämpfenden entschwunden, nämlich hinter den roten Vorhängen ins Innere des Palastes. Daselbst hat man ihr Getümmel noch viele Stunden lang vernommen durch alle Gänge der Burg. Deshalb sagt man zu Roma bis auf diesen Tag: ›Der Tod des Petrus Leonis ist nicht mit Glocken, sondern mit Schwertern eingeläutet worden.‹

Trophäa im Palast Pier Leone.
Sie konnte noch immer nichts anderes denken als dieses: Ich habe meines Bruders Herz getroffen, ich habe den Willen des Herrn erfüllt – was kann mir geschehen? Dieses machte sie so glücklich, wie sie seit ihren Kindertagen nicht mehr gewesen war. Es kam ihr auch gar nicht in den Sinn, daß sie allein und blind in einem großen, unbekannten Palast sei, sondern dieses fiel ihr erst ein, als das Geschrei der Kämpfenden näher zu ihr hindrang. Zuerst wartete sie eine kleine Weile, ob nicht Rachel oder ihr

Bruder zurückkomme, um sie zu holen. Aber niemand kam; sie fühlte um sich nichts denn kühle, eingeschlossene Luft, wie sie aufsteigt in den entlegenen Gängen großer, alter Gebäude.
An den Wänden hintastend, aber immer noch ohne Angst, fast wie scherzend mit sich selber: »Wäre ich nun die kluge Heidin Ariadne, ich hätte mir einen Faden mitgenommen, da ich in dieses große, fremde Haus ging –«
Indessen kam das Schlagen der Schwerter und das Rufen der Kämpfenden immer näher.
Trophäa: »Mein Faden ist der Wille des Herrn, der mich in dieses Haus gesandt hat. Er führe mich nun, wohin es ihm gefällt –«
Und also führte der Herr Trophäa in die Kapelle des Palastes, an deren Mauern sie einst als Kind gepocht hatte, da sie der Judenfrau antwortete: ›Mein Spiel heißt: Ich gehe ins Haus des Petrus Leonis.‹

Es wird berichtet:
Nun aber begab es sich, daß in der Kapelle in dieser Nacht das Christuskind aus der Kirche Sankta Maria vom Kapitol war, welches wir nennen: das Christuskind von Roma.
Zuvor bitten wir um des Kindleins Segen.
Alsdann erzählen wir dieses:
Von der Kirche Sankta Maria auf dem Kapitol wird gesagt: ›Ubi est ara filii Dei‹, denn sie stehet an der Stätte, da in unsrer Stadt Roma zum ersten Mal erblickt worden ist das Christuskind in den Armen der allerseligsten Jungfrau Maria, nämlich durch den Kaiser Oktavian, welcher geherrscht hat über unsre heidnischen Väter lange bevor

die heiligen Apostel Petrus und Paulus uns den Heiland verkündigt haben.
Jetzt erbitten wir zum zweiten Mal des Kindleins Segen (denn solches tun wir allezeit viele Male, sobald wir von ihm sprechen).
Alsdann erzählen wir weiter:
Dieser heidnische Kaiser Oktavian berief die berühmte Sibylle aus der Grotte der Stadt Tibur in den Tempel, welcher stehet auf dem Hügel des Kapitols in unsrer Stadt Roma. Daselbst befragte er sie: ob er als der Herr des ganzen Erdkreises würdig sei, göttliche Ehren und Opfer anzunehmen, wie das Volk verlange, sie ihm darzubringen.
Darauf gab ihm die Sibylle diese Antwort: »Vom Himmel kommt der König der Jahrhunderte! Siehe die Jungfrau, die den Herrn der Welt trägt!«
Alsdann öffneten sich die Wolken, und der Kaiser erblickte einen Altar, getragen vom Glanze vieler strahlender Engel, darauf die Gottesmutter Maria mit dem Christuskind.
Jetzt erbitten wir zum dritten Mal des Kindleins Segen: es segne und behüte uns alle das heilige Christuskind von Roma!
Darnach fahren wir abermals fort:
Und also verwahren wir an eben jener Stätte, da dieses geschehen ist, nämlich in der Kirche Sankta Maria auf dem Kapitol, von alters her ein Christuskind, gebildet aus einem edlen Holz, umwickelt mit allerfeinstem Linnen und allerseidigster Seide. An seinen Händen trägt das Kindlein so viele Ringe wie es Fingerlein hat, die sind ihm von den jungen Müttern unsrer Stadt Roma verehrt worden. In der Weihnachtsnacht legen wir das Kindlein

in eine vergoldete Krippe, davor singen ihm unsre eigenen Kinder ein Wiegenlied. Alsdann kommen die Hirten von den Feldern vor den Toren in die Stadt Roma, gleich den Hirten zu Bethlehem, blasend auf ihren Flöten und Schalmeien allerlei liebliche Weisen. Während des Jahres aber trägt man das Kindlein gerne zu unsren Kranken und Sterbenden, damit sie es berühren und an ihm genesen, es sei zurück zu diesem oder hinüber in das ewige Leben. Und also hatte man auch an diesem Tage das Kindlein in den Palast Pier Leone gebracht, damit es dem sterbenden Herrn des Hauses beistehen möge, aber da man es ihm reichen wollte, waren die Türen bereits geschlossen gewesen, und daher hatten es die Priester in die Kapelle getragen, es daselbst so lange zu verwahren, bis man es wieder heimführe. Und also lag es in dieser Nacht allda zu Füßen des Kreuzes auf dem Altar.

Trophäa in der Kapelle des Palastes:
Da sie nun eintrat, fühlte sie sogleich die gewaltige und doch milde Stille des Raumes. Auch war die Luft hier nicht mehr kalt und leblos wie in dem Gewirr der eingeschlossenen Gänge, daraus sie kam, sondern ihr schien, sie sei in einem hohen Gemach, darinnen ein warmer Duft blühe, so, als ob man hier ein liebliches Gewürz verbrannt habe.
Trophäa bei sich selber: »Hier ist es gut sein. Hier möchte ich bleiben und erwarten, was mit mir geschieht.«
Sie zog die Tür hinter sich zu, alsdann ging sie vertrauensvoll in den stillen, lebendigen Raum hinein, und bei jedem Schritt, so meinte sie, werde ihr wohler und geborgener zumut.

Trophäa abermals: »Hier ist es gut sein. Hier ist es, als wären die Engel des Herrn zu Hause. Hier möchte ich bleiben.«

Also ging sie durch die ganze Kapelle, tastend nach der Gewohnheit ihrer Blindheit, zwischen den marmornen Chorschranken hindurch, bis sie eine kleine Stufe an ihren Füßen fühlte.

Trophäa: »Auf dieser Stufe will ich mich ausruhen. Hier ist es sehr gut.«

Und also kauerte sie sich nieder. Aber da sie nun ruhte, begann die schwere Krone auf ihrem Haupt sie zu drükken, und sie nahm sie ab. Dabei stieß sie mit dem Arm gegen einen Tisch, der dicht über der Stufe stand.

Trophäa: »Es ist meiner Mutter Krone, es ist meines eignen Lebens Krone – sie soll nicht auf dem nackten Boden liegen!«

Also stand sie auf und legte die Krone zärtlich auf dem Tisch nieder. Alsdann kauerte sie sich wiederum zu der Stufe hinab. –

Da es nun so still um sie her war, begann abermals die Stimme ihrer Freude in ihrem Innern: »Ich habe gefühlt, wie ich meines Bruders Herz traf! Ich habe den Willen des Herrn erfüllt! Was kann mir noch geschehen? Ich will dem Herrn danken für alles, was er an mir getan hat.«

Und also begann Trophäa vor dem Altar der Kapelle des Palastes Pier Leone zu beten.

Trophäa vor dem Altar der Kapelle:

»Der Herr ist mein Hirte,
Mir wird nichts mangeln.

Er weidet mich auf einer grünen Au
und führet mich zum frischen Wasser.
Er erquicket meine Seele
und führet mich auf rechter Straße
um seines Namens willen.
Und ob ich schon wanderte im finsteren Tal,
fürchte ich kein Unglück,
denn du bist bei mir. – – –
Gutes und Barmherzigkeit werden mir folgen
mein Leben lang,
Und ich werde bleiben im Hause des Herrn
immerdar!«

Trophäa vor dem Altar der Kapelle:
»Lobe den Herrn, meine Seele!
Ich will den Herrn loben, solange ich lebe!
Ich will meinem Gott lobsingen, solange ich bin!
Der Herr speiset die Hungrigen,
der Herr löset die Gefangenen.
Der Herr macht die Blinden sehend;
der Herr richtet auf die Zerschlagnen.
Der Herr behütet die Fremden und die Waisen,
er erhält die Einsamen.
Der Herr ist König ewiglich;
der Herr ist dein Gott, Zion, für und für.«

Trophäa vor dem Altar der Kapelle:
»Danket dem Herrn, denn er ist freundlich,
und seine Güte währet ewiglich! – – –
Ich werde nicht sterben, sondern leben
und des Herrn Werk verkündigen. – – –

Dies ist der Tag, den der Herr gemacht hat!
Wir freuen uns und sind fröhlich!
Gelobt sei, der da kommt im Namen des Herrn!
Danket dem Herrn, denn er ist freundlich,
und seine Güte währet ewiglich!«

Und also betete Trophäa vor dem Altar der Kapelle alle Psalmen und Lobgesänge des Königs David und konnte nicht aufhören. Es war ihr aber, je länger sie betete, als bete sie gar nicht allein, sondern als bete hier im Raum noch einer mit ihr oder für sie an ihrer Statt.

Trophäa: »Wer ist nur, der hier mit mir betet? Wer ist nur hier im Raum so innig bei mir? Ach, könnte ich doch sehen und erkennen, wo ich bin!«

Und also begann Trophäa mit der Hand um sich zu tasten, ob sie zu erfahren vermöchte, wer hier bei ihr sei.

Der Herr aber, der zuvor Trophäas Schritte in die Kapelle geführt hatte, führte nun auch ihre Hand, daß sie auf dem Altar nicht das feindliche Christenzeichen des Kreuzes ertastete, welches sie entsetzt hätte, sondern das Christuskind.

Trophäa in der Kapelle des Palastes:

Trophäa: »Ich fühle das Abbild eines Kindleins in meinen Händen: in Linnen gewickelt, die Glieder klein und zart gebildet wie die Glieder der Kindlein vor den jungen Müttern in den Wiegen –«

Dabei war ein wunderliches Erschrecken in ihrem Herzen. (Dieses kam, so glaubte sie, daher, daß ihr die Stimmen der Kindlein vor dem Hause des Rabbi immer so viel Qual und Not gemacht hatten.)

Trophäa: »Ich habe doch nun meinen Willen bei Gott!

Bin ich nicht selbst vor ihm gleich einem Kindlein worden, klein und demütig? Wie darf ich mich denn noch grämen, weil ich kein Kindlein habe? Wie darf ich denn noch vor dieses Kindleins Abbild erschrecken?«

Darnach nahm sie das Kindlein freudig auf die Arme, wie um Gott zu zeigen, daß ihr Wille nun überall bei ihm sei. –

Dieses ist geschehen in der Frühe des dritten Sonntags vor der Passion unsres Heilands Jesu Christi, da man singet den Introitus der heiligen Messe mit den Worten: ›Laetare Jerusalem!‹

Es sind dieses aber die gleichen Worte, welche Trophäa einst auf Befehl ihrer Mutter gesprochen hat an dem Abend, da sie mit den Judenfrauen am nächtlichen Tiberufer auf den Schall der heiligen Trompete lauschte, kurz bevor sie mitten in die feindlichen Reiter hineinlief.

Aus den Büchern unsrer goldenen Stadt Roma.

Indessen stand draußen das kleine Häuflein der Frangipani noch immer trotzig aufrecht und beisammen, denn die Gänge der Burg Pier Leone sind an dieser Stelle sehr eng, also daß immer nur drei bis vier Mann aneinander geraten können. Daher hat den Pier Leoni ihre große Übermacht nicht viel genützt, sie haben auch immer nur ganz wenig Streiter heranführen können, diese aber sind von den verwegenen Frangipani jedesmal schnell abgefertigt worden. Inzwischen ist Petrus Leonis verschieden, und die Pier Leoni haben sich gescheut, das Getümmel des Kampfes fortzusetzen. Also hat man um der Leiche im Hause willen den Frangipani freien Abzug angeboten, diese aber haben ihn nicht annehmen wollen.

Untereinander: »Es gehet uns nicht um freien Abzug,

sondern wir stehen allhier wegen der toten Frau Mirjam, an welche wir nämlich nimmermehr glauben können, vielmehr meinen wir, daß wir vorhin am Sterbebett des Petrus Leonis und hernach in diesen Gängen ein lebendiges jüdisches Mädchen erblickt haben. Und also wollen wir nicht eher von hier weichen, bis wir dieser Sache auf die Spur gekommen sind, denn solches kann uns wohl zustatten kommen. Lasset uns also die Zeit, da die Pier Leoni ihre Leiche schmücken, ausnützen und allenthalben suchen!«
(Auf die Kapelle zu.)

Trophäa in der Kapelle:
Es waren aber jetzt schon viele Stunden vergangen, und sie wartete immer noch vergeblich, daß ihr Bruder komme und sie hole.
Trophäa: »Ich habe doch gefühlt, wie ich sein Herz traf: Habe ich denn nicht tief genug getroffen? Oder kann auch ein getroffenes Herz wiederum vergessen?«
Und also begann sie langsam unruhvoll zu werden, so, als müsse ihre Freude nun von einem hohen Berg hinab ins tiefe Tal.

Trophäa in der Kapelle:
Sie betete jetzt nicht mehr die Lobgesänge, sondern die bangen Hilferufe König Davids.
Trophäa:

»Herr, wende dich zu mir und sei mir gnädig!
Die Angst meines Herzens ist groß,
führe mich doch aus meinen Nöten! – – –
Bewahre meine Seele und errette mich!

Laß mich nicht zuschanden werden,
denn ich traue auf dich! – – –
Herr, sei mir gnädig, denn ich bin schwach!
Herr, hilf mir, denn ich bin erschrocken!
Meine Seele ist sehr erschrocken –
Herr, Herr, wie lange –?«

Trophäa in der Kapelle:
»Ich habe doch hier so inbrünstig gebetet. Kann es denn sein, daß der Herr sein armes, blindes Kind verläßt?«

Trophäa in der Kapelle:
»Kann denn auch meiner Mutter Glaube zuschanden werden? Kann denn ihres ganzen Lebens Hoffnung brechen?«

Trophäa in der Kapelle:
Plötzlich war ihr, als komme über sie diese Gewißheit: ›Der Herr wird dir deinen Bruder nicht senden! Der Herr wird dich nicht aus deiner Verlassenschaft erretten, aber er will mit dir verlassen sein!‹
Trophäa: »Was ist das nur für ein wunderlicher Ort, wo ich bin? Was kommen mir hier für absonderliche Gedanken? Wie kann der allmächtige Gott verlassen und hilflos sein? Solches habe ich noch niemals gedacht.«
Darnach war es ihr wiederum, als müsse hier noch einer im Raum sein, ja als flüstere er ihr zu. Und also begann sie abermals zu tasten. Dabei stieß sie sich mit der Hand an dem Kreuz auf dem Altar, aber sie ward seiner nicht inne, sondern sie ward abermals nur des Kindleins inne.

Indem war es ihr, als führe die unbekannte Stimme von vorhin fort:

›Gott wird sich seines schwachen, blinden Kindes nicht annehmen, aber er will selbst mit dir ein schwaches Kind sein.‹

Das erschütterte sie so, daß sie sich zu dem Kindlein herabbeugte und es küßte.

Also fanden sie die eindringenden Frangipani und rissen sie hinweg.

Aus den Aufzeichnungen des Kardinal-Bischofs Petrus von Portus.

Da ich noch alt war und mein Verlangen nach Christus größer wurde, habe ich viele Male um meine Heimfahrt gebetet, aber nun ich uralt bin, und mein Verlangen, von hinnen zu scheiden, keine Grenzen mehr kennt, bitte ich nur noch darum, es möge erfüllt werden der Wille Jesu Christi, unsres Königs, immerdar und überall, also auch an der Dauer meines armen Lebens; es sei mir dieser Wille lieb oder leid. Und somit bete ich auch in dieser Stunde für unsre heilige Kirche um nichts andres.

Wir warten aber schon seit vielen Tagen darauf, es möge doch unser sterbender Vater, der Papst Honorius, wie es der Brauch ist unter den Nachfolgern des heiligen Petrus, uns seine Ratschläge geben, nämlich für die Wahl unsres zukünftigen Herrn, auf daß er uns auch über die Dauer seines zeitlichen Lebens hinweg beistehe mit der Erleuchtung seines heiligen Amtes, welche Erleuchtung – dieses wissen wir wohl – durch keine andere Erleuchtung ersetzt werden kann. Unser Heiliger Vater aber hat bis jetzt geschwiegen, Also bin ich als der Älteste unter unsren Brüdern vor den Papst Honorius getreten, um ihn freimütig zu befragen.

Er lag, klein und armselig geworden, auf seinem Lager,

der ehedem große, knorrige Körper zerkrümmt und zusammengeschrumpft, die starken Knochen in seinen Backen und Händen spitz hervorgestoßen, die Stirn überhoch, dem winzigen Antlitz gleichsam entfliehend; dieses selbst fein und wächsern wie bei einem adligen Menschen (er war aber von bäuerlichem Blut). Also habe ich ihm erzählt (denn dieses schien mir nach allem, was sich zugetragen eine passende Kleidung für meine Frage), was der Papst Kalixt einst zu mir über unsren Bruder Pier Leone gesagt hat, da er fühlte, daß sein Hintritt bevorstand. Denn wiewohl uns die Kanones gebieten, daß wir, so lange unser Herr noch atmet, untereinander in keinerlei Beratung über die Person des künftigen Papstes eintreten sollen, so schwebt doch in der Erwartung vieler unter uns ein Name, und wir können wohl sagen, daß wir ihn oftmals miteinander geschwiegen haben.

Indessen bin ich bald inne geworden, daß unser Heiliger Vater Honorius mich nicht mehr vernommen hat, also fern und glänzend sind seine Augen von mir hinweggeirrt, gleich als sei die fliehende Stirn das Sinnbild seiner schon entfliehenden Gedanken. Dieses habe ich auch unsren Brüdern vermeldet.

Indessen jagen die Gerüchte gleich wilden Pferden durch alle Straßen der Stadt.

Aus den Aufzeichnungen des Kardinal-Bischofs Petrus von Portus.

Wir wissen aber noch nicht, was sich eigentlich zugetragen hat, denn unser Bruder Heimericus stehet unbewegt und schweigsam mitten im Sturm aller dieser Stimmen,

so daß man meinen könnte, er erachte, sie gehen uns gar nichts an.
Die beiden Frangipani haben uns sagen lassen: sie hätten in der Kapelle des Palastes Pier Leone ein jüdisches Mädchen gefangen, nämlich in dem Augenblick, da es offensichtlich im Begriff gewesen sei, das Christuskind von Sankta Maria auf dem Kapitol zu entwenden, wie es ja bekannt sei, daß sich die Juden zuweilen an den heiligen Bildern der Christen und selbst an geweihten Hostien vergriffen hätten, auf daß sie dieselben in ihren Synagogen verhöhnten oder marterten. Ob es unsrem Bruder Heimericus genehm sei, wenn man ihm das Mädchen ausliefere, auf daß er es selbst befrage, wie es in den Palast gekommen sei. Sie erachteten, daß dieses für die heilige Kirche nicht ohne Wichtigkeit sei zu erfahren, nach allem, was sich am Sterbebett des Petrus Leonis zugetragen habe.
Darauf hat unser Bruder Heimericus erwidert: Wenn das jüdische Mädchen im Palast Pier Leone ergriffen worden sei, so gehe das die Pier Leoni und nicht ihn an. Man möge es dorthin zurückführen, wo man es aufgefunden habe, daselbst werde man am besten über sein Erscheinen und Tun unterrichtet sein.

Abermals der Kardinal-Bischof von Portus:
Die Frangipani haben zum zweiten Mal an unsren Bruder Heimericus Botschaft gesandt, nämlich diese: sie hätten das gefangene jüdische Mädchen selber ins Verhör genommen; es gebe vor, die leibliche Schwester des Kardinals Pier Leone zu sein, im Judentum auferzogen und in der Sterbestunde des Petrus Leonis von dem Kardinal

selbst in den Palast gerufen. Sie hielten sich im Gewissen gebunden, solche höchst befremdlichen Dinge der heiligen Kirche zu melden.

Darauf unser Bruder Heimericus unbewegten Antlitzes: Er spreche seine freudige Überraschung darüber aus, daß sich die Frangipani derart im Gewissen der heiligen Kirche gebunden fühlen, aber er wiederhole: wenn das Mädchen die Schwester des Kardinals sei, so gehe diese ganze Sache jenen und nicht ihn an. Man möge also die Ergriffene im Palast Pier Leone abgeben. –

Wir wissen aber sehr wohl, daß die Frangipani mit dieser gefangenen Jüdin unsren Bruder Pier Leone gern verderben, insonderheit von der Papstwahl ausschließen möchten, denn wir vernehmen, daß sie allenthalben ausbreiten, die Pier Leoni seien nur zum Schein getauft und in Wahrheit heimliche Juden gleich der alten Rachel, von welcher solches in ganz Roma gewußt werde. Und also sehen wir sie mit Staunen sich plötzlich als Hüter des Christentums gebärden.

Wir selbst aber sind der Meinung, es ist nunmehr die Stunde gekommen, da unser Bruder Pier Leone auf die Frage unsres Heiligen Vaters Paschalis Antwort geben muß. Und also warten wir nicht sowohl darauf, was diese Frangipani weiterhin tun werden, als auf das, was unser Bruder Pier Leone tun wird.

Der Kardinal-Bischof von Portus.

Inzwischen umbraust uns aber auch das Volk von allen Seiten mit seiner Unruhe wegen des verschwundenen Christuskindes von Sankta Maria, von welchem es glaubt, die Frangipani haben es mit der gefangenen Jüdin zugleich in ihrem Palast verschlossen. Also hat unser Bruder Heimericus den Frangipani geboten, daß sie auch das Christuskind ungesäumt und mit den ihm zukommenden Ehren an seine Stätte brächten.

Aus den Büchern unsrer goldenen Stadt Roma.
Wir haben mit einer Magd aus dem Hause Frangipane gesprochen namens Trulla. Dieselbe hat uns erzählt: Wir sagten damals unter den Leuten der Burg: Unsre Herrn sind nicht mehr so licht in ihren Haaren und an ihrer Haut wie zuvor, sondern es ist mit ihnen, wie wenn eine Wolke über die Stadt Roma ziehet, daß sich der gelbe und weiße Marmor auf dem Palatin verfärbt. Auch scheinen sie uns nicht mehr ganz so wild wie früher, aber sie sind böser geworden. Also sprechen viele unter uns: Pah, unsre Herrn werden älter, das ist alles! Wir nehmen aber solche Veränderung an ihnen wahr seit dem Tage, da man nicht den Kardinal Pier Leone, sondern den Bischof Lambert von Ostia zum Papst erwählt hat, denn von diesem Tag an tun sie beide immerdar, was unsre Domina Jacoba ihnen rät. Es ist ihnen aber nicht wohl dabei, sondern übel, denn solche wie sie können manches tun, davor andere sich scheuen, ohne daß es ihr Gewissen belädt, aber wenn sie zu lügen beginnen, so ist es alsbald, als trete ihnen Galle ins Blut und vergifte ihr Geblüt. Ich meine aber, sie wissen selbst, daß sie sich mit ihrem Geschrei nach dem frommen Bischof Lambert ganz nahe bei Petrus Leonis aufgestellt haben, von dem jetzt viele sprechen: er habe als Christ nur seinen eigenen glücklichen Weg in dieser Welt machen wollen. Denn wiewohl unsre Herrn immerdar Rat von unsrer Domina Jacoba

nehmen, so sind sie ihr doch dafür keineswegs dankbar, sondern selbst unser junger Herr Leo verfährt jetzt oft hart mit ihr. Hiervon aber wird sie selbst immer böser; also tut sie mir allezeit von Herzen leid. So ich selbst eine reiche Domina wäre, so würde ich jetzt eine Lampe kaufen und vor dem Bildnis der milden Gottesmutter Maria aufhängen, daß sie daselbst brenne für das arme Herz unsrer Domina, denn jenes hat viel Unrecht leiden müssen, da es noch in Liebe an unsrem Herrn Cencius hing. Viel Unrecht leiden aber vermag ein Mensch nur ohne Schaden, so er Christus und seine heilige Mutter wahrhaftig liebt, ansonst ist es seiner Kraft zu schwer. Dieses spricht Trulla, die arme Magd, welcher selbst in ihrem Leben widerfahren ist so manches Unrecht.

Die Magd Trulla aus dem Hause Frangipane.
Sie fuhr also fort:
In jenen Tagen nun gebot unsre Domina, man möge ihr eine Zauberin zuführen, damit sie dieselbe wegen der nahen Papstwahl und wegen der Zukunft ihres Geschlechtes befrage. Also gingen einige der Unsren in die Straßen, da man solche findet, daselbst bot sich uns die alte Rachel an. Und also kam diese in die Burg unsrer Herrin. (Wir glauben aber heute nicht mehr, daß Rachel eine Zauberin war, sondern wir glauben, sie ist aus demselben Grunde zu uns gekommen, wie sie zuvor zu Mirjam gegangen war.)
Man ließ sie in ein kleines Gemach nahe der Tür eintreten, denn wir fürchteten, so unser Herr Cencius sie erblicke, werde er sie stracks erwürgen. Alsdann riefen wir die Domina.

Sie kam herein, unsren jungen Herrn Leo an der Hand zärtlich mit sich ziehend, denn sie stellte sich noch immer vor sich selbst, als stehe es gut zwischen ihm und ihr wie ehedem, ob er ihr gleich heftig widerstrebte.
Alsdann ihre schöne Hand gegen Rachel ausstreckend (denn sie gedachte sie zuerst an ihrem eigenen Schicksal zu prüfen):
»Was weißt du von mir, altes Judenweib?«
Darauf Rachel, in Jacobas Hand blickend, mit verhaltenem Hohn:
»Daß Ihr einmal einen Beschnittenen freien wolltet, Domina!«
Indem sprang unser Herr Leo der Alten nach der Gurgel, unsere Domina aber riß ihn hinweg.
Unsre Domina: »Leo, was sie mir sagt, ist sehr nützlich, verstehst du das nicht?«
Darauf belohnte sie die Alte und entließ sie.
Alsdann zu unsren Herrn: »Sehet ihr nun, wie trefflich alles sich zueinander füget: der Tod des Petrus Leonis, eure Gefangene aus der Kapelle und das, was diese alte Hexe spricht? Zwar, den Kardinälen könnet ihr nicht beikommen, denn jene wollen nicht dulden, daß man Übles von einem Menschen redet, aber dem Volk könnet ihr schon beikommen, hänget es gleich wie Kletten an den goldenen Taschen der Pier Leoni, so ist es doch allezeit willig, auf großes Geschrei zu lauschen.«
Alsdann gab sie ihnen den Rat: sie möchten doch dem Befehl des Kanzlers gehorsamen und den Kardinal Pier Leone vor die Wahl stellen, seine jüdische Schwester vor aller Welt anzuerkennen. Es könne vor der nahenden Papstwahl nichts Besseres geschehen, als wenn auf diese

Weise jedermann noch einmal an die seltsamen Vorgänge am Sterbebett des Petrus Leonis erinnert werde.
Darnach hätten sie beschlossen, am hellen Tage einen Herold mit großem Geschrei durch alle Straßen der Stadt nach dem Palast Pier Leone reiten zu lassen, daß er daselbst mit einem Trompetenstoß anfrage, ob der Kardinal seine jüdische Schwester, so man beim Raub des Christuskindes betroffen habe, abholen wolle, oder wohin er gebiete, sie zu führen. Die Jüdin selbst aber und auch das Christuskind sollten sie einstweilen noch in Gewahrsam behalten, denn man könne nicht wissen, wie man sich beider noch werde bedienen müssen. Also sei der Herold zu dem Kardinal Pier Leone geritten.

Der Kardinal Pier Leone.
Inzwischen lag in der Kapelle des Palastes Pier Leone noch immer die Brautkrone Trophäas auf dem Altar zu Füßen des Kreuzes, wo Trophäa sie von sich getan hatte. Vor dem Altar aber lag aufgebahrt der tote Petrus Leonis, die goldene Senatorenmitra, die er im Todeskampf so wild abgeschüttelt hatte, wiederum auf dem Haupt, prächtig gekleidet mit einer purpurnen Dalmatika gleich der Leiche eines großen Fürsten, zugleich aber auch verlassen wie die Leiche des letzten, armseligen Bettlers oder Übeltäters. Denn den Leuten des Palastes graute noch immer vor seinem Sterben, und sie konnten den Auszug der Leiche aus dem Hause kaum erwarten. Frau Bona aber und ihren Kindern graute vor der toten Frau Mirjam, die am Sterbebett ihres Gatten erblickt worden war. Also blieb der Kardinal Pier Leone Stunde um Stunde allein bei der Leiche. Vor der Tür der Kapelle aber sprachen die Diener

untereinander: »Der Sohn will noch einmal ungestört mit seinem toten Vater reden.« Also entschuldigten sie sich vor sich selbst, daß sie nicht bei der Leiche ihres Herrn beten mochten.

Der Kardinal Pier Leone bei seinem toten Vater.
Er blickte aber nicht diesen an, sondern sein Auge hing an der Brautkrone unter dem Kreuz auf dem Altar: es schien ihm, als flehe sie allda gleicherweise für ihn wie zu ihm.
Der Kardinal Pier Leone fortfahrend, wo er am Sterbebett seines Vaters geendet hatte: »Diese sendet dir nicht Israel, sondern Christus –« Mit dem Blick auf die Mitra des Verstorbenen (sie saß jetzt unbeweglich auf dem unbeweglichen Haupt, aber der große, weiße Mund stand noch immer halb geöffnet, als sperre der erstarrte Schrei ›mein Volk Israel‹ die Lippen voneinander):
»Vater, ich kann dir diese Mitra nicht abnehmen; selbst ihr Staub wird noch deinen Staub im Grabe drücken. Und dennoch bist du ein redlicher Mann gewesen: du hast alles, was du schuldig warst, treu bezahlt viele, viele Male –«
Tiefer zu dem Toten herab: Es lag aber allda nicht mehr der große, mächtige Konsul und Senator der Römer, sondern es lag da das Angesicht eines alten, traurigen und gequälten Menschen, darinnen eingegraben weder die Triumphe und Siege seines Lebens noch die schwindelnden Zahlen der goldenen Byzantiner, sondern es standen dort verzeichnet unzählige große und kleine Demütigungen, eine neben der anderen, wie eingetragen in die Seiten eines geduldigen, zähen und verschwiegenen Pergaments. Der Kardinal erkannte sie alle wieder, eine um die an-

dere, als lese er die Geheimschrift seines eigenen Lebens. Der Kardinal Pier Leone: »Und dieses alles war im Grunde der Ruf Christi! Unser verachtetes Volk das Kreuz, dem wir entflohen, das Kreuz, das uns folgte?«
Wiederum zurück zu der flehenden Krone auf dem Altar: »So sind also Kreuz und Liebe eins – –? O Jesus Christus, wie fein bist du, wenn es gilt, eine Seele zu gewinnen!«

Der Kardinal Pier Leone in seinem Innern diesen Brief schreibend:
›– – – und also bitte ich Euch, ehrwürdige und geliebte Brüder, daß Ihr Euch künftig für immerdar entschlagen möget aller Sorge, die, wie mir wohl bekannt ist, bei dem Tode des Papstes Kalixt in der heiligen Kirche meinetwegen umging. Denn mein Streben stehet nicht in dem, das jene Sorge meinet, sondern ich erachte mich als von Christus gerufen, mich hinfort mit einer besonderen Liebe anzunehmen meiner Brüder und Schwestern aus dem Hause Israel, es sei, sie mit Christus zu vereinen oder – so es Gott nicht gefällt – mich zu ihnen bekennend, bei den Christen zu bewirken, daß sie ohne alle Kränkung in Frieden unter uns leben mögen. Ihr aber, meine Brüder, wollet bei unsrem zukünftigen Herrn und Vater, welchen Ihr nach dem Rat des Heiligen Geistes erwählen werdet, Eure Bitte der meinen vereinen, auf daß er mir zu diesem meinem Auftrag seinen Apostolischen Segen spende –‹
Gleichsam die Feder aus der Hand legend, zu sich selber: »Und also werde ich nicht Papst, aber ich werde hinfort Christ sein.«

Der Kardinal Pier Leone.
Plötzlich in seinem Innern diese Worte blitzhaft wie die Erkenntnisse am Sterbebett seines Vaters, aber nicht wie dort aus jäh aufbrechenden verschwiegenen Welten hervor, sondern als werfe die schneidende Helle seines Verstandes ihren Schein mitten in den Raum seiner Seele: »Bin ich aber Christ, so kann ich auch Papst sein! Gerade diesen Brief werden sie mir zum Verdienst anrechnen; gerade mit ihm werde ich das Gerücht erdrosseln, das mich bedroht; gerade mit ihm kann ich alle meine Feinde besiegen! Besiege ich aber, so kann ich auch beschützen –«

Indem kam der Herold der Frangipani vor der Burg an.
Der Kardinal Pier Leone.
Da er nun aus der Kapelle trat, um dem Geschrei vor dem Hause seines toten Vaters Schweigen zu gebieten (denn der Herold hatte viel Volk mit sich gerissen), kam ihm seine Schwester Tullia mit fliegenden Schritten entgegen, also daß ihr schwarzer Trauerschleier ihm ins Antlitz wogte.
Der Kardinal Pier Leone unwillig: »Was stürmest du so heran, Tullia? Gedenkst du denn nicht unsres toten Vaters in der Kapelle?«
Tullia Pier Leone (es ging aber damals schon die Rede in Sizilien: unsre Fürstin hat zuweilen wunderliche Stunden der Verwirrung) zitternd: »Mein Bruder, vergib mir! Ich hatte diese Nacht so böse Träume: mir träumte, ich sei wieder bei den Frangipani, aber sie tanzten nicht mit mir, sondern sie hielten mich gefangen.«
Der Kardinal abermals unwillig: »Was soll dieser Traum, Tullia? Bist du nicht des Fürsten Roger Gemahl? Sprich

doch, bevor du einschläfst, die Worte: Sizilien und Apulien.«
Tullia immer bebender: »Mein Bruder, der Traum ist erfüllt: der Herold der Frangipani steht am Tor und spricht, ich habe das Christuskind gestohlen!« In Tränen ausbrechend: »Hilf mir doch!«
Der Kardinal in seinem Innern: ›Also nicht: besiege deine Feinde, sondern: gib dich selbst in ihre Hände! Jesus Christus, jetzt bist du nicht fein, sondern furchtbar!‹

Aus den Aufzeichnungen des Kardinal-Bischofs Petrus von Portus.
Die Frangipani haben unsrem Bruder Heimericus Botschaft gesandt, sie seien seinem Befehl gehorsam und willens gewesen, die gefangene Jüdin dem Kardinal Pier Leone auszuliefern, aber er habe sie nicht angenommen, sondern seine Wächter hätten ihrem Herold den Eintritt verweigert.
Darauf hat unser Bruder Heimericus sie fragen lassen, ob auch sein zweiter Befehl erfüllt und das heilige Christuskind wieder zu Sankta Maria sei. Alsdann hat er ihnen geboten, sie möchten es eilend hinaufführen, das gefangene Mädchen aber dem jüdischen Mann Nathan ben Jechiel übergeben; dieser ist inzwischen bei uns gewesen und hat uns mit vielen Tränen um seine Enkelin gebeten, auch überzeugend dargetan, daß sie, als eine Blinde, nimmermehr das Christuskind habe entwenden können.
Ich bin aber wohl innegeworden, daß unsrem Bruder Heimericus die Botschaft der Frangipani nicht gefallen hat, denn ich kenne den Flügelschlag der beiden grauen Falken unter seiner Stirn.

Inzwischen haben die Frangipani die gefangene Jüdin und das Christuskind nach ihrer eigenen Weise ausgeliefert.

Aus den Büchern unsrer goldenen Stadt Roma.
Wir haben aber eben jene Magd Trulla auch befragt, ob sie uns keine Kunde geben könne, wie es Trophäa während ihrer Gefangenschaft bei den Frangipani ergangen sei. Sie hat uns indessen nicht viel darüber zu sagen vermocht, und so hänget an dieser Stelle bereits der Schleier Unsrer Lieben Frau, der allerseligsten und allerschmerzhaftesten Jungfrau Maria, unter dem – so meinen wir – uns Trophäa entschwunden ist. Und also erzählen wir von ihr hinfort nichts mehr denn ihr Ende.

Die Magd Trulla aus dem Hause Frangipane:
Inzwischen ist aber das Volk immer unruhiger geworden wegen des Christuskindes von Sankta Maria, welches unsre Herrn mit der gefangenen Jüdin zugleich in unsrem Hause verwahrt hielten, auf daß man die böse Absicht dieser mit jenem zu erweisen vermöchte. Also ist die Menge vor die Burg unsrer Herrn gestürzt, unter Schreien und Drohen von sich gebend diese Meinung: Wenn die Pier Leoni, wie man spreche, heimliche Juden seien, so seien die Frangipani öffentliche Heiden, nämlich Gotteskindräuber. Von der gefangenen Jüdin sei solches erst zu erweisen, von den Frangipani aber liege es bereits zu Tage. Sie verlangten die Heimfahrt des heiligen Christuskindes nach Sankta Maria, wie es der Kardinal-Kanzler geboten habe, oder sie würden der Burg Frangipane tun wie einst die französischen Ritter.
Darnach haben unsre Herrn die Bogenschützen anlegen

und unter das Volk schießen lassen, daß es mit großem Geschrei auseinandergewichen ist gegen den Lateranischen Palast, daselbst vor dem Kardinal Heimericus über unsre Herrn bitterlich Klage zu führen.

Also hat die Domina Jacoba zu diesen abermals gesprochen: »Ich will euch noch einen besseren Rat geben denn den ersten! Merket auf, wie man die Schuld dieser Jüdin dem Volk erweiset: hernach mag dieses den Kardinal Pier Leone öffentlich nach seiner Schwester befragen!«

Darnach hat sie mich hinausgeschickt und mit ihren Vettern gesprochen. Bald darauf sind unsre Herrn in die Halle gekommen und haben Wein verlangt. Alsdann sind sie in ihre Kammern gegangen, haben die Türen verschlossen und sich schlafen gelegt.

Die Magd Trulla aus dem Hause Frangipane:

Inzwischen bin ich noch einmal in unsre kleine staubige Kapelle gegangen, wo man das heilige Christuskind, ich meine, nicht verwahrt, sondern gefangen hielt. Es lag auf dem kahlen, verlassenen Altar armseliger denn einst in der Krippe zu Bethlehem, und also habe ich es alle Tage, bevor ich schlafen ging, mit meinem Gebet um Verzeihung gebeten, daß es daselbst liege.

Da ich nun an diesem Abend eintrete, ist das Kindlein fort.

Darauf ich eilend hinweg, es der Domina zu melden, denn ich meine, vielleicht hat einer aus dem Volk das Kindlein heimlich entwendet oder auch (zitternd in meiner Seele) es ist selbst aus diesem gottlosen Hause gewandelt. Aber ich finde die Domina nicht in ihrer Kammer. Also bin ich atemlos zu der Tür unsrer Herrn, aber sie haben taub und schwer darniedergelegen wie volle Weinkrüge. Darauf

bin ich in die Kammer der Mägde, daselbst fand ich noch ein junges Dirnlein wachend.
Dieses: Es habe eben die Domina mit einer anderen Frau aus dem Mauerpförtchen hinter dem alten Tempel der Roma schlüpfen sehen, spränge ich ihr nach, so möchte ich wohl beide noch einholen.
Ich hinab zu dem Pförtchen: es stand noch halb offen, wie man die Pförtchen lässet, wenn man bald zurückkehren will. Also ich hinaus in die kleine Gasse; sie lag weiß vom Glanz der Sterne, dieselben fielen von allen Seiten, als tropfe Milch zur Erde nieder. (Es ist nie zuvor solcher Fall der Sterne erblickt worden.)
Da ich nun um die Ecke der Gasse biege, wo man durch den Bogen des siebenarmigen Leuchters auf das alte Forum der Römer gehet – es war aber heute kein einziges Licht der Heiden auf dem Forum zu erblicken, sondern auch allda floß nur die linde Milch des Himmels –, stehet keine zehn Schritt vor mir unter dem Bogen die Domina mit der Frau, von der das Mägdlein gesprochen hatte. (Ich sehe aber sogleich, es ist die gefangene Jüdin.) Die Domina legt ihr ein Bündelchen in die Arme; indem sinkt wiederum ein Stern milchweiß zur Erde herab, und ich erkenne in dem Bündel das Kindlein von Sankta Maria. Alsdann kommt die Domina allein zurück.
Plötzlich springen von allen Seiten die Lichter der Heiden gleich kleinen, roten Fröschen aus der Erde, immer vor den Schritten der Domina her.
Darnach ich mit meinen nackten Füßen schnell hinter eine Säule, also sind die Domina und die roten Frösche glücklich an mir vorüber. Die Jüdin stehet indessen noch immer unter dem Bogen.

Ich in meinem Innern: Man siehet, daß sie blind ist, denn unter diesem Bogen hat noch nie ein jüdisches Menschenkind verharrt.
Plötzlich ist es mir, als müsse ich um der Barmherzigkeit Jesu Christi willen an sie herantreten, sprechend: ›Mädchen, gebt mir das Kindlein, denn die Domina will Euch und die Euren mit ihm verderben!‹
Aber da sehe ich bereits eine andere Frau neben der Jüdin unter dem Bogen stehen. (Ich meine, es ist eine ihres Volkes gewesen.) Dieselbe nimmt sie bei der Hand, und also gehen sie miteinander hinweg. Hinter ihnen aber fallen die Sterne gleich einem weißen Vorhang zu. – –
Wie ich nun aber heimkomme, ist schon der ganze Palast voller Lärm: Die gefangene Jüdin sei heimlich entflohen und habe das Christuskind mit sich genommen; also liege nun ihre böse Absicht vor aller Welt offen. Darnach sind die Unsren an ihre Pferde gebraust, die Stadt nach der Verschwundenen abzujagen, auch allenthalben das Volk aufzuwecken, daß sie es mit sich rissen.

Trophäa und die fremde Frau.
Die Fremde: »Danke, liebe Jungfrau, daß Ihr dieses Kindlein traget!«
Trophäa (sie dachte aber Jacoba Frangipane sei noch bei ihr): »Ich will es gern tragen, Domina, so Ihr mich führet, denn ich weiß nicht, wo ich bin.«
Die Fremde: »Ich weiß es wohl, denn ich bin hier schon oft mit meinem Kindlein gegangen. Auch liegt mir daran, daß es durch Euch an seinen Platz kommt.«
Trophäa: »Ist es denn Euer Kindlein? Ich dachte, es gehöre dem Hause meines Bruders.«

Die Fremde: »Freilich ist es mein Kindlein, liebe Schwester.«
Trophäa (sie merkte jetzt, daß sie nicht zu Jacoba Frangipane sprach): »Ihr saget ›Schwester‹; seid Ihr denn eine der Unsren?«
Die Fremde: »Wohl bin ich eine der Euren, sehet Ihr das nicht?«
Trophäa: »Ich kann nicht sehen, denn ich bin blind.«
Die Fremde: »Wo wir hingehen, hat schon einmal ein blinder Heide sehen gelernt.« (Damit meinte sie den Kaiser Oktavian.)
Also gingen sie die Treppe hinauf nach dem Kapitol.
Die Fremde: »Jetzt werdet Ihr bald sehen, liebe Schwester! Aber zuvor muß man Euch sehen, denn ich will nicht, daß man Übles von Euch denkt.«
Also stiegen sie zu Sankta Maria auf.
Es waren aber daselbst bereits viele Menschen versammelt, durch die Frangipani aus dem Schlaf aufgetrieben, die nächtliche Kirche mit Jammern und Beten erfüllend wegen des geraubten Christuskindes. (Auch etliche der Frangipani waren darinnen.) Also vernahm man schon von weitem das Murmeln und Klagen.
Die Fremde abermals: »Jetzt werdet Ihr gleich sehen, liebe Schwester!«
Indem schritten sie über die Schwelle der Kirche.
Plötzlich eine Stimme laut auf wie vor einem Wunder Gottes: »Das Christuskind kommt zurück! Die Jüdin bringt es selbst getragen!«
Darnach war es, als stürzten die Knie vieler Menschen nieder; einer aber sprang wild vor Zorn empor.
Indem fühlte Trophäa einen sonderbar warmen Schmerz

in ihrer Brust, so, als ströme plötzlich alles Blut ihres Herzens über.
Die Fremde dicht an ihrem Ohr: »Nun sehet Ihr, meine liebste Schwester!«
Trophäa zu der Fremden (das Schwert des Frangipane in der Brust): »Ich sehe – ich sehe Euch und das Kindlein – auf dem Altar des Himmels –«

Aus den Büchern unsrer goldenen Stadt Roma.
›Was sagen wir nun zu diesem Ereignis? Ist an der blinden Jüdin ein Wunder göttlicher Erleuchtung geschehen? Hat sie, um uns das heilige Christuskind zurückzubringen, das Martyrium erlitten und also wie die Lehrer unsrer heiligen Kirche sprechen, die Bluttaufe empfangen? Oder bezeuget, was hier geschehen ist, daß seit der Erscheinung unsres Herrn im Fleisch auch solche, die ihn noch nicht erkennen, doch bereits von ihm getrieben werden, wofern sie eines guten Willens sind und die Liebe Gottes in ihren Herzen wohnet?‹
Also haben unsre Priester miteinander verhandelt, indessen wir zu ihnen: »Fraget und wäget nur, denn das ist eures Amtes! Uns aber genüget es, daß uns diese Jüdin das heilige Christuskind zurückbrachte, einer Dienerin und Tochter der Mutter Gottes gleich und wie sie das Schwert im Herzen. Also begehren wir, sie in unsrer Kirche aufzubahren.«
Inzwischen haben die Frangipani die Leiche hinter unsrem Rücken schnell beiseitegeschafft, sprechend: »Lasset sie uns vor den Palast Pier Leone bringen, vielleicht daß die Tote den Kardinal verrät, da er sich der Lebenden entzogen hat.«

Und also kam Trophäa zum zweiten Mal in den Palast Pier Leone.

Der Palast Pier Leone.
So sprechen die Diener des Hauses.
In jener Nacht wurde der silberne Sarg unsres Herrn Petrus Leonis verschlossen (derselbe ist hernach in den steinernen Sarkophag gesetzt worden, welcher heute stehet in der Basilika des heiligen Paulus vor den Mauern); also klangen die Hammerschläge durch den ganzen nächtlichen Palast. Wir verharrten aber noch immer nicht gern bei dem Sarg unsres toten Herrn, obwohl doch nun schon der Deckel darüber lag; daher schien es uns auch, das Werk gehe viel zu langsam vonstatten. Der Meister Silberschmied nämlich, der den Sarg gefertigt, lag krank darnieder, und man hatte aus der Herberge einen alten, fahrenden Gesellen geholt; derselbe schien uns recht unbeholfen.
Da er nun endlich fertig war, sprach er zu uns: wir möchten doch unsren Herrn, den Kardinal rufen, daß er seinen Lohn von ihm empfange.
Wir: Es sei schon nachtschlafene Zeit, unser Herr sei zur Ruhe gegangen, ob er denn nicht bis zum Morgen warten könne?
Er: Das könne er nicht, denn er müsse noch vor Tag weiterziehen.
Wir: Dann möge er nur selbst zu unsrem Herrn gehen; wir trauten uns nicht, ihn zu erwecken.

Der Kardinal Pier Leone und der Silberschmied. (Wir wissen aber nicht, ob der Kardinal wachte oder träumte.)

Der Silberschmied: »Ich bin fertig, Ehrwürdiger Herr, Eures Vaters Sarg ist zugeschlossen, aber bevor Ihr mich entlohnt, prüfet noch einmal genau die Nägel nach, damit hernach, wenn der Tote wiederum herausschlüpft, niemand sagen kann, ich habe mein Werk schlecht gemacht.«

Der Kardinal unwillig: »Was erlaubt Ihr Euch da für ungebührliche Scherze?«

Der Silberschmied: »Das sind keine ungebührlichen Scherze, Ehrwürdiger Herr, denn es stehen doch alle Tage immer wieder dieselben auf, die wir zuvor begraben haben.«

Der Kardinal verblüfft: »Ihr seid wohl ein Dialektiker?«

Der Silberschmied: »Warum soll ich nicht auch Dialektiker sein? Wenn man lange auf Wanderschaft ist, versucht man gar manches.«

Der Kardinal: »Wie ist Euer Name?«

Der Silberschmied: »Ihr werdet ihn nicht gern vernehmen. Was tut auch ein Name?«

Der Kardinal, den Fremden scharf anblickend: er war grau und morsch, die Nase über seinem Antlitz hängend gleich dem krummen Ast eines dürren Baumes über einer alten Straße.

Ungewiß: »Mir scheint, Ihr seid – kein Christ?«

Der Silberschmied lachend: »Christ, Herr? Ich weiß nicht, was ein Christ ist, denn wüßte ich es, ich stünde längst nicht mehr allhier.«

Der Kardinal kurz: »Was soll das nun wiederum heißen?«

Der Silberschmied: »Das soll heißen, daß mir auferlegt ist – sagen wir zur Buße –, durch alle Länder einen wahrhaftigen Christen zu suchen, aber ich finde ihn nicht. Sehet nur, wie weit ich schon gewandert bin!« (Den Staub von seinen Schuhen schüttelnd.)

Der Kardinal (denn es schien ihm, er müsse sich als Priester verhalten): »Da habt Ihr wohl doch noch nicht recht gesucht. Es gibt viele milde und heilige Seelen bei den Christen.«
Der Silberschmied: »Das habe ich auch vernommen; indessen es sind doch wohl noch nicht genug vorhanden. Aber vielleicht gehört es mit zu meiner Buße, daß ich niemals an den Rechten komme, sondern ich komme immer nur an einen solchen, wie ich selbst bin – sagen wir an den ewigen Menschen; denn der Christ, das ist doch wohl mehr als der bloße Mensch?«
Der Kardinal: »Der ewige Mensch? Ich hörte bisher nur vom ewigen – Juden?«
Der Silberschmied: »Das ist ein falscher Name.« (Abermals den Staub von seinen Füßen schüttelnd.)
Plötzlich war es dem Kardinal, als wallten alle Straßen der Welt vor ihm auf.
Entsetzt: »Und was sucht Ihr hier bei mir, unheimlicher Gesell?«
Der Silberschmied: »Eben, was ich überall suche, denn Ihr seid doch auch getauft. Aber kommet nur mit mir hinaus, da werden wir beide noch deutlicher erfahren, was wir wissen wollen.« (Zur Tür.)
Indem wurde diese von außen geöffnet.
Tullia Pier Leone auf der Schwelle: »O mein Bruder, mein Bruder! Warum hast du mir nicht geholfen! Nun haben mich die Frangipani erschlagen!«

Die Juden von Roma erzählen:

Es waren aber eben damals die Tage, da man bei uns das Passah-Fest rüstet, welches wir nennen ›das Fest unsrer Befreiung aus dem Lande Ägypten.‹ Also schickte man sich auch im Hause des Rabbi Nathan ben Jechiel an, die ungesäuerten Brote zu backen. Hannah Naemi aber konnte nicht backen, denn sie fürchtete, ihre Tränen könnten in den Teig fallen. So buk Mirjam allein die ungesäuerten Brote. Denn Mirjam wartete nicht wie Hannah Naemi mit Tränen und Zittern auf Trophäas Heimkehr, sondern mit eitel Zuversicht, daß es war, als leuchteten ihre weißen Haare vom Widerschein der Freude ihres Herzens. (Denn Mirjam hatte ihr Haupt nie wieder verhüllt, seit sie ihren Gatten verlassen hatte, sprechend: Es kommt mir nicht das Tuch der Frau zu, denn ich bin unvermählt.)

Mirjam zu Hannah Naemi: »Was weinest du nur, Hannah Naemi? Freue dich doch, denn siehe, heute werden wir in Wahrheit den Tag der Befreiung erblicken! Mein Sohn wird heimkehren aus dem Lande der Gefangenschaft wie unsre Väter aus Ägypten!« Also flogen ihr die Hände beim Backen wie die Hände ihrer fernen Jugend.

Alsdann richtete sie das Bett neben dem Tisch auf, wie man tuet an Passah, schön mit seidenen Kissen und köstlichen Teppichen, denn an diesem Tage heißt es bei den Juden: ›Heute sind wir wieder Könige in Israel.‹

Mirjam zu Hannah Naemi: »Freue dich doch, Hannah Naemi! Denn siehe, ich richte gleichsam das Hochzeitsbett meines Sohnes: heute wird ihn sein Volk gleich einer Braut heimführen!«
Darauf rüstete sie das Mahl und deckte den Tisch vor dem Bett (sie legte aber nicht drei, sondern sie legte fünf Gedecke auf).
Da nun Hannah Naemi das vierte Gedeck sah, schluchzte sie laut auf, denn sie gedachte Trophäas. Da sie aber das fünfte Gedeck erblickte, standen ihre Tränen vor Entsetzen still.
Mirjam zu Hannah Naemi: »Freue dich doch, Hannah Naemi, denn siehe, meine beiden Kinder werden mit uns zu Tisch sitzen wie Bräutigam und Braut!«
Also brach der Abend des Festes an, da man, wie es der Brauch ist, die Türen an unsren Häusern aufschließt, denn an Passah sprechen wir: ›In dieser Nacht kann uns niemand etwas tun, es ist die Nacht, da der Herr die Feinde Israels schlug im Lande der Ägypter.‹

Die Juden von Roma erzählen:
Da nun die Türen aufgetan waren, sprach Mirjam einen Lobgesang darüber, denn sie konnte die Freude ihres Herzens nicht länger bezwingen.
Mirjam: »Gehet auf, ihr Türen, und stehet weit offen wie die Flügel meines Herzens! Ihr getrösteten Türen, ihr fröhlichen Türen, ihr gesegneten Türen, ihr Türen, an denen der Todesengel des Herrn vorüberging, da er die Erstgeburt unsrer Feinde schlug im Lande Ägypten! Ihr Türen, durch die der Segen des Herrn einziehet in Israel!«
Darnach lobte sie auch die Schwellen der Türen und

sprach: »Ihr getrösteten Schwellen, ihr gesegneten Schwellen, ihr Schwellen, über welche die Füße meiner beiden Kinder treten werden!« Dabei leuchteten wiederum ihre weißen Haare um ihr Antlitz vom Widerschein ihrer Freude. Alsdann setzte sie sich zum Mahl nieder.
Und also standen in dieser Nacht alle Türen in der Judenstadt offen. (Es war aber die Nacht, da Trophäa das Christuskind nach Sankta Maria trug.)

Die Juden von Roma erzählen:
Da nun das Volk heranstob – denn es meinte, es müsse die verschwundene Jüdin und ihre Beute zuerst bei den Ihren suchen –, drang es allenthalben ungehindert über die Schwellen der Schlummernden ein, rufend: »Ihr schändlichen Juden, ist es euch nicht genug, daß ihr unsren Heiland ans Kreuz geschlagen habt? Müsset ihr auch noch das heilige Christuskind von Roma entwenden, daß ihr es in eurer Synagoge zu Tode martert? Wahrlich, wer euch betrübt, tut gute Werke!«
Darnach begannen sie unter Schreien und Drohen unsre Häuser zu durchsuchen, auch kräftig dareinschlagend, wo sie meinten, daß man ihnen widerstehen oder etwas verbergen wolle. Also geschah es, daß viele von uns mit blutigen Köpfen aus unsren Straßen hervorflüchteten, geradenwegs auf die Reiter der Frangipani zu, welche die Leiche Trophäas zum Palast Pier Leone gebracht hatten.
Sie lag im Fackelschein vor dem Tor auf den Steinen der Straße in ihrem zerrissenen Brautschmuck, das verblichene Purpurkleid wild aufgefärbt von dem verströmten Rot ihres Herzens. Indessen jammerten sich die Unsren bei

ihr nieder, mit ihren Wehklagen den ganzen Palast erweckend, daß sich alsbald alle seine Fenster mit Menschen füllten.
Also traten die Diener des Palastes vor den Kardinal Pier Leone, bittend, er möge doch auf den Altan hinaustreten und Ruhe gebieten.

Der Kardinal Pier Leone.
Er bemühte sich noch immer um seine Schwester Tullia. Sie lag jetzt hingestreckt auf seiner Schwelle, gleich der Toten drunten auf der Straße, fort und fort jammernd: »Nun bin ich unschuldig erwürgt!«
Der Kardinal in seinem Innern, aber so, als begleite dieses eine ganz fremde Stimme: ›Agnus Dei qui tollis peccata mundi, miserere nobis —‹ Alsdann, wie wenn ein Vorhang von einem Mysterium sinke: ›Also nicht nur unser Volk unser Kreuz, sondern auch das Kreuz über unsrem Volk, denn es gibt noch eine andere Art, Christi Kreuz auf sich zu nehmen: Christus kreuzigen —‹
Der Kardinal zu den Dienern (plötzlich aschfahl in seinem Antlitz): »Ich will keine unschuldig Erwürgten erblicken!«
Indem vernahm er neben sich eine Stimme (ihn dünkte, es sei die des Silberschmieds, aber er sah niemand): »Wisset Ihr nun, was ich gemeint habe?«
Der Kardinal bebend: »Freund, Ihr müsset nicht den Christen, Ihr müsset die Gerechtigkeit suchen!«
Der Silberschmied: »Alsdann muß ich mich wohl abermals auf eine lange Wanderschaft gefaßt machen.«
Der Kardinal: »Nicht so lange, wie Ihr meint. Die Macht ist mein und die Stunde ist mein; morgen werde ich Papst

sein. Alsdann wird es keine unschuldig Erwürgten mehr geben.«

Der Silberschmied: »Und was werdet Ihr mit dem unschuldig Erwürgten am Kreuz machen?«

Indem fiel drüben in der Kapelle das Kruzifix von der Wand.

Aus den Büchern unsrer goldenen Stadt Roma.

Es hat uns aber später sehr verwundert, daß man in jener Nacht nirgends zu Roma die vier Reiter des Antichrist hat schnauben hören, denn wir meinen doch wohl mit Recht, sie müssen eben damals bei uns eingeritten sein, wie sie nach der schwarzen Krönung König Heinrichs verheißen hatten, daß sie wollten wiederkommen. Indessen wir haben immer nur die Reiter der Pier Leoni gehört, welche in jener Nacht plötzlich aufgebrochen sind, alle wichtigen Plätze in unsrer Stadt schnell und heimlich zu besetzen, sprechend: »Wir wollen Vorsorge treffen, die Frangipani abzuschlagen, denn es ist uns zugekommen, sie haben vor, der Leiche unsres Herrn den Eintritt in die Basilika des heiligen Paulus zu verwehren, woselbst sie ihre Ruhestatt finden soll.« Also ist die ganze Nacht hindurch ein leises Klirren und Wiehern in allen unsren Straßen gewesen bis hinauf zum Lateranischen Palast, daß man hätte meinen können, Petrus Leonis solle in der Basilika des heiligen Johannes ruhen statt in der des heiligen Paulus. Fraget man uns aber, ob wir denn auch sicher seien, daß wir nicht dennoch die Reiter des Antichrist, sondern wirklich nur die der Pier Leoni vernommen hätten, so erwidern wir: Nicht nur vernommen, sondern auch erblickt haben wir diese, nämlich in dem

Glanz eines höchst gewissen harten und gelben Lichtes, welches aufgegangen und herabgefallen ist zuvor aus den Fenstern des Palastes Pier Leone, wo wir um die Leiche Trophäas versammelt standen, hernach aber von den Händen der Reiter selbst, also daß wir allesamt von diesem Licht ergriffen und erleuchtet worden sind. Denn es ist mitnichten in jener Nacht so gewesen, daß wir durch den Martertod der Jüdin zu Sankta Maria auf dem Kapitol bewogen worden wären, die schlimmen Gerüchte über den Kardinal Pier Leone und die Seinen zurückzuweisen, sondern wir haben im Gegenteil zuerst gesprochen: »Der Kardinal ist nicht weniger Ursache des Todes dieser Schuldlosen, denn die wilden Frangipani. Hätte er sie deren Herold abgenommen und in seinen Schutz gestellt, sie läge jetzt nicht hier in ihrem Blut!« Die anderen aber, welche mit den Frangipani die Judenstadt durchwütet hatten, sprachen wiederum: »Wir mögen nicht hören, daß wir Übles getan haben sollen. Überzeugt uns also zuvor davon, daß diese Jüdin wirklich eine Märtyrerin des heiligen Christuskindes ist, denn wir vernehmen, sie sei blind gewesen. Also scheint es uns, sie mag vielleicht nur, den Weg verfehlend, mit ihrem Raub nach Sankta Maria gekommen sein. Da ist unsrer Meinung nach noch nichts Christliches oder gar Wunderbares zu erblicken. Und also scheuen wir uns nicht, zu glauben, daß die Juden gern Christuskinder stehlen und martern; von den Pier Leoni aber wollen wir weiterhin Abstand nehmen, bis alle diese Dinge besser aufgeklärt sind.«

Da nun aber jenes Licht, von dem wir zuvor sprachen, an den Fenstern des Palastes aufging, dergestalt, daß uns gleichsam seine goldenen Funken in den Schoß sprangen, sind plötzlich sowohl die einen wie die anderen von uns still heimgegangen, nämlich immer neben den Reitern der Pier Leoni her. Also ist es uns bei jedem Schritt gewisser und deutlicher geworden, daß wir trotz allem Bedenklichen, so wir erlebt, gerne unsren ›goldenen Papst‹ haben möchten. Von diesem unsrem Begehren aber kommt es her, daß wir den unschuldigen Tod der Jüdin Trophäa alsbald wieder vergessen haben. Daher sprechen wir zu Roma immer noch: ›Es ist nie mit Sicherheit erwiesen worden, ob sie eine Tochter Gottes oder des Satans war.‹ Und also lieget das Geheimnis ihres Todes begraben im Geheimnis Jesu Christi bis an den Ewigen Tag; an diesem wird alles unschuldige Leiden der Welt offenbar werden. Das Licht aber, das in der Nacht ihres Todes aus dem Palast Pier Leone über uns ausgestreut wurde, nennet man zu Roma: ›Den Lohn der dreißig Silberlinge‹.

Aus den Büchern unsrer goldenen Stadt Roma.

Nunmehr treten wir ein in die Zeit der Passion unsres Heilands Jesu Christi, nämlich der Passion seines mystischen Leibes, unserer heiligen Kirche, welche Passion wir nennen: ›Das große oder wirkliche abendländische Schisma‹.

Also schlagen wir zuvor an unsre eigene Brust und sprechen ebenfalls: ›Agnus Dei qui tollis peccata mundi, miserere nobis!‹

Alsdann berichten wir vom Abendmahl der Kardinäle.

Das Abendmahl der Kardinäle.

Nach den Aufzeichnungen des Kardinal-Bischofs Petrus von Portus.

Die Gedanken unsres Bruders Heimericus sind schwer zu erraten, denn er wendet keine Sorgfalt auf, sie uns klar zu machen. Es ist ihm weder daran gelegen, daß man ihn lobe, noch scheut er sich davor, daß man wider ihn murret. Dieses aber tun zur Stunde viele unter unsren Brüdern, weil er plötzlich verordnet hat, unsren todkranken Herrn aus dem Lateran hinweg in das feste Kloster Sankt Andreas in clivus scauri zu führen. Wir sträuben uns aber alle dagegen aus Erbarmen mit unsrem sterbenden Herrn und Vater, welchen man jenen beschwerlichen Weg nur unter

großen Schmerzen und Gefahr seines Verscheidens während der Fahrt wird führen können.
Zum zweiten entsetzt uns dieser Plan aber auch wegen der schlimmen Nachrichten, die in diesen Tagen aus Deutschland gekommen sind. Daselbst hat sich der Herzog Konrad von Schwaben mit Gewalt gegen den neuerwählten König Lothar erhoben, welchem unser Heiliger Vater die Kaiserkrone versprochen hat. Daher sagen wir alle: Wer weiß, was unsrer heiligen Kirche wiederum bevorsteht? Unser Bruder Heimericus hat das Schiff des heiligen Petrus eigenwillig herumgeworfen und brauset uns alle mit voller Macht ins Ungewisse. Wir können in dieser Stunde die Pier Leoni, welchen wir den Schutz der Papstwahl vertraut haben, nicht also kränken, daß wir heimlich von ihnen entziehen, denn die Kirche vermag nicht ganz ohne weltliches Schwert zu verbleiben. Solches hat sich schon zu Zeiten Kaiser Heinrichs erwiesen.
Also bin ich als der Älteste von uns vor unsren Bruder Heimericus getreten und habe ihn befragt, weshalb er denn solch befremdliche Verordnung treffe?
Darauf er in seiner kargen Weise: Er habe den Auftrag empfangen, daß wir ziehen sollten.
Ich: Unser Heiliger Vater sei in Todesnot und könne keine Aufträge mehr geben, von wem er denn diesen Auftrag empfangen habe?
Unser Bruder Heimericus: Er habe ihn von dem Bischof, der ihn einst zum Bischof der heiligen Kirche geweiht.
Ich: Das müsse er mir zuvor erklären.
Er: Dazu sei jetzt keine Zeit mehr, denn wir müßten noch in dieser Nacht ziehen. (Es war aber die Nacht, da die Reiter der Pier Leoni die ganze Stadt überzogen.) Als-

dann hat unser Bruder Heimericus sein mächtiges Schweigen eingesetzt, von welchem wir alle sprechen: Es stehet da gleich einer Wand, da niemand durch kann.
Dieses habe ich unsren Brüdern vermeldet.
Sie saßen bereits beim Mahl, da ich eintrat, denn seit der Heilige Vater sterbend ist, verharreten wir alle Tag und Nacht im Lateranischen Palast, also speiseten wir auch allda miteinander.
Da ich nun zu ihnen gesprochen und ihnen den Willen unsres Bruders Heimericus dargetan hatte, fuhren sie allesamt von ihren Stühlen empor, sprechend: Der Kanzler sei nicht unser Herr, sondern unser Bruder. Sie würden nicht zugeben, daß man den Heiligen Vater von seinem Sterbelager aufzwinge und gleich einem Übeltäter an der Straße verscheiden lasse. Also wogten sie alle mit ihren Stimmen gegen den Kanzler; er stand in ihrer Mitte aufrecht wie ein Schwert, sein Schweigen wiederum gleich einer Wand.
Plötzlich sprang die Tür, und unser sterbender Vater ging darinnen auf wie die Erscheinung eines Toten aus dem Grabe: sein Antlitz weiß, sein Haar weiß, sein Gewand weiß, unter seinen Schultern die weißen Ärmel zweier junger Priester, wie zwei Flügel, darinnen er gleichsam hängend.
Indessen wir alle vor Staunen und Schrecken ganz verstürzt: »Heiliger Vater, wohin strebt Ihr? Wen sucht Ihr? Leget Euch doch nieder! Was kommet Euch an?«
Er mit brechenden Augen über uns hinweg, die Stimme fern wie schon vom anderen Ufer der Dinge, dabei klagend und stoßhaft wie nur Menschen auf der Erde klagen: »Einer unter euch – einer unter euch – wird Christus verraten –«

Wir abermals voll Entsetzen: »Was meinet Ihr, Heiliger Vater? Wen meinet Ihr?«

Indessen er mit seinen brechenden Augen immer wieder über unsre Runde hinweg von einem zum anderen schweifend, der Blick glänzend und zersprungen gleich der losgerissenen Saite einer Harfe im Wind.

Es waren aber alle unsre Brüder, die zu Roma wohnen, vollzählig beieinander, nur unsre auswärtigen Brüder fehlten; von uns zu Roma fehlte nur unser Bruder Pier Leone; dieser hatte sich wegen der Beisetzung seines Vaters, die am anderen Morgen stattfinden sollte, entschuldigen lassen. Also blieb der zersprungene Blick des Heiligen Vaters an dem leeren Platz haften.

Plötzlich standen wir alle im Lichte dieses Blickes.

Der Heilige Vater über den leeren Stuhl hinweg: »Er ist hinausgegangen – denn ich bin ja schon sterbend –«

Indem war es, als spreche einer in unsren Herzen: ›Und es war Nacht‹; denn also stehet es im Evangelium.

Da wir nun den Lateranischen Palast verließen, um nach Sankt Andreas zu ziehen (heimlich durch die Porta Asinaria, alsdann außen entlang an der Stadtmauer bis zur Porta Metronis), ging eben ein großer Regen hernieder, daß es war, als bliese die Welt von Nord, Süd, Ost und West zugleich unsren kleinen Zug an. Der Mond jagte durch die Wolken dahin: wir sahen in seinem ungewissen Licht durch die Schachte der Mauern die ungewissen Reiter der Pier Leoni, daß es war, als kräusele der Mond jenseits der Mauer allenthalben fließendes Gewässer. Also löschten wir die Fackeln und zogen nur begleitet von den dunklen Winden.

Da wir nun durch die Porta Metronis wieder in die Stadt einbogen – daselbst liegen noch immer die vermoderten Belagerungsmaschinen, damit König Heinrich unsre Stadt berannte, als er wider den Papst Gregor VII. stritt – stöhnte der Heilige Vater laut auf unter dem Zelt, damit man seine Bahre bedeckt hatte, denn unser Bruder Heimericus trieb die Träger unablässig zur Eile an: sie stießen fast bei jedem Schritt stolpernd gegen das Gerümpel. Also bog ich mich zu unsrem Heiligen Vater nieder, fragend, ob er es auch noch ertragen könne?
Er abermals stöhnend, leise wie im Takte einer Fieberweise: »Die Sünden der Welt – die großen Sünden der ganzen Welt –« Alsdann »Sind auch alle unsre Brüder bei uns?«
Ich: »Heiliger Vater, es fehlen nur die Auswärtigen.«
Darauf er: »Betet doch, daß keiner von euch in Anfechtung falle –«
Indem hob der Wind das Zelt auf, daß die kalten Wasserstrahlen dem Sterbenden ins Antlitz schossen. Wir ritten aber gerade bei den Trümmern vorüber, die man nennet ›den alten Palast des Symachus‹; bei diesem beginnen die verbrannten Straßen des Normannenbrandes; daselbst liegt noch immer Haus bei Haus im tiefen Schutt, als liefe eine wilde, schwarze Schrift zu beiden Seiten des Weges hin. Also sprang ihr Hohn dem Heiligen Vater roh ins sterbende Antlitz.
Der Heilige Vater abermals: »Die Sünden der Welt – die großen Sünden der ganzen Welt!« Alsdann zum zweiten Mal: »Betet doch, daß niemand unter euch in Anfechtung falle –«
Plötzlich kam es mich an, die Hand auf die Stirn unsres

Heiligen Vaters zu legen, daß ich ihn versichere, wir seien bei ihm. Also fühlte ich sein Antlitz feucht von Regen, dazu klebend wie von blutigem Schweiß, so ein Mensch in seiner höchsten Angst vergießt. Indem war mir, als spürete ich auf ihm liegend gleich einem Stein die ganze Not unsrer heiligen Kirche.

In meiner Seele (es war aber in der seinen): ›Warum schließt du sie nicht in die Flügel deiner Engel? Christus, warum gibst du deine Braut immer wieder in die Hände der Menschen?‹ –

In meiner Seele (es war aber in der seinen): ›Es ist Welt, wo immer wir gehen; es ist Welt, wo immer wir stehen: Empörung und Gewalt, Stolz und Gewalt, Geld und Gewalt, Haß und Gewalt –‹

In meiner Seele (es war aber in der seinen): ›Denn siehe, ich sende euch wie Schafe mitten unter die Wölfe –‹

In meiner Seele: ›Heiliger Vater, ich bete, daß keiner von uns in Anfechtung falle.‹

Plötzlich rief einer der Träger: »Der Heilige Vater ist im Verscheiden!«

Da wir nun eben bei der kleinen Kirche Sankta Maria in Domnica zogen, traten wir mit der Bahre daselbst ein, auf daß unser Herr nicht gleich einem fremden Flüchtling an der Straße versterbe. Soweit wir in der Kirche Raum fanden, knieten wir uns bei ihm nieder; die anderen von uns blieben in der Vorhalle ebenfalls kniend, nur unser Bruder Heimericus verharrte gleich einem ragenden Kriegsmann spähend aufrecht unter den Säulen. Zwischen diesen lief eilend hin und her wiederum der Mond.

Stand da plötzlich auf der anderen Seite der Straße ein

kleines, elendes Weib, winkte uns zu, rufend mit leiser, flehentlicher Stimme: »Ehrwürdige Väter, nehmet doch einer armen Seele die Beichte ab!«

Darauf einer unsrer Diener hinüber und sie beiseite scheltend: »Du kleines, armseliges Weib, was wirst du Großes verbrochen haben? Kannst du denn nicht warten bis zum Morgen, da die anderen Leute beichten?«

Sie: »Ich kann ja nicht warten bis zum Morgen, da die anderen beichten, denn bis morgen ist das große Unglück schon geschehn!«

Darauf wir: »Was sprecht Ihr da, kleines Weib, für törichte Dinge? Wollt Ihr uns etwa weissagen nach der Art der Heiden? Uns scheinet, Ihr habt Eure größte Sünde schon gebeichtet.«

Sie demütig: »Ehrwürdige Väter, Ihr richtet besser denn ich über meine größte Sünde. Habe ich also diese schon gebeichtet, so nehmet mir auch noch meine zweitgrößte ab; um dieser willen stehe ich allhier.«

Wir (denn ihre Demut ging uns wunderlich zu Herzen): »Liebe Frau, wir wollen Euch gern Eure Sünde abnehmen und Euch der Gnade Christi trösten, aber verharret noch eine kleine Stille mit uns im Gebet, denn es ist ein Sterbender in dieser Kirche.«

Sie: »Weiß ich, weiß ich ja, ehrwürdige Väter, denn wäre nicht meine Sünde, vielleicht brauchte unser Heiliger Vater hier nicht so elend sterben.«

Darauf wir erschrocken, weil sie wußte, wer wir seien: »Was redet Ihr da vom Heiligen Vater, kleines Weib?«

Indem sprang wiederum einer unsrer Diener zu ihr hinüber und blickte ihr mit dem Mond zugleich ins Antlitz.

Laut auf: »Ehrwürdige Herrn, es ist die Frau Susa, welche

das Volk die Heilige von Sankta Maria de Inferno nennt!«
Darauf wir alle an sie heran, denn wir hätten sie schon lange gern erblickt; sie ist aber seit Jahr und Tag verschwunden gewesen, also das wir meinten, sie sei heimlich aus Roma entwichen, weil sie uns angezeigt worden war, sie halte verwunderliche und ärgerliche Predigt vor dem Volk vom kommenden Antichrist.
Wir: »Frau Susa, nun scheinet uns, wir wissen auch Eure zweite Sünde: Ihr habt viele unnötige Dinge geredet.«
Sie wiederum ganz voll Demut: »Ehrwürdige Väter, ihr urteilt besser denn ich über meine zweite Sünde, also nehmet mir nun auch noch die dritte ab: dieselbe heißt nicht Reden, sondern Schweigen, denn wahrlich, es wird kein Weib zur Rede berufen, es sei denn, daß es gern immerdar vor der Liebe Christi und seiner Kirche verstummte!«
Plötzlich unser Bruder Heimericus, die ragende Gestalt zu ihr herum: »Also redet, Frau Susa, was ist Euch zugestoßen?«
Sie auf ihre Knie herab: »Im Namen des Vaters und des Sohnes und des Heiligen Geistes! Ehrwürdiger Vater, ich habe erblickt einen geweihten Priester Jesu Christi, Euren Bruder, sitzend auf dem Stuhl des heiligen Petrus, zu seinen Füßen die gekreuzigte Kirche, über seinem Haupt das Zeichen des Antichrist; dieses gebildet aus den Sünden vieler tausend Menschen. Solches ward ich beauftragt, zu verkünden, nämlich mit dem Namen des Erblickten zu warnen das christliche Volk unsrer heiligen Kirche zu Roma.«
Der Kanzler: »Von wem ward Ihr beauftragt, Frau Susa?«

Sie (das Haupt tiefer herab): »Herr, ich bin von der Gnade Gottes.«
Er: »Und weshalb habt Ihr Eure Sendung nicht erfüllt?«
Sie: »Ehrwürdiger Vater, ich war gesendet, aber nicht bestätigt, also hatte ich auch keinen Mut.«
Er: »Was heißt nicht bestätigt?«
Sie: »Ich bin in meiner Jugend gelehrt worden, daß ein christliches Weib schweigen soll.«
Er: »Ihr habet doch aber zuvor fleißig geredet, Frau Susa?«
Sie: »Ehrwürdiger Vater, da ich noch nicht verstand, daß ich redete, da habe ich geredet, da ich es aber verstand, habe ich geschwiegen. Und nun wird mein Gesicht am morgigen Tag erfüllt sein ohne Warnung! Also übergebe ich mein Schweigen der heiligen Kirche, daß sie darüber richte!«
Der Kanzler: »Frau Susa, wir richten nicht über Euer Schweigen, aber wir bestätigen Euch.«
Indem kamen sie mit der Bahre wieder aus der Kirche hervor, sprechend, der Heilige Vater sei noch einmal zum Leben zurückgekehrt und begehre von hinnen.
Der Kanzler: »Also stehet auf, Frau Susa, und redet, was Euch geboten ist.« Sie blieb aber liegen.
Sie: »Und wenn ich geredet habe, Ehrwürdiger Vater?«
Er mild auf sie hernieder: »Frau Susa, in der Ewigkeit werden manche schweigen müssen, die hier gern geredet haben, Ihr aber werdet in der Ewigkeit schweigen dürfen. Auf Erden aber müsset auch Ihr Euer Kreuz tragen.«
Darnach sprang sie auf und rief: »Soll ich es denn tragen, so will ich es auch mit Freuden!« Alsdann brach ihr die

Kehle auf gleich einem kleinen grauen Vogel, und sie stieß singend von uns ab in die Nacht hinaus.
Also zog ihr kleines treues Lied aus der Ferne mit uns den ganzen Weg bis hinauf nach Sankt Andreas.

Aus der Chronik des Klosters Sankt Andreas.
Da nun der Heilige Vater und seine Kardinäle bei uns angelangt waren, erhob sich alsbald eine große Menge nächtlichen Volkes von der Richtung des Lateranischen Palastes kommend, daß uns kaum noch Zeit blieb, die Tore zu verschließen und die Zugbrücken herabzulassen. Darnach löschten wir die Lichter und stellten uns schlafend.
Indessen zerrten sie drunten mit ungestümen Fäusten an den Brückenketten und machten auch Miene, über die Gräben hinwegzuspringen, rufend, es sei ihnen bekannt geworden, man habe den Papst Honorius tot aus dem Lateran hinweggetragen und halte seine Leiche allhier verborgen. Also hieß unser Abt – denn wir merkten noch nicht sogleich, daß die Reiter der Pier Leoni mit ihren goldenen Händen hinter dem Volk standen – zuvor unsren Laienbruder Quirinus auf die Mauern steigen. (Dieser nämlich hat einen witzigen Kopf; es ist ihm gegeben, die Leute auf eine Weise, die ihnen selber wohlgefällt, zum besten zu halten und dadurch zum Lachen zu bringen.)
Er ging mit großen Schritten im Mondschein prächtig auf und nieder, von den Mauern herabrufend, der Heilige Vater habe ihn, den armen Laienbruder Quirinus, zu seinem Legaten ernannt; sie möchten also mit ihm verhandeln.
Indessen schrien sie zurück, er sei ein Lügenbold; sie wüßten, der Papst Honorius könne keine Legaten mehr

ernennen. So sie sich aber irrten, so möge sich der Heilige Vater zeigen und sie segnen. Ansonst wollten sie nimmermehr glauben, daß er noch lebe.
Der Bruder auf der Mauer, sich abermals herrlich in die Brust werfend: Dies sei eine ungewöhnliche Art, den Heiligen Vater zu bitten. Tobende pflege man nicht zu segnen. Sie möchten doch gefälligst niederknien.
Darauf flog ein großer Stein an seinem Kopf vorüber.
Der Schalk auf der Mauer warf ihnen einen guten Apfel zurück.
Sie: Ob er etwa meine, sie seien Kinder, die man mit Obst abspeisen könne?
Er: Ja, das meine er.
Sie: Alsdann wollten sie ihm ihrerseits einen Segen geben, den er als seinen letzten betrachten könne.
Darauf zog sich der Bruder Quirinus zurück, und sie rüsteten zum Sturm.

Der Kardinal-Bischof von Portus.
Indessen war die letzte Stunde des Heiligen Vaters Honorius wirklich angebrochen, und wir knieten wiederum um ihn versammelt wie zu Sankta Maria in Domnica. Nur unser Bruder Heimericus stand wie dort abseits aufrecht, spähend in das Volk herab vom offenen Altan.
Plötzlich trat er zurück und auf unsren sterbenden Herrn zu: »Heiliger Vater, das Volk begehrt Euren Segen.«
Unser sterbender Vater (sein Leib zuckte bei jedem Aufgrollen der Volkswoge drunten, aber sein Geist vernahm sie nicht mehr) hauchend: Man möge dem Volk seinen Segen überbringen.
Darauf unser Bruder Heimericus einen Augenblick still,

als schöpfe er selbst in sich mühselig Kraft: Alsdann: »Heiliger Vater, Ihr müsset den Segen selbst spenden.«
Indem fuhren wir alle mit unsren Angesichtern stumm gegen ihn empor, der Abt von Sankt Andreas aber, welcher zunächst bei unsrem sterbenden Herrn betete, bog sich tiefer, geistlicher zu ihm hernieder, also daß der Ärmel seiner schwarzen Kutte dem Sterbenden gleich einem schützenden Flügel um das Haupt lag.
Indessen unser Bruder Heimericus zum zweiten Mal (es war uns aber, als breche er seine Stimme gleich einem Stab entzwei): »Heiliger Vater, Ihr müsset den Segen selbst spenden.«
Allein es schien, daß ihn der Sterbende gar nicht vernahm.
Mit verlöschender Stimme, nicht mehr der Papst Honorius, sondern nur noch der untergehende Mensch in seiner letzten Not: »Man bete mit mir – man reiche mir das Kreuz –«
Indessen der Kanzler mit seiner blassen, unerbittlichen Stimme: »Heiliger Vater, was man von Euch begehret, ist das Kreuz –«
Indem murrten einige von uns hörbar gegen ihn auf: Die letzten Augenblicke auch des Papstes gehörten Gott und der Seele.
Plötzlich hob unser sterbender Vater die Arme mit einer ergreifenden Bewegung gegen unsren Bruder Heimericus auf (sie sanken gleich darnach hilflos ausgebreitet nieder): »Man richte mich empor!«
Also stürzten uns allen die heißen Tränen über das Gesicht.
Alsdann rief unser Bruder Heimericus (er allein vermochte noch zu sprechen) nach einer Decke. Sie wurde

gebracht, aber es wagte niemand mehr, den Sterbenden in seiner Todesnot zu berühren. Also nahm ihn unser Bruder Heimericus in seine Arme und trug ihn zum Altan; es war uns aber, als trage er den gefolterten Leib unsrer Kirche selbst aus dem Gemach hervor. Und so hing unser sterbender Vater in den Armen seines Kanzlers wahrhaftig wie am Kreuzesstamm.

Als das lärmende Volk den Totgeglaubten erblickte (zwei Kleriker hielten Fackeln zu beiden Seiten der Loggia), brach augenblickliches Schweigen ein; alles fiel auf seine Knie nieder.

Indem tat das Herz des Papstes Honorius den letzten Schlag. Und nun – so schien es uns – hing nur noch unser großer Bruder Heimericus gleichsam am Kreuze seines toten Herrn.

Die Nacht nach dem Tode des Heiligen Vaters Honorius II.
Der Kardinal-Bischof von Portus.

Dieses schreibe ich auf wegen unsres Bruders Heimericus, von welchem hernach gesagt worden ist (nämlich von unsrem Bruder Pier Leone), er habe unsren sterbenden Herrn zuvor verschleppt, hernach gemartert und alsdann gleich einem Übeltäter in Eile verscharren lassen. (Mit diesem hat unser Bruder Pier Leone die fremden Kardinäle an sich gezogen und zu Sankt Markus versammelt.)

Der Sturm draußen war entschwiegen, der Regen vergossen, Roma lag mit Sternen verhängt. Also stieg drüben von der Höhe des Palatin der Schimmer des Palastes Septemsolia in die blaue Nacht hernieder, als schwemme Meeresflut Perlen in das Gemach, da wir bei unsrem toten Vater wachten.

Unser Bruder Heimericus (es schien uns, er sei in dieser einen Nacht grau geworden wie der graue Palast) zu diesem empor: »Warum glänzt du, nun er tot ist?« (Wir dachten aber alle gleich ihm an die schreckliche Sturmnacht, die wir durchzogen hatten, in unsrem Innern sprechend: ›Unser Vater hat den Kelch bis zur Neige geleert.‹)
Unser Bruder Heimericus: Er kniete bei unsrem toten Herrn nieder und küßte ihm die Hände, den Ring, den Fuß, feierlich, wie man dem lebenden Papst tuet, dabei inbrünstig und fast verzagt, als bitte er den Toten um Verzeihung für alle Qual seiner letzten Stunde. Also war unser Heiliger Vater Honorius im Tode noch einen letzten Augenblick lang Papst.
Alsdann nahm unser Bruder Camerlengo den silbernen Hammer in seine Hand, damit zu tuen, wie man tuet an den verstorbenen Päpsten, bevor man sie als tot erkennen darf. Also warf er sich zuvor dreimal auf den Boden nieder, den Verstorbenen bei seinem Namen rufend (aber nicht mehr bei dem Namen, so er als Papst getragen, sondern bei dem Namen, so er einst als Kind empfangen hat in der heiligen Taufe; also bekennen wir, daß im Tode aller Staub gleich wird).
Unser Bruder Heimericus: Da nun der Name erscholl, bedeckte er seine Augen mit beiden Händen, derart ergriff es ihn, daß unser Vater nun im Tode endlich Mensch sein durfte, so er doch selbst im Sterben noch hatte müssen Papst sein. Dabei strömte ihm das Antlitz, wie ich nie eines Mannes Antlitz strömen sah: also war auch unser großer Bruder Heimericus eine Stunde lang Mensch.
Indessen schlug unser Bruder Camerlengo mit dem silbernen Hammer dreimal gegen die Stirn unsres toten

Vaters. Alsdann rüsteten wir die Grabfahrt, denn es ist ein Gesetz, daß wir nicht wählen dürfen, bevor unser verstorbener Herr zur Erde bestattet ist.
Wir hatten aber keinen Sarg zu Händen, also nahm wiederum unser Bruder Heimericus unsren toten Vater in seine Arme und trug ihn feierlich selbst zur Gruft in die Kirche hinab. Alsdann begannen wir die Exequien.
Da wir sie nun vollendet hatten, beteten wir noch einmal inbrünstig für unsre abwesenden Brüder nach der Bitte unsres toten Vaters, daß niemand in Anfechtung falle (denn wir wußten wohl, daß jene, die nicht bei unsrem Abendmahl gewesen, uns nimmermehr verstehen würden).
Alsdann erwählten wir alle, die wir zu Sankt Andreas anwesend waren, einstimmig unsren Bruder Gregor von Sankt Angelus, nämlich den Papst Innozenz II.
Indessen war es Tag geworden, und die goldenen Reiter der Pier Leoni mitsamt dem Volk zogen nach Sankt Paul, um Petrus Leonis zu begraben. Also inthronisierten wir den Papst Innozenz ungestört in der Basilika Konstantins, darnach flüchteten wir wiederum mit ihm zurück nach Sankt Andreas.

Aus den Büchern unsrer goldenen Stadt Roma.

Da nun das Begräbnis des Petrus Leonis zu Sankt Paul vorüber war und wir aus dem Volk uns anschickten, abermals nach Sankt Andreas zu ziehen (wir sind nämlich dieselben, die schon bei der Nacht daselbst stürmten), fröhlich mit klingenden Taschen, denn die Reiter der Pier Leoni hatten abermals viel Geld abgeworfen, erblickten wir plötzlich wieder die Frau Susa, sitzend wie ehedem auf dem alten Forum der Römer bei der Kirche Sankta Maria de Inferno. Also stürzten wir mit Freuden auf sie zu:

»Willkommen, willkommen, Frau Susa, wir haben Euch lange nicht mehr erblickt! Eia, daß Ihr wiederum zu Roma seid! Gott segne Euch immerdar!«

Alsdann: »Wie stehet es denn nun um den Antichrist? Wir vernehmen gar nichts mehr von ihm.«

Sie: »Das glaube ich wohl, denn er ist ja auch nur ein armer Sünder gleich euch allen.«

Das haben wir nun nicht gern vernommen (nämlich daß wir arme Sünder sein sollen); also sind wir schnell auf etwas anderes gesprungen.

Sie umringend: »Frau Susa, wahrlich, Ihr kommt uns zur rechten Stunde zurück! Wir möchten gern wissen, ob der Papst Honorius noch lebt, den der Kanzler Heimericus in dem festen Kloster Sankt Andreas verschlossen hält.

Saget uns doch an, was daselbst geschieht, denn Ihr könnet leicht aus und ein gehen, wo immer es Euch gefällt; das wissen wir noch von der schwarzen Krönung Kaiser Heinrichs.«

Sie: »Ja, wahrhaftig wie bei jener sieht es jetzt allhier zu Roma aus!« Alsdann: »Ich will euch schon sagen, was ihr wissen müsset, aber zuvor wollen wir noch einmal miteinander beten.«

Also haben wir uns bei ihr niedergekniet.

Sie: »Lasset uns beten zuvor für unsren verstorbenen Herrn, Kaiser Heinrich in der Ewigkeit, durch den verlassen und verstoßen worden ist unsre heilige Kirche in die äußerste Verlassen- und Verstoßenheit.«

Also haben wir mit ihr für Kaiser Heinrich in der Ewigkeit gebetet.

Darnach sie: »Lasset uns beten für den heidnischen Adel unsrer Stadt Roma, insonderheit für die wilden Frangipani, welche die Liebe Christi und unsrer heiligen Kirche immerdar verwundet und verleugnet haben.«

Also haben wir mit ihr für den heidnischen Adel und für die wilden Frangipani gebetet.

Sie: »Lasset uns beten für das ganze Volk unsrer Stadt Roma, nämlich zuvor für die Habsüchtigen, alsdann für die Machtsüchtigen, alsdann für die Zornmütigen, alsdann für die Wankelmütigen.«

Also haben wir mit ihr für das ganze Volk unsrer Stadt Roma gebetet.

Wir, denn wir besorgten, sie könne noch lange so fortbeten: »Frau Susa, wollet Ihr uns nun nicht Bescheid geben, wie es zu Sankt Andreas steht, auf daß wir den Reitern der Pier Leoni antworten können. Wir müssen

Euch nämlich sagen, daß sie uns viel Geld versprochen haben, so wir ihnen Kundschaft zutragen. Ihr wisset aber, daß es uns sehr wohl tut, solches zu empfangen.«
Sie: »Ja, ich weiß, daß ihr rechte Kinder eurer goldenen Stadt Roma seid.«
Indem begann in der Ferne eine Glocke zu läuten.
Die Frau Susa: »So, jetzt will ich euch sagen, was zu Sankt Andreas geschehen ist: Der Papst Honorius ist in dieser Nacht verstorben.« – Aufstehend mit freudiger Stimme: »Ich verkünde euch das gaudium magnum: wir haben einen Papst! Betet mit mir für den Heiligen Vater, den man erwählt hat. In dieser Stunde ward er in der Basilika Konstantins inthronisiert.«
Darnach ist sie wiederum niedergekniet. Wir haben aber alle recht inbrünstig mitgebetet, denn wir haben nicht anders vermeint, als der Neuerwählte sei unser ›goldener Papst‹; also fest ist es in unsrem Kopf beschlossen gewesen, es werde uns dieses Mal glücken, jenen erwählt zu sehen.
Darnach sind wir eilig zum Palast Pier Leone gesprungen, ob wir vielleicht dort noch unsre Botschaft gegen ein kleines Entgelt anbringen könnten.
Indessen riefen sie uns schon von den Mauern herab entgegen: »Schweiget nur still, denn wir wissen bereits, was geschehen ist! Aber gehet nur nach Sankt Markus, daselbst werdet ihr bald unsre Antwort vernehmen!« Alsdann warfen sie ein paar goldene Hände über uns herab, daß wir ganz verdutzt standen. (Hernach haben wir begriffen, daß sie meinten, wir sollten zu Sankt Markus unsre Kehlen auftun.)
Also sind wir nach Sankt Markus.

Wie wir nun daselbst ankommen, gehet eben das Tor der Kirche auf, und hervor ziehet samt vielen Kardinälen ein prächtig geschmückter Papst, darinnen wir augenblicklich den Pier Leone erkennen. Also haben wir aus vollem Halse in den Ruf eingestimmt, der allenthalben erscholl: »Heil, Heil dem Papst Anaklet, der uns herrlichen Zeiten entgegenführt! Lob dem großen Geschlecht Pier Leone, daraus er uns erblüht!«

Aus den Büchern unsrer goldenen Stadt Roma.
An jenem Morgen sprachen die beiden Tusculaner zu Stephanus Normannus also: »Für alle nur klugen und vernünftigen Dinge auf dieser Erde kommt immerdar ein Tag, da sie in sich selbst zusammenbrechen, und es bleiben alsdann für eine Weile nur solche bestehen, welche von nackter Gewalt sind. Ein solcher Tag, so erachten wir, ist jetzt angebrochen. Die Pier Leoni prangen und strahlen mit ihrem Papst, als sei er zu Recht gewählt worden; solches ist schwer zu ertragen. Dennoch scheint es uns nicht ratsam, sich daran zu verschwenden, ihnen zu widerstehen, denn das Volk, auf welches man heute mehr als billig achten muß, jauchzet seinem goldenen Papst zu. Lasset uns also die Dinge hier eine Weile ihre Gestalt selbst gewinnen, auf daß wir nicht mit in sie verstrickt werden. Auf diese Weise werden wir später am besten in der Lage sein, wieder die Ehre unsrer Stadt Roma zu vertreten wie bisher. Inzwischen mögen Cencius und Leo Frangipane den Papst Innozenz beschützen, denn heute sind sie endlich einmal am rechten Platz.«
Alsdann ritten sie in aller Stille aus der Stadt auf ihre Türme in der Campagna.

Cencius und Leo Frangipane.
Die Magd Trulla erzählt:
Unsre Domina voller Jubel: »Freuet euch, meine kleinen Vettern, denn eure Stunde hat geschlagen! So ihr jetzt den Papst Innozenz beschützt, so könnet ihr noch einmal die Paladine der heiligen Kirche werden wie zuvor Petrus Leonis. Ziehet diesem nur allezeit tapfer nach!«
Darauf Cencius langsam von der Bank empor (denn er schlief gleich seinem Bruder die Nacht der toten Jüdin aus): »Paladine der Kirche —? Petrus Leonis nach —?« Plötzlich wütend emporfahrend: »Bin ich deshalb der Liebeslist dieses Weibes entronnen, daß ich mein Schwert von ihr gängeln lassen soll? Paladin der Kirche! Ich will wieder ehrlich werden!« (Gleich einer Dogge gegen sie an.)
Darauf der junge Leo: »Laß sie, Cencius, sie ist deinen Zorn nicht wert. Aber du hast recht, wir wollen wieder ehrlich werden. Was gehet uns die Kirche an! Mag sie mit ihren beiden Päpsten selbst fertig werden.«
Alsdann gingen sie nach dem alten Tempel der Göttin Roma, welcher hinter ihrer Burg liegt. Allda sind sie den ganzen Tag in den wilden Trümmerstätten verblieben; ich erachte, sie haben wieder miteinander das Gebet ›Sankta Roma‹ gesprochen. Also sind sie wieder ehrlich geworden.
Indessen sitze ich gleich der kleinen Zypernkatze, so uns die Kreuzfahrer geschenkt haben, zu den Füßen unsrer Domina, an ihre Knie geschmeichelt, denn sie tuet mir sehr leid mit ihrem schlimmen, verweinten Angesicht. So ich nicht die arme Magd Trulla wäre, so möchte ihr meine Liebe helfen (denn böse Leute bringet nur Liebe wie-

derum in Ordnung). Nun aber bin ich die arme Magd Trulla, welche vor den Menschen nichts vermag, Gott aber höret beide, Arme und Reiche. Also spreche ich in meinem Herzen ein Gebet für den Papst Innozenz, denn ich meine, er wird der rechte Papst sein, dieweil sie ihn alle verlassen, wie unser Heiland einst verlassen war.

Die Juden von Roma erzählen:
Indessen saß Mirjam noch immer in der offenen Tür des Hauses, die Leiche Trophäas in ihren Armen, um sie herum die Frauen unsres Volkes weinend und klagend. Mirjam aber weinte und klagte nicht, sondern sie bewegte nur immerdar die Lippen hin und her zwischen der Toten und der offenen Tür.
Mirjam zu der Toten: »O du blindes Licht, wie hast du so mutig geleuchtet! O du ausgelöschtes Licht, wie scheinest du so hell!«
Darnach zu den offenen Flügeln der Tür: »Ihr festlichen Türen, ihr purpurnen Türen, ihr mit Blut besprengten Türen –«
Wiederum zu der Toten: »Denn siehe, meine Tochter, nun bist du deiner Mutter Lehrerin geworden: wahrlich, der Herr konnte sein Passahlamm fordern; das hatt' ich nicht gewußt!«
Zu den Türen: »Ihr geheiligten Türen, ihr gewiß gewordnen Türen, ihr Türen gleich den Türen unsres Volkes in Ägypten –«
Also ging Stunde um Stunde dahin.
Da nun Mirjam ihre Tochter nicht aus den Armen ließ, auch nicht zugeben wollte, daß man die offene Tür des Hauses verschließe, sprach der Rabbi Nathan ben Jechiel

zu Hannah Naemi: »Wir müssen meine Tochter erwecken, denn sie beginnet zu erstarren gleich der Toten in ihren Armen.«
Also trat Hannah Naemi an sie heran und sprach: »Mirjam, entlasse nun dein totes Kind aus deinen Armen und nimm es hinab in dein Herz; daselbst sollst du es immerdar umfangen.«
Aber Mirjam wollte ihre Tochter nicht aus ihren Armen entlassen.
Mirjam zu Hannah Naemi: »Soll sie denn nicht mit empfangen, für den sie diese Türen mit ihrem Blut schmückte gleich den Türen unsres Volkes in Ägypten?«
Also erkannten wir alle mit Entsetzen, daß Mirjam glaubte, ihre Tochter könne nicht vergeblich geopfert sein.

Die Frauen der Juden erzählen:
Indessen drang die Kunde, der Kardinal Pier Leone sei zum Papst erwählt worden, bis in die Straßen der Judenstadt, alle unsre Häuser mit dem frohen Schall der Glokken erfüllend.
Also sprach der Rabbi Nathan ben Jechiel abermals zu seiner Schwester: »Wir müssen meine Tochter erwecken, denn es ist besser, ein Mensch verstirbt an der Wahrheit, die der Herr nun einmal gesetzt hat, denn er lebt weiter von der Lüge, die er sich selbst setzt.«
Darnach trat er an seine Tochter heran und sprach also: »Ja, Mirjam, die Türen unsres Hauses sind mit Opferblut besprengt, und der Herr wird uns den Engel seines Trostes senden zu seiner Zeit. Aber deinen Sohn will er uns nicht senden, denn siehe, er ist zum Papst der Kinder Edoms erhoben worden. Also schließe nun die Türen der

Hoffnung und des Hauses und sprich mit uns: des Herrn Wege sind unerforschlich.«
Mirjam mit der Hand über ihre greisen Haare. Darnach ganz leise und licht, wie wenn kleine Kinder sprechen: »Vater, glaubt Ihr das wirklich?«
Der Rabbi: »Mein Kind, ich glaube es nicht, sondern es ist geschehen. Hörst du nicht den Schall der Glocken?«
Mirjam abermals über ihre greisen Haare. Plötzlich aufspringend: »Was heißt geschehen?« Darnach ohne Tuch und Schleier in ihren bloßen weißen Haaren zur offenen Tür.

Die Frauen der Juden erzählen:
Da wir nun sahen, daß sie hinaus auf die Straße wollte, sehend, was es gebe, hingen wir uns alle an ihre Kleider, rufend: »O Mirjam, bleibe doch hier! Was willst du Ärmste in den lauten Gassen der Fremden?«
Indessen sie sich losreißend unaufhaltsam hinweg, zur Tür hinaus, dem Schall der Glocken entgegen. Also liefen wir bittend und flehend neben ihr hin, sie vor den fremden Blicken umringend; indessen sie immerdar wie ganz allein in unsrer Mitte.
Da wir nun, die Straßen der Judenstadt hinter uns lassend, zum alten Forum der Römer kamen, strömte uns bereits von allen Seiten das Volk entgegen, freudig angetan mit festlichen Kleidern, Blumen in den Händen und Hymnenschall auf den Lippen, rufend: »Wir ziehen zur Basilika Konstantins, daselbst wird in dieser Stunde der Papst Anaklet inthronisiert! Also wollen wir ihm mit Jubel akklamieren, denn wahrlich, dieser wird uns alle herrlichen Zeiten entgegenführen!«

Indem kam auch schon der Zug aus der Ferne von Sankt Markus her über das Forum: voran die goldenen Reiter der Pier Leoni, alsdann die Sängerschulen und Bannerträger, alsdann viele goldene und purpurne Mäntel und Mitren, alle zwischen den alten grauen Trümmerstätten hin, als schwankten uns daselbst viele große prangende Blumen entgegen. Indem schrie alles abermals: »Heil und Segen dem Papst Anaklet! Ehre dem großen Geschlecht Pier Leone, daraus er uns erblüht!« Also vernahmen auch wir den Namen Pier Leone. (Mirjam anblickend.)
Plötzlich diese laut auf: »Ibn Mischal, so ist dein Wort erfüllt!« Alsdann dem heranziehenden Zug entgegen: »Dieser kann nicht der rechte Papst sein! Höret mich, ihr Römer, denn ich bin seine Mutter, welcher man geweissagt hat: Er wird das Reich der Christenheit zerreißen!«
Also blickten alle ringsum sie mit Verwunderung an. Alsdann begannen viele zu lachen, einige aber sprachen auch zu uns: »Nehmet doch eure Irre beiseite, ihr Judenweiber, damit die Reiter der Pier Leoni sie nicht niedertreten!«
Indessen Mirjam abermals: »Höret mich doch! Höret mich doch: Dieser ist nicht der rechte Papst! Dieser ist nicht Christ – dieser ist (schluchzend) mein Sohn, der heimgekehrt ist zu seinen Vätern, denn – höret es doch – er zerreißt die Christenheit!« Indem brausten sie die goldenen Reiter der Pier Leoni zurück gegen die Wand. Alsdann prangete der Zug des Papstes Anaklet heran und unter Jubelschall an uns vorüber. Darnach ward es leer auf dem Forum.
Plötzlich war es, als hebe hinter uns die steinerne Mauer zu schluchzen an: »Nichts denn Traum – nichts denn Traum – nichts denn Traum! Meine Kinder, meine beiden gelieb-

ten Kinder!« Also weinten wir uns neben der weinenden Mauer auf den Boden nieder; indessen Mirjam über uns hoch aufrecht, das Gesicht gegen den strömenden Stein.

Plötzlich schrie Hannah Naemi wie in Todesangst auf: »Mirjam, werde nicht an dem Herrn unsrem Gott irre! Lästere nicht!«

Mirjam (das Gesicht von der Wand weg, die Hände geballt gleich zwei harten Steinen): »Irre werden an dem Herrn unsrem Gott –? Lästern –?«

Langsam die Arme ausbreitend, daß es war, als seien ihre geballten Hände die beiden zugedeckten Schalen einer Waage, deren Zunge gleichsam schwebend im Schweigen unsrer Todesangst.

Plötzlich die Linke öffnend, als ließe sie etwas fallen, schlug sie sich mit der geballten Rechten vor die Stirn. Indem war es, als zerrissen ihr gleichzeitig Angesicht und Stimme.

Wie wenn Scherben auf die Erde klirren:

»Und dennoch bleibe ich stets bei dir,
denn du hältst mich
bei meiner rechten Hand!
Wenn mir gleich Leib und Seele verschmachten,
so bist du doch Gott allezeit –«

Indem umhüllte sie die Barmherzigkeit Gottes mit Wahn.

Als breche ein Strom in ihre Stimme ein und überschwemme alle ihre Scherben: »Denn es ist ja kein Stern über Israels Erwarten, es ist ja keine Stätte in der Welt, da wir heimkommen! Rahel beweint umsonst ihre Kinder von einem Geschlecht zum anderen –«

Als gehe eine zweite Woge über sie hinweg: »Alle Mütter der Welt beweinen ihre Kinder! Denn siehe, Israel ist immerdar ihr Abbild: alle Krüge der Hoffnung schöpfen zuletzt den Tod –«

Indem riefen sie aus der Ferne wiederum: »Heil, Heil dem Papst Anaklet! Gerechtigkeit und Glück allen Menschen!«

(Die dritte Woge über Mirjams Stimme.)

Als hebe eine Orgel darinnen an: »O du allmächtiges Leid!« (Die Augen groß offen, als erblicke sie eine Erscheinung): »O du allsiegreiches Leid!« (Zwei Schritte darauf zu): »O du allbezwingendes Leid!« (Wie überwältigt zurück bis gegen die Wand.)

Alsdann nach der anderen Seite abermals als schreite sie auf ein Gesicht zu »O du allmächtiges Leid – o du allsiegreiches Leid!« (wiederum zurück) »O du allbezwingendes Leid –!«

Und zum dritten Mal sich im Kreise wendend nach allen Seiten, als suche sie umsonst einen Ausweg, gleichsam umstellt immerdar von dem gleichen Gesicht.

Also Mal um Mal.

Indem begann es ringsum langsam zu erdunkeln.

Plötzlich sah man viele kleine Vögel über die Stadt Roma fliegen, hastig, mit ängstlichem Geschrei und Flügelschlag hinweg über die Mauern ins offene Gelände. Also meinten wir zuerst, die Dunkelheit, welche hereinbrach, komme von den Wolken dieser vielen kleinen Vögel. Alsbald wurden aber auch die Bäume über uns auf dem Palatin unruhig und begannen gleichsam zu seufzen und zu stöhnen (es war aber kein Wind vorhanden).

Indem kamen auch schon die ersten Schwärme des Volkes vom Lateran hergelaufen, erschrocken gleich den Vögeln und den Bäumen, sprechend: »Es ist die Nacht des heiligen Petrus, welche auch bei der schwarzen Krönung

König Heinrichs herabgesunken ist; dieselbe hat angehoben in dem Augenblick, da man den Papst Anaklet in der Basilika Konstantins auf die heiligen Stühle der Päpste hob.«
Unterdessen ward es immer dunkler.
Also blieben etliche des Volkes bei uns stehen, sprechend: »Ist da nicht noch das Weib, das vorhin gerufen hat, der Papst Anaklet sei nicht der rechte Papst? Gebet acht, ob solches nicht auch zu den Zeichen dieses ängstlichen Tages gehört?«
Alsdann stellten sie mit uns zusammen einen Kreis um Mirjam.
Indessen ging diese noch immer auf und nieder, weitoffenen Auges, aber ohne Entsetzen, nun auch das Angesicht, nicht nur die Stimme ganz versunken in der großen, fremden Woge. Allmählich immer leiser und leiser, allem Erinnern schon entstorben, fast innig: »O du allmächtiges Leid – o du allsiegreiches Leid – o du allerlösendes Leid –« (Tot zur Erde nieder.)
Indem wurde es grabschwarze Nacht.

Aus den Büchern unsrer goldenen Stadt Roma.
Plötzlich schrie ein Weib aus unsrer Mitte laut auf: »Lasset uns Buße tun für unsre Sünden, denn wahrlich, diese Tote hat das Kreuz Christi über der Stadt Roma erblickt!«
Also stoben bei dem Wort ›Kreuz‹ die Judenweiber entsetzt von dannen. Darnach erkannten wir dicht bei uns im Dunkeln stehend vor ihrem kleinen Hause die Frau Susa.
Wir zitternd auf sie zu (sie legte eben der Toten ihr eigenes Tüchlein unter das Haupt): »Frau Susa, saget uns an, was bedeutet, was allhier geschieht?«

Sie furchtlos, fast heiter: »Das bedeutet, daß ihr allesamt errettet werden sollt durch dieses große Schisma, welches den Leib und die Liebe unsrer heiligen Kirche zerreißt.«
Darauf wir in bitterlichen Tränen: »Frau Susa, kommet uns zu Hilfe: wie sollen wir verstehen, daß wir durch so großen Jammer errettet werden können?«
Die Frau Susa: »Das sollt ihr also verstehen.« (Im Dunkeln niederkniend): Faltet eure Hände und sprechet: Wir beten dich an, Jesus Christus, denn durch dein Kreuz hast du die ganze Welt erlöst.«

JETZT schreiben wir noch den Schluß auf.

Derselbe hat angefangen an dem Tag, welcher genannt wird zu Roma der Karfreitag des großen Schismas, nämlich an dem Tag, da der Papst Anaklet die Einheit der heiligen Kirche, das ist die Liebe Christi unter uns, zerrissen und gleichsam ans Kreuz geschlagen hat. Am Tage darauf haben seine goldenen Reiter unsren Heiligen Vater Innozenz zur Flucht gezwungen; also ist heimlich getragen worden im Grauen der Morgenfrühe die neue Einheit unsrer heiligen Kirche hervor aus ihrem dunklen Grab in unsre Stadt Roma hinaus in die große Kirche der Christenheit gleich einer schönen Osterkerze. Daher nennen wir diesen Tag den Karsamstag des großen Schismas. Darnach hat man mit der Kerze dieser neuen Einheit langsam angezündet die ganze Christenheit, zuvor in dem Lande Frankreich; daselbst hat der heilige Abt Bernhard von Claravallis ihr Feuer ergriffen; darnach in dem Lande Deutschland; daselbst sind entzündet worden zur Liebe die streitenden Scharen Herzog Konrads von Schwaben und König Lothars. Also haben sich alle auf Erden bekehrt und versöhnt. Darnach sind sie einmütig miteinander aufgebrochen, der Heilige aus Frankreich und der König aus Deutschland, ziehend gen Roma, den Papst Innozenz zurückzuführen, beiden vorgetragen das heilige Schwert des Kaisers der Christenheit. (Indessen alles Volk zu Roma ihnen mit Jubel entgegen.) Also hat man den

Tag ihrer Ankunft genannt den Pfingsttag des großen Schismas; an diesem ist erfüllet worden durch den Geist der Liebe, was uns die Frau Susa zuvor gesagt hat, daß durch diesen großen Jammer wir allesamt noch sollten errettet werden. Daher fluchen wir dem Papst Anaklet mitnichten, sondern, so wir von ihm sprechen, so sprechen wir allemal die heiligen Worte der Liturgie: ›O felix culpa!‹

Jetzt erzählen wir noch vom Papst Anaklet.

Da nun der König Lothar zum Kaiser der Christenheit gekrönt werden sollte, und sie sich anschickten, die goldenen Reiter des Papstes Anaklet zu vertreiben (dieselben standen noch beim Sankt Peter, dort war seine letzte Burg), gingen sie zuvor den Heiligen Vater Innozenz an, sprechend: »Was sollen wir nun dem Papst Anaklet tun, so wir ihn fangen?«

Darauf der Heilige Vater Innozenz: »Ihr sollet ihm nichts tun, sondern ihr sollet ihn mit der Frage des Papstes Paschalis befragen, dieselbe ist noch immer ohne Antwort.«

Also zogen sie zu der Burg bei Sankt Peter.

Da sie nun aber dort ankamen, war kein goldener Reiter mehr zu erblicken, und alle Tore standen offen: sie gingen von Saal zu Saal, aber sie fanden den Papst Anaklet nicht. Also vermeldeten sie dem Heiligen Vater Innozenz, der Papst Anaklet sei hinweggezogen.

Darauf der Heilige Vater Innozenz: »So soll man ihm die Frage des Papstes Paschalis nachsenden.«

Darnach hat sich der greise Bischof Petrus von Portus mit der Frage aufgemacht, er ist aber bis zur Stunde noch nicht zurückgekehrt. Und also ziehet die Frage des Papstes Paschalis dem Papst Anaklet nach bis an den heutigen Tag.

Rosamund Lehmann

Aufforderung zum Tanz

Roman. Aus dem Englischen von Christine Frick-Gerke.
192 Seiten. Geb. DM 32,–. ISBN 3-431-02973-6.

Mit meisterhafter Beobachtungsgabe beschreibt Rosamond Lehmann das Erwachsenwerden und zeichnet gleichzeitig mit subtiler Ironie ein Abbild Englands in den Zwanziger Jahren.

„Der Leser kann sich schon nach wenigen Seiten nicht mehr der Aufforderung zum Weiterlesen entziehen". *DIE ZEIT*

Wind in den Straßen

Roman. Aus dem Englischen von Christine Frick-Gerke.
Originaltitel: The Weather in the Streets.
416 Seiten. Geb. DM 42,–. ISBN 3-431-03064-5.

Es ist die alte Geschichte, ein alltägliches Drama. Ein Paar wagt eine Verbindung, die von Anfang an zum Scheitern verurteilt ist und doch in all ihren begeisterten Höhen und traurigsten Tiefen durchlebt werden muß.

Das Traumpaar Olivia und Rollo bewegt sich zwischen den verknöcherten Repräsentanten viktorianischer Werte und den exaltierten lebenshungrigen Figuren der Londoner Bloomsbury-Bohème. Es ist die Welt zwischen den Kriegen, die Rosamond Lehmann mit dieser Liebesgeschichte beschreibt, eine Welt im Umbruch.

Preisänderungen vorbehalten.

Ehrenwirth Verlag München

Michel Fattah

Ewiges Feuer

Roman. Aus dem Englischen von Monika Seeger.
Sonderausgabe, 424 S., Geb., DM 16,80. ISBN 3-431-02951-5.

Michel Fattah erzählt die Geschichte der Familie Mehdovi, deren Kinder als Christen erzogen werden und deren Lebenswege sich mit denen der jüdischen Boustanis, der armenischen Sarkissians und der moslemischen Jalalis verbinden. Sie alle leben in einer Welt rassischer und religiöser Vorurteile und erleben einen Zeitraum großer politischer Umwälzungen.

Horst Wolfram Geißler

Königinnen sind so selten

Roman. 7. Aufl., 400 S., Geb., DM 29,80. ISBN 3-431-01060-1.

„Noch nie erlebten wir die blutigen Ereignisse der Französischen Revolution so überlegen abgehandelt ... ein geistvolles Repetitorium der damaligen Begebenheiten, ihrer treibenden und getriebenen Figuren. *Neue Zürcher Zeitung*

„... ungewöhnlich an Handlung und Spannung .... formvollendet geschrieben.“ *Kölnische Rundschau*

Marianne Wintersteiner

Rabenzeit

Die Hexe von Salzburg. Roman. 208 Seiten, Geb., DM 12,80.
ISBN 3-431-02721-0.

Ein dokumentarischer Roman aus dem fürstbischöflichen Salzburg des 17. Jahrhunderts.

Marianne Wintersteiner

Maries Seidenschuhe

Ein Dienstbotenleben.
272 Seiten, Geb., DM 12,80. ISBN 3-431-02606-0.

Diese authentische Geschichte erinnert daran, unter welch schwierigen und oft entwürdigenden Bedingungen sich alleinstehende Mädchen und Frauen in der „heilen Welt“ des Fin de siècle durchschlagen mußten.

Preisänderungen vorbehalten.

Ehrenwirth Verlag München